房山碑刻通志

卷六·韩村河镇、石楼镇

学苑出版社

杨亦武 著

韩村河镇、石楼镇碑刻资源调查项目

总 策 划

张明智　　王永年　　靳　璐

本卷策划

王心松　　李冠华　　冀显江

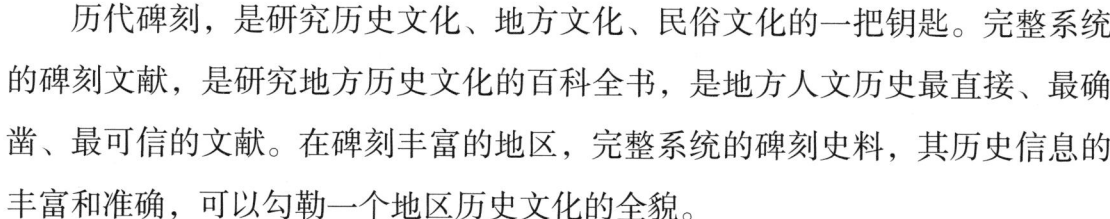

序

　　历代碑刻，是研究历史文化、地方文化、民俗文化的一把钥匙。完整系统的碑刻文献，是研究地方历史文化的百科全书，是地方人文历史最直接、最确凿、最可信的文献。在碑刻丰富的地区，完整系统的碑刻史料，其历史信息的丰富和准确，可以勾勒一个地区历史文化的全貌。

　　房山历代碑刻总数800余件，历史年代自北魏、北齐、隋、唐、辽、金、元、明、清，直至民国，其分布遍及域内所有乡镇街道。时代延续之久，分布之广，内容之丰富，令人叹为观止。这是祖先留给后人的一笔丰厚的文化遗产，我们这一代人，应该将其完整地发掘整理，惠于今人，传之后世。

　　在京津冀协同发展的大背景下，首都北京正以惊人的速度迈向城市化。10年，20年，或是更长一段时间，传统农村将彻底消失。植根于乡土的碑刻文献的研究发掘，有赖于这片乡土。抢救性的发掘整理碑刻资料，是时代赋予文化工作者急迫的责任和使命。房山是首都历史文化大区、北京文明的发祥地，全面整理历代碑刻资料，对北京历史文化研究极为重要。此前出版过一些房山的碑刻资料，收录碑刻少则几十件，多则一二百件，对地方文化裨益颇多，进而期待一部全面系统志录房山碑刻的专著，可喜《房山碑刻通志》著成付梓。

　　1999年至2001年，我曾任房山区文化文物局局长，其间，把房山历史文化的发掘整理作为工作重点，全面普查田野石刻，对可移动的石刻集中保护，拓印整理碑刻资料。杨亦武当时在本局做文物工作，得知他1982年便着手房山碑刻资料的收集整理，即给予其大力支持，安排其赴哈尔滨阿城考察金上京，赴上方山进行为期三年的历史文化调查，形成了《大房山金陵考》《房山历史文物研究》《云居寺》《上方山兜率寺》等阶段性成果。2001年末，我调往房山区教委任职，杨亦武的历史文化研究仍在继续，他持之以恒，坚持不懈，集30余年之功，终于完成了800余件碑刻的抄录、整理、考证、分类、编目，著成《房山碑刻通志》，各卷将陆续出版面世。

　　《房山碑刻通志》以乡镇列卷，全志共 8 卷，各镇篇幅依碑刻多寡而异。大石窝镇碑刻称最，独列 3 卷，其余 5 卷均为数镇合卷，如卷四，即为城关街道与周口店镇二镇合卷。每卷镇下列村，村下录碑，从而涵括房山全域碑刻，形成完整的地方碑刻文献体系。

　　这部通志是解读房山历史文化最确切、最直观、最全面、最系统、最真实、最可靠、最实用的地方文献。此著不止收录碑刻原文，而是志、录、注、考兼备：志，概述镇村历史文化及碑刻大略，介绍碑刻存在的镇、村历史文化环境；录，即录入碑刻原文；注，注明碑刻的基本情况；考，对录文进行考证诠释。在录文过程中，著者认真抄录碑拓原文，校订了旧志碑文和历代录文中的讹误，删衍补脱，确保碑文原真无失，力图使本志成为最为可靠的碑刻文献。著者在碑文考释中下足了功夫，通过碑文的解读，厘清历史的来龙去脉，因而此志不仅是一部碑刻志，更是一部以碑刻为视角的地方志。一志在手，即可全面了解房山的历史文化、宗教文化、民俗文化之方方面面。既为房山区经济社会发展提供了历史文化支撑，又为北京史研究奠定了碑刻文献基础，其重要的文化价值不言而喻。时间是检验著述价值最好的尺度，我们还是让时间说话，让历史做出评价。

　　碑刻的整理研究，是一项辛劳而艰巨的工作。不仅需要必要的学术研究能力，更需要勤奋担当，吃苦耐劳。著者以一个文化人的责任和使命从事这项文化工程，故能三十年如一日，寒暑交替，为之不辍。像这样全面系统整理、研究、志录地方碑刻，并最终形成专著，在北京十六区县实不多见。因此，也就愈加难能可贵。

　　文化是社会的责任，需要有人担当，谁来做不重要，重要的是有人来做。这是一种自觉地文化行动，作为一个文化人，应自任使命，勇于担当。《房山碑刻通志》的面世，让人鼓舞，使人振奋。时代呼唤更多脚踏实地的文化人，呼唤更多有利于国计民生的文化力作。

郭志族 *
2018 年元月于京南良乡

---

* 郭志族，北京市房山区人大常委会副主任。1959 年出生，北京市房山区人，1981 年 7 月参加工作。历任北京市房山区教育局党委副书记、纪委书记，北京市房山区文化文物局党组副书记、局长，北京市房山区教工委书记、区教委主任、区学习办公室主任，北京市房山区三化两区建设咨询委员会副主任委员。2015 年 1 月，当选为北京市房山区人大常委会副主任。

凡 例

一、本志碑刻分类以地域划分。以乡镇、街道为单位，乡镇、街道下列村，村下列碑刻。同一村中、同一地点的碑刻原则上列在一起。一村多点的，依次列出各地点碑刻。每个地点，则以碑刻时间顺序的先后为序。如此，以碑刻形成完整的地方文化体系，便于对地方文化的整体把握。

例：卷一大石窝镇，收录88件碑刻，分属于石窝村、辛庄村、广润庄、北尚乐、南尚乐5村，其中大石窝村35件，辛庄村16件，广润庄10件，北尚乐17件、南尚乐10件。其中辛庄村有福胜寺、隆阳宫、关帝庙、药王庙等，该村目下便依次录下上述地点的碑刻，每个地点，以碑刻时间的先后为序，如隆阳宫碑刻，最早为元代，其次为明代、清代，碑刻顺序如下：

元至元二十八年（1291）《重修隆阳宫碑》、元至治二年（1322）《大元加赠真大道教始祖刘真君之碑》、明隆庆六年（1572）《重修隆阳宫碑记》、清乾隆三十一年（1766）《重修隆阳宫施买香火地碑记》、清乾隆三十一年（1766）《重修隆阳宫大殿建立禅堂成砌群墙置买并施舍地亩等事序》。

二、本志以乡镇分卷，全志800余件碑刻，共分8卷，每卷1册，每卷平均收录碑刻百件左右。由于乡镇碑刻数量不同，每卷收录碑刻数量不一，有的过百，有的不足百件。大石窝镇碑刻最多，共占3卷，其他乡镇为两个或多个乡镇合卷。

三、本志分别采取三级目录或两级目录。独立成卷的乡镇为两级目录，一级目录为村，二级目录为碑刻。合卷的乡镇为三级目录，一级为乡镇，二级为村，三级为碑刻。

四、本志体例分为志、录、说明、考释、附录。

1. 志：本志立足于地方文化，在乡镇、村的目下，均志述历史文化背景，以及碑刻综述。

2. 录：即收录碑刻原文，这是本志的主体。本志收录的碑文，均为尚有碑

刻或碑刻拓片存在者。无碑刻或碑刻拓片存在，见录于文献的碑文，一般不予收录，极具历史文化价值的除外。如《卷三·大石窝镇》收录的唐开元十四年（726）刘济《大唐云居寺石堂碑》，是晚唐时期云居寺刻经的重要文献，原碑虽然遗失，亦收录志中。对文献中有记载的碑刻文字，依原拓对其脱、衍、舛等问题予以校正。本志均以简体字录文，漫漶无法辨识的文字，用"□"表示，异体字和别字依原碑刻照录，以存原貌。

3. 说明：即碑刻说明，本志收录的碑刻除碑刻外，还有经幢、墓志等，为表述一致，统称为"碑刻说明"。重点说明碑刻朝代、出处、大小尺寸、碑额文字。对于碑文撰者、书者，碑额书者、刊者，由于碑刻记载分明，不再重复。

4. 考释：即碑文考释，是对碑文的考证和解读。根据内容不同，考释分别为"碑文考释""幢文考释""墓志考释""题记考释"等。这部分，除对碑文考证和解读外，着重碑文记载的史迹与地方文化的联系。

5. 附录：即附录碑文。为了保证历史文化信息的完整性，相关散见于各种文献的碑文，因无碑刻和拓片存在，不能作为碑文录入，故注明出处，以附录的形式记入本志。

五、本志村名表述。

1. 以"村"冠名的村，原名照录。例如周口村。

2. 不以"村"冠名的村，村名两个字的，后加"村"；村名三个字的不再加村。例如辛庄，录为辛庄村；周口店，录为周口店。

目 录

导 言 / 1

韩村河镇

上方山

○○一　百咏南禅师塔记 北齐隆化元年（576）/ 5

○○二　拙崖篮和尚塔记 唐宝应二年（763）/ 6

○○三　六聘山天开寺忏悔上人坟塔记 辽大安六年（1090）/ 8

○○四　六聘山上方逐月朔望常供记 辽天庆五年（1115）/ 9

○○五　大金大兴府良乡县金山院比丘尼了性灵塔记 金贞元三年（1155）/ 12

○○六　当寺故禅人度公幢铭 金正隆元年（1156）/ 13

○○七　遐龄益寿禅师塔记 金正隆元年（1156）/ 14

○○八　优婆夷□□经幢记 金正隆三年（1158）/ 16

○○九　大金中都洪家庄院比丘尼坟塔记 金正隆三年（1158）/ 18

○一○　比丘尼妙深经幢记 金正隆年间 / 19

○一一　燃身明禅师塔铭并序 金大定二十年（1180）/ 20

○一二　大金中都报先寺尼德净灵塔记 金大定二十三年（1183）/ 22

○一三　瑜珈院主崇公灵塔记 金大定二十四年（1184）/ 23

○一四　奉先县山禁榜 金崇庆元年（1212）/ 24

○一五　中都竹林寺第十六代和尚塔铭 金至宁元年（1213）/ 25

○一六　接引殿题名 明宣德八年（1433）/ 28

〇一七　重修上方山兜率寺接引弥陀佛殿碑记 明成化二年（1466）/ 28

〇一八　重砌上方山兜率寺天梯路记 明弘治七年（1494）/ 30

〇一九　上方兜率寺重修天梯路记铭 明弘治七年（1494）/ 32

〇二〇　重修上方山兜率寺塔记 明嘉靖十二年（1533）/ 33

〇二一　重修兜率禅寺碑记 明嘉靖三十七年（1558）/ 35

〇二二　万历四年冯保碑 明万历四年（1576）/ 36

〇二三　创建永亨庵碑 明万历四年（1576）/ 37

〇二四　永亨庵孙秀等题名碑 明万历四年（1576）/ 38

〇二五　佛说四十二章经 明万历五年（1577）/ 39

〇二六　钦赐永慈寺护寺碑记 明万历十四年（1586）/ 45

〇二七　明代诗碣 明万历三十二年（1604）/ 47

〇二八　上方山慈圣太后碑 明万历三十五年（1607）/ 48

〇二九　重修接待庵碑 明天启六年（1626）/ 50

〇三〇　曹化淳诗碣 明崇祯十三年（1640）/ 51

〇三一　房山县禁路榜示碑 清康熙十四年（1675）/ 52

〇三二　款龙桥碑 清康熙十五年（1676）/ 53

〇三三　建立上方山云水洞大悲庵碑记 清康熙三十九年（1700）/ 54

〇三四　邰世贵阖家施地碑 清康熙六十一年（1722）/ 55

〇三五　上方山供众地亩碑记 清乾隆三年（1738）/ 56

〇三六　明贤圣修尊宿供众碑记 清乾隆十一年（1746）/ 57

〇三七　建立供众斋僧碑记 清乾隆二十一年（1756）/ 58

〇三八　上方山寺义田碑记 清乾隆二十二年（1757）/ 59

〇三九　老米会施田碑记 清乾隆二十九年（1764）/ 61

〇四〇　药师堂临济正宗传法宗派幢 清乾隆二十九年（1764）/ 62

〇四一　华严米会碑 清乾隆四十年（1775）/ 63

〇四二　上方山施舍供众地亩碑记 清嘉庆四年（1799）/ 64

〇四三　通顺功德碑 清嘉庆七年（1802）/ 65

〇四四　蒋予蒲刻 清嘉庆十六年（1811）/ 66

〇四五　嘉庆十八年碑 清嘉庆十八年（1813）/ 68

○四六　玉皇殿前常明海灯碑记 清道光二十七年（1847）/69

○四七　同治七年顺天府告示 清同治七年（1868）/70

○四八　比丘僧莲如功德碑 清光绪十一年（1885）/72

○四九　重修红桥庵碑 清光绪十六年（1890）/74

○五○　重修上方山兜率寺舍利殿碑记 清光绪十七年（1891）/75

○五一　重修斋堂碑文 清光绪二十年（1894）/77

○五二　因果不昧碑 清光绪二十年（1894）/78

○五三　上方山云水洞展拓碑记 民国二十四年（1935）/78

圣水峪

○五四　房山县距京师西南百里许有山名凤凰山曰华严禅寺重修古刹碑记
　　　　明成化十年（1474）/84

○五五　重修凤凰山华严禅寺碑记 明成化十年（1474）/87

○五六　重修施烛碑记 明弘治二年（1489）/89

○五七　重修白云山华严寺记碑 明弘治五年（1492）/91

○五八　重修太湖山华严寺佛殿僧房碑 明万历三十六年（1608）/95

○五九　重修太湖山华严寺碑记 明万历四十三年（1615）/97

下中院

○六○　中院寺圣旨碑 元至元三十一年（1294）/100

○六一　护持天开中院记 元延祐四年（1317）/101

孤山口

○六二　僧录左善世兼大慈仁并大觉住持周吉祥禅师传
　　　　明弘治十二年（1499）/104

○六三　孤山银公和尚铭 明崇祯十七年（1644）/ 106

天开村

○六四　造舍利灵塔记 辽乾统九年（1109）/ 109

○六五　严灵洞再建塔舍利匣序 辽乾统十年（1110）/ 114

○六六　涿州房山县重修天开寺碑 元至元二十八年（1291）/ 115

○六七　皇后台众䭾创建石碣铭记 元泰定二年（1325）/ 121

○六八　重修龙王祠碑 元元统二年（1334）/ 124

○六九　皇后台重修庙记 明洪武七年（1374）/ 126

○七○　重修龙兴禅寺碑记 明弘治九年（1496）/ 127

○七一　重修龙兴禅寺碑记 明弘治十二年（1499）/ 135

○七二　顺天府房山县天开村娘娘庙重修关圣帝君大殿碑记
　　　　清嘉庆十一年（1806）/ 137

○七三　顺天府房山县天开村重修戏楼碑记 清道光二十五年（1845）/ 139

○七四　天开村重修龙王庙戏楼碑记 民国十三年（1924）/ 140

皇后台

○七五　伊桑阿诰封碑 清康熙三十五年（1696）/ 143

○七六　伊桑阿谕祭碑 清康熙四十二年（1703）/ 144

○七七　重修观音洞碑记 清道光二十八年（1848）/ 145

龙门口

○七八　重修观音庙碑 清光绪七年（1881）/ 148

岳各庄

〇七九　阎王庙碑 清同治元年（1862）/ 150
〇八〇　地藏寺建立山门茶棚碑记 清同治十二年（1873）/ 152

二龙岗

〇八一　多罗顺承郡王泰斐英阿碑文 清乾隆二十一年（1756）/ 155

韩村河

〇八二　隋韩智墓志 隋开皇九年（589）/ 158
〇八三　隋良乡县司功韩君墓志 隋仁寿元年（601）/ 161
〇八四　唐故幽州副将乐安君孙府君夫人太原王氏合祔墓铭并序
　　　　唐咸通十一年（870）/ 163

赵各庄

〇八五　创建三官庙碑记 明嘉靖三年（1524）/ 168
〇八六　京兆房山县城南乡赵各庄重修关帝庙碑记 民国八年（1919）/ 169
〇八七　整立三官庙旧碑记 民国二十四年（1935）/ 171
〇八八　河北省房山县城南赵家庄村重修泰山行宫记
　　　　民国二十四年（1935）/ 172
〇八九　河北省房山县城南赵各庄村子孙圣会碑记
　　　　民国二十九年（1940）/ 174

石楼镇

杨驸马庄

○九○　重修福寿寺碑记 清道光四年（1824）/ 181

○九一　重修福寿寺碑记 清同治十三年（1874）/ 182

○九二　阎村公议善士之碑记 清宣统元年（1909）/ 185

支楼村

○九三　大周故处士张君举墓志铭 唐长安二年（702）/ 188

○九四　大金国中都良乡县弘业寺莹公塔铭 金大定十六年（1176）/ 189

○九五　大金国中都良乡县弘业寺诠公灵塔记 金大定二十一年（1181）/ 191

○九六　重修洪叶禅寺碑记 明成化二十二年（1486）/ 192

○九七　重修支楼村洪叶寺碑记 清顺治十四年（1657）/ 194

大次洛

○九八　云盖寺匾额 明弘治九年（1496）/ 197

○九九　顺天府涿州房山县贤侯乡赵家庄里大次乐重修古刹云盖寺碑记

　　　　明嘉靖三年（1524）/ 197

一○○　重修云盖寺三义庙观音庵七圣庙碑 清乾隆五十四年（1789）/ 199

一○一　重修天仙殿禅房茶棚碑记 清道光二十一年（1841）/ 201

一○二　京都顺天府房山县城西南大次乐村同益会碑记

　　　　清同治十二年（1873）/ 202

吉羊村

一○三　唐故左领军良乡府旅帅吕府君墓志铭并序 唐仪凤二年（677）/ 205

一〇四　大唐开府仪同三司试太常卿兼左金吾卫大将军上柱国刘公墓志铭

　　　　并序 唐建中四年（783）/210

二站村

一〇五　唐贾岛墓 明正德十一年（1516）/214

一〇六　创建贾公祠碑记 清康熙三十七年（1698）/215

一〇七　宪批碑 清康熙三十九年（1700）/219

一〇八　于役易州道中谒唐人贾阆仙祠有作 清乾隆年间（1736—1795）/220

一〇九　重修贾公祠碑记 清嘉庆二十三年（1818）/222

一一〇　大清国京都顺天府房山县邑南二站村观音庵住持僧辉山自置施

　　　　香火地亩碑记 清乾隆二十四年（1759）/226

一一一　大清国京都顺天府房山县重修二站村九神庙碑记

　　　　清光绪四年（1878）/227

石楼村

一一二　大金故奉议大夫签上京东京等路按察司事兼劝农安抚事上骑都尉

　　　　弘农县开国子食邑伍佰户赐紫金鱼袋杨公神道碑铭并序

　　　　金大安三年（1211）/230

一一三　施地租记 清光绪二十二年（1896）/236

坨头村

一一四　恩荣寿官张公墓志铭 明嘉靖六年（1527）/239

一一五　明故孺人贾氏合葬墓志铭 明嘉靖七年（1528）/241

一一六　明故北川张公墓志铭 明嘉靖二十四年（1545）/242

一一七　明故张母杨孺人墓志铭 明嘉靖二十六年（1547）/244

双孝村

一一八　重修观音庵碑 清康熙五十六年（1717）/247

一一九　重修观音庙碑记 清乾隆四年（1739）/249

梨园店

一二〇　重修庙碑志 民国二十一年（1932）/252

夏村

一二一　衍庆庵记 清康熙十九年（1680）/255

一二二　前清奉直大夫祖考馨公神道碑 民国十二年（1923）/256

导　言

《房山碑刻通志》卷六，为房山区中部韩村河镇、石楼镇碑刻总集。

韩村河镇、石楼镇地处房山区中部，西北与周口店山水一脉，西南与镇江营根气相关，东邻燕都、良乡故城，南接西乡古县。山河竞秀，川原坦沃。自古为人文荟萃之地。所辖曹章村、韩村河、大次洛、支楼村、吉阳村、坨头村、西东村这些古村，或启于秦汉，或见于辽金。汉墓、汉井、汉石虎，陈迹犹存，见证了与镇江营一脉相承的悠远文明。

这方乡土，自西汉以来，为古良乡县地。金大定二十九年（1189）设万宁县，划归万宁县。明昌二年（1191）改万宁县为奉先县，属奉先县。元世祖至元二十七年（1290）改奉先县为房山县，属房山县。历明、清至民国，到中华人民共和国成立初，均属房山县。1958年，房山县与良乡县合并，成立周口店区，属周口店区。1960年，撤销周口店区，复置房山县，属房山县。1987年，撤销房山县、燕山区，合并成立房山区，属房山区，延续至今。

佛教圣地上方山，与古老的天开寺同出一脉，相传创自东汉，开山建寺，不晚于北魏，唐代初具规划，辽金进入鼎盛，素有九洞十二峰七十二座遗庵之胜。古老的支楼村弘业寺，乘隋唐之势，著于辽金，延至明清。大次洛云盖寺，为唐诗人贾岛出家之所。二站村贾岛墓、贾公祠，历沧桑而犹存。

隋韩智墓、韩辅墓，唐张举墓、孙英墓、刘如泉墓，金杨瀛家族墓，明张氏家族墓，清顺承郡王墓、清伊桑阿墓，丰碑历历，谱续着千古文脉。

本卷共收录房山中部2乡镇碑刻136件，其中韩村河镇碑刻103件，石楼镇碑刻33件。

历史年代自北齐至民国，其中北齐1件、隋代2件、唐代5件、辽代4件、

金代14件、元代5件、明代49件、清代48件、民国8件。

韩村河镇碑刻103件，其中北齐1件、隋代2件、唐代2件、辽代4件、金代11件、元代5件、明代41件、清代31件、民国6件，分布于上方山、圣水峪、下中院、孤山口、天开村、皇后台、龙门口、岳各庄、二龙岗、韩村河、赵各庄：

上方山67件——北齐1件、唐代1件、辽代2件、金代11件、明代29件、清代22件、民国1件。

圣水峪6件——明代6件。

下中院2件——元代2件。

孤山口2件——明代2件。

天开村11件——辽代2件、元代3件、明代3件、清代2件、民国1件。

皇后台3件——清代3件。

龙门口1件——清代1件。

岳各庄2件——清代2件。

二龙岗1件——清代1件。

韩村河3件——隋代2件、唐代1件。

赵各庄5件——明代1件、民国4件。

石楼镇碑刻33件，其中唐代3件、金代3件、明代8件、清代17件、民国2件，分布于杨驸马庄、支楼村、大次洛、吉羊村、二站村、石楼村、坨头村、双孝村、梨园店、夏村：

杨驸马庄3件——清代3件。

支楼村5件——唐代1件、金代2件、明代1件、清代1件。

大次洛5件——明代2件、清代3件。

吉羊村2件——唐代2件。

二站村7件——明代1件、清代6件。

石楼村2件——金代1件、清代1件。

坨头村4件——明代4件。

双孝村2件——清代2件。

梨园店1件——民国1件。

夏村2件——清代1件、民国1件。

本卷收录碑文115篇、诗9首、碑阴题13则、碑侧题1则、碑题1则、额题1则、殿题1则、桥题1则、泉题1则、墓题1则。

韩村河镇碑文85篇、诗7首、碑阴题11则、碑侧题1则、碑题1则、幢题1则、殿题1则、桥题1则、泉题1则、墓题1则：

上方山碑文48篇、诗7首、碑阴题6则、碑题1则、幢题1则、殿题1则、桥题1则、泉题1则。

圣水峪碑文6篇、碑阴题1则。

下中院碑文3篇。

孤山口碑文2篇、墓题1则。

天开村碑文11篇、碑阴题3则、碑侧题1则。

皇后台碑文3篇。

龙门口碑文1篇。

岳各庄碑文2篇。

二龙岗碑文1篇。

韩村河碑文3篇。

赵各庄碑文5篇、碑阴题1则。

碑刻多为一碑一文，一碑二文者4件：其一，明嘉靖三十七年（1558）《重修兜率禅寺碑记》，碑阴为光绪十一年（1885）《比丘僧莲如功德碑》；其二，清乾隆四十年（1775）《华严米会碑》，碑阴为清嘉庆四年（1799）《上方山施舍供众地亩碑记》；其三，元至元三十一年（1294）《中院寺圣旨碑》，有"虎儿年春二月二十日，榆河有时分写来""兔儿年七月初三日，上都有的时分写来"两道圣旨；其四，明嘉靖三年（1524）《创建三官庙碑记》，碑阴为民国二十四年

(1935)《整立三官庙旧碑记》。

石楼镇碑文29篇、诗2首、额题1则、碑阴题2则：

杨驸马庄碑文3篇。

支楼村碑文5篇。

大次洛碑文4篇、额题1则。

吉羊村碑文2篇。

二站村碑文5篇、诗2首、碑阴题1则。

石楼村碑文2篇。

坨头村碑文4篇。

双孝村碑文2篇、碑阴题1则。

梨园店碑文1篇。

夏村碑文2篇。

房山碑刻通志

韩村河镇

韩村河镇在房山区西南部。北与石楼镇、周口店镇相连，东接琉璃河镇，南与河北省涿州市和长沟镇比邻，西与大石窝镇、张坊镇、霞云岭乡接壤。三千多年前，西周燕国在韩村河镇东20里立都，韩村河为古燕国之郊。西汉高祖六年（前201），在韩村河镇东北20里设良乡县。镇南的曹章村，至今保存着汉代古井。自汉至北朝，韩村河属良乡县。隋代，属燕国良乡县秭邑乡临流里。自唐始，属良乡县金山乡。金大定二十九年（1189）割良乡、范阳、宛平三县地，设立万宁县，韩村河镇境划归万宁县，属白玉乡。明昌二年（1191）改万宁县为奉先县，韩村河镇属奉先县白玉乡。大安元年（1209），改白玉乡为怀玉乡，属奉先县怀玉乡。元代，西部属房山县怀玉乡，东部属房山县贤侯乡，至明、清如故。

清康熙三年（1664）《房山县志》载录今韩村河镇18村：周家庄、孤山口、中院村、天开村、岳家庄（今岳各庄）、五侯村、襄府庄（今骧驸马庄）、南章村、皇后台、赵家庄（今赵各庄）、西营村、西东村、韩村河、潘家庄、崇义村、曹章村、郑家庄（今郑庄村）、七贤村。

民国初，房山县设五区，属二、三区，在册23村。

其中第二区21村：赵各庄、东营村、西营村、西东村、郑庄村、崇义村、曹章村、七贤村、韩村河、小次洛、五侯村、岳各庄、天开村、孤山口、上中院、下中院、潘家庄、圣水峪、龙门口、尤家坟、周各庄（东周各庄、西周各庄）；第三区2村：罗家峪、皇后台。南章村，康熙房山县志有载，民国初漏载。

民国五年（1916）2月，房山县改设九区，属第六区，部分村庄属七区。六、七区在册25村。第六区21村：周家庄、孤山口、上中院、下中院、圣水峪、天开村、岳各庄、五侯村、南章村、赵各庄、东营村、西营村、西东村、小次尾、韩村河、潘庄、崇义、尤家坟、曹庄、郑家庄、七贤村；第七区4村：皇后台、龙门口、二龙岗、罗家峪。

1949年10月，属河北省通县专区房山县，1958年属北京市周口店区长沟人民公社，1960年属北京市房山县长沟人民公社，同年镇域西部分别成立五侯人民公社、天开人民公社。1961年镇域东部原属长沟人民公社的村庄，从长沟人民公社脱离，成立赵各庄人民公社。1964年五侯、天开两公社合并为岳各庄人民公社，从此镇域内赵各庄、天开两个人民公社并存。1983年赵各庄人民公社更名东营乡，岳各庄人民公社更名岳各庄乡。

1987年1月，东营乡、岳各庄乡属房山区。1999年，撤销东营乡，设立韩村河镇。2000年，撤销岳各庄乡，设立岳各庄镇。2002年1月，撤销岳各庄镇，并入韩村河镇。所辖有27村：韩村河、东营村、赵各庄、西营村、小次洛、西东村、曹章村、七贤村、潘家庄、郑庄村、崇义村、五侯村、岳各庄、尤家坟、东南章、西南章、龙门口、二龙岗、皇后台、天开村、东周各庄、西周各庄、上中院、下中院、孤山口、圣水峪、罗家峪。

境内的韩村河、曹章村、岳各庄、五侯村、七贤村、西东村，均为西汉以来的古村，西部的六聘山、上方山为北京西山著名佛教圣地。据天开寺碑记记载，六聘山天开寺创于东汉，上方山兜率寺创于北朝时期，与白带山云居寺一同谱就了北京西南佛教文化的辉煌。子陵洞、皇后台、伊桑阿墓、顺承郡王墓，古迹犹存。

本卷收录韩村河镇碑刻103件，分布于上方山及圣水峪等10村，其中：上方山67件、圣水峪6件、下中院2件、孤山口2件、天开村11件、皇后台3件、龙门口1件、岳各庄2件、二龙岗1件、韩村河3件、赵各庄5件。

收录碑文85篇、诗7首、碑阴题11则、碑侧题1则、碑题1则、幢题1则、殿题1则、桥题1则、泉题1则、墓题1则。

上方山

在北京房山区韩村河镇西境，距北京约70公里，是著名的佛教名山，素有九洞十二峰七十二座遗庵之胜。其实洞不止九，最著名者九；峰不止十二，最奇者十二；茅庵不止七十二，后存者七十二。

上方山庵、寺统称兜率寺，又名上方寺、上方山寺。相传，东汉光武建武二十六年（50）春，华严慧晟驾莅，驱龙开山，号上方山华严祖师。据文献考证，东魏孝静帝天平二年（535），邺水赵广度大师到上方山建寺，距今已有近1500年的历史了。隋唐时期，以兜率寺为中心，上方山诸寺初具规模，辽金时期进一步兴旺，明代进入全盛期，上方山寺庵达到120座之多。至清代康、乾，上方山寺仅存寺庵72座，号"七十二禅院"，俗称"七十二庵"。"南有苏杭，北有上方。"一千多年来，上方山独胜于北京西山，著称于中国北方。

本卷收录上方山碑刻67件：北齐1件、唐代1件、辽代2件、金代11件、明代29件、清代22件、民国1件，其中收录碑文48篇、诗7首、碑阴题6则、碑题1则、幢题1则、殿题1则、桥题1则、泉题1则。

○○一　百咏南禅师塔记

邺水赵氏，师之籍也。总角业儒，中年不第遇也。本郡永祥道隆，住持师也，披发授具戒也。广度名也，指南字也，参禅学也。永熙壬子，开阐宗猷教也。乙卯退院，戒贪位也。来山结茅，心知止也。西峰幽静，择其地也。西崖练若，颜其额也。昼夜礼诵，寒暑不辍勤也。天保年旱，牧长闻其德请祈雨泽感也。设坛诵经，雨滂沱诚也。咏歌纯熟，如瓶泻水也。世以百咏号其师者，切其人也。乃知化缘将毕，晦影归真，大施会筵，沐浴升座，蜕而去也，神之明也。临行瞩偈所以遗言也。铭其偈而序其事者，志不忘也。"行年七十九，悟物非我有。立辩并枢机，悉系水上沤。赤膊臭肉团，莽波弗记秋。一朝心放下，从此梦亦休。"师之偈也。北齐后主隆化元年重阳日纪，记其时也。沐手撰文，佛门弟子范阳张鹍也。

碑刻说明

北齐刻。在上方山，已佚。

幢文考释

相传，上方山开山祖师为东汉的华严慧晟。

乾隆早期，上方山黄龙庵住持水月禅师声称，修缮塔基时掘得石幢，按照此僧所述的幢身铭文的记载，华严慧晟是中印度梵僧，东汉光武帝建武十年（34），随西域诸大菩萨入理圣人来到东土，建武二十六年（50）春驾莅上方山。后来，所谓"水月禅师发现华严塔幢事"载入乾隆本《上方山志》，被视为华严开山的铁证。民国十九年（1930）溥儒重纂《上方山志》时，已经辨正其谬，《上方山志·卷二·华严慧晟禅师》这样载道："本朝水师修塔筑基掘得石幢，载云：'维开山第一代华严慧晟禅师者，系中印土之梵僧也。东汉光武十年岁在甲午，西域诸大菩萨入理圣人，庚戌春驾莅斯山，因驱龙索水。此上方开轫之源也云云。'因录之以证博。览其幢，乃《百咏南禅师道行之记》。"由此可见，水禅师所说的石幢，根本不是华严慧晟的，而是《百咏南禅师道行之记》，而百咏南禅师另有其人，于是华严开山的记载不攻自破。

熟悉佛教史的人知道，我国佛教的华严宗是公元五六世纪才出现的。它源起于隋，形成于唐代，初祖法顺（杜顺）（557—640）。法顺门人智俨（602—668）是为二祖，而传承智俨的华严学说并加以发扬光大，实际创立华严宗的，是智俨的门人法藏（643—712）。法藏继承了智俨的法界缘起思想，用缘起因分、性海果分二门阐明宇宙万法的实相。

既然华严宗是公元五六世纪才出现的，那么早于公元1世纪，在华严宗尚未出现前，华严宗僧人慧晟来上方山开山是不成立的。可见，上方山的开山祖师不是华严慧晟，上方山的开山史也就不会始于东汉。

上方山开山祖师另有其人，这个人就是百咏南禅师。

东魏孝武帝天平二年（535），百咏南禅师来上方山结庵清居，这是上方山建寺之始，由此推算，上方山建寺的历史距今近1500年。《上方山志》所载北齐后主隆化元年（576）范阳人张鹍所撰《百咏南禅师塔记》，翔实记载了百咏南禅师的生平和来上方山开山建寺的史实。

百咏南禅师，邺水人，俗姓赵，名广度，字指南。北魏孝文帝太和二十一年（497）生，幼习儒业，中年未达仕途，礼本郡永祥道隆为师，披剃授具戒，习禅宗，成为禅宗一代名僧。北魏孝武帝永熙元年（532），当是在官方背景下开坛讲经。东魏孝静帝天平二年（535），急流勇退，离开讲席，来到上方山西峰结庵清居，题额"西崖练若"。昼夜礼诵，寒暑不辍。北齐文宣帝天保年间（550—559），久旱不雨，地方官听说他是有道高僧，请他设坛诵经祈雨。可巧，百咏南禅师祈雨后，上方山所在的燕郡地区大雨滂沱。据说他善诵歌谣，纯熟动听，如行云流水，所以世人以"百咏"称之。北齐后主隆化元年（576），禅师预感归期将至，于是大施会筵，沐浴升座而化，享年79岁。

○○二　拙崖篮和尚塔记

师不知何许人氏，于唐中宗神龙丙午孟夏来山。谓住持曰："乞容膝之地可乎？"先德肯之。师于西南隅结茅崖下，日诵《楞严》，心印之旨。言行恬淡，谶言有验。众谓师有先见之明。开元癸丑，冯秉募筑极乐庵于西崖为师休栖，师暇采条编筐置路，任人取去，以故人皆谓之篮和尚。代宗宝应癸卯春，师之化缘，功极于时，置果筵众，招灵机师曰："某有布匹，奉为替某举火之酬。"复谓众云："某新制龛，今试看之。"遂盥着衣升龛招众曰："代某念弥陀经送之。"师亦和声。至"东方阿閦佛"次，师以手掩关，众诵经毕，开关视之，鼻柱下垂而逝。偈云："住世八十九，磨性编筐篓。赠君匹素布，送我西天走。"

碑刻说明

唐刻。在上方山，已佚。

幢文考释

据此幢，拙崖篮和尚，不知籍贯，亦不知姓氏。唐高宗上元元年（674）生，唐中宗神龙二年（706）五月来上方山，对当寺住持说："我求一片容膝之地，可以吗？"住持答应了他。于是他在西南隅莲花台右的山崖下结茅，暂且居住下来。每日诵《楞严经》不止，心印其旨，言行恬淡。每有预言，必有验证，当地百姓很信服他，称他有先见之明。唐玄宗开元元年（713），有个叫冯秉的人出钱为他在山崖下筑极乐庵，作为休栖之所。诵经之暇，他便采条编筐，放在路边，任人取用。所以当地人都称他为篮和尚。唐代宗宝应二年（763）春，禅师预感归期将至，设置果筵招待众人，说道："我有一些布匹，送给为我举火的人作为酬劳。"又对大家说："我新制了寿龛，今天试试看。"于是净手罢，穿上寿衣，升入寿龛。招呼说："替我诵《弥陀经》，送我吧！"说罢，与大家齐声诵起经来，诵到"东方阿閦佛"处，禅师以手掩上龛门，众人诵经毕，打开龛门一看，禅师已经坐化了，享年89岁。

拙崖篮和尚是唐代上方山唯一一位可考的僧人，僧居上方山57年，历中宗、睿宗、玄宗、肃宗、代宗五帝，是唐代上方山佛教史上的重要人物。

○○三　六聘山天开寺忏悔上人坟塔记

朝议大夫乾文阁直学士知制诰赐紫金鱼袋王虚中撰

噫，古之葬者弗封树，虑其伤心，若掩骼埋胔之类，欲人之弗得见也。而后世朴散转加乎文，遂有贵贱丘圹高厚之制。及佛教来，又变其饬终归全之道，皆从火化，使中国送往一类烧羌，至收余烬为浮图，令人瞻仰，不复顾归土及泉之义，世以为然，自非高道，孰克相宜？我忏悔上人，终获是礼，斯无愧焉！

上人讳守常，曹姓，易州新安府人也。幼习儒业，早善声明，口授诸生，处处为师匠，年十七便厌世，累礼六聘山铁头陁为师，十九受具，就学无方，所向迎刃。始讲《名数》《税金》《吼石》等论，次开《杂花》《经洎》《大乘》《起信》等论，前后出却学徒数十人，兼放菩萨戒坛十余次，所度白黑四众二十余万。住持本山三十年，倡导外，日诵《大悲心咒》以为恒课。方与佛宫长为法匠，无何以咸雍六年正月二十一日迁化于上方栖神之所。春秋六十一，夏腊四十二。而最后顶暖，其容如生。即以其次月九日，具天竺茶毗之仪而送之焉。薪尽氍灰外，戒珠如流，至有掘地，所求亦广。非夫性纯与悬解者曷由底其然耶！旋以其年三月望日塔其骨于上方本院之坤隅。

大安六年三月十五日，其受法俗弟子王至温，始议述其遗躅托予文而志之，以告于后。呜呼！倡高和寡，所继者无多。处在人亡，其悲者有几？今室还没草，骨已为尘，犹以故人纪其遗躅，则高山仰止之咏，不独美其前人。乃知名教之兴，师道尊重，俾夫民德愈归于厚矣！

时大安己巳岁姑洗月之十五日记

布衣贾溉书　涿州邵师儒镌

碑刻说明

辽刻。在上方山。拓片高49厘米，宽48厘米。

碑文考释

大安己巳岁，为辽大安五年，实为大安六年，而非大安五年，故"己巳"为误书，应该为"庚午"。

姑洗月，指农历三月。姑洗，十二律之一。《周礼·春官·大司乐》："乃奏姑洗。"《史记·律书》："三月也，律中姑洗。"

忏悔上人，是辽代六聘山天开寺住持，葬于上方山。辽代，上方山即为六聘山天开寺上方。此僧系辽代六聘山天开寺唯一生平翔实可考的僧人，对研究辽代天开寺和上方山的历史非常重要。

忏悔上人，名守常，姓曹，易州新安府（今河北安新县）人。辽圣宗统和二十七年（1009）生。幼习儒业，早善声明。辽圣宗太平六年（1026），17岁礼六聘山铁头陀为师。太平九年（1029），19岁受具戒。就学无方，所向迎刃。开始，讲《名数》《税金》《吼石》等论，后来讲《杂花经》《洎大乘》《起信》等论。前后学徒数十人，兼放菩萨戒坛十余次，所度黑白四众20余万人。辽兴宗重熙十年（1041）住持六聘山天开寺，住持本山30余年，讲习之外，每日诵大悲心咒，以为常课。辽道宗咸雍六年（1070）正月二十一日迁化于上方栖神之所，终年61岁。当年三月十五日起塔于上方本院葬之，大安六年（1090）三月十五日撰勒塔铭。

○○四　六聘山上方逐月朔望常供记

丰阳柳溪沙门了洙撰

按《宝积经》，广博仙人问："佛灭度后云何种植？获福报耶？"佛言："诸如来者，皆是法身。若在世，或灭后，所有供养，福无有异。"又问："福为积聚耶？"佛言："譬如甘蔗未压之时，汁不可见。彼于一节二节之中，求汁积聚了无见者，然彼汁不从外得。福德果报亦复如是，不在施主手中、心中、身中，亦不相离，犹影随形。"又《善生经》云："佛言：'如来即是一切智藏。是故，智者应当志心勤修供给生身、灭身、形像、塔庙。既供养已，于己身中，莫生轻想。于三宝所，亦应如是。若我现在，若涅盘后，等无有异。'"又《大方广不思议境界经》云："供养佛者大福德，速成阿耨菩提，令诸众生皆获安乐，供养法者增长智慧。证法自在，能了知诸法实相，供养僧者，增长无量福德资粮，致成佛道。"又《慈恩》云："当来导师龙华三会最先蒙度者，乃是口慧。"

大德冲公，倜傥有器度，尊贤好事，修福乐施而无厌，□□请录籍焉。初沙门奉均，岁久住持精苦，颇著声望。顷□□□三白食，以荐五台尊容之像，殆无阙焉。至是，冲公睹□□□□施钱五千，然后化诸法属，其友人辈闻而亦乐施，□□□□斡之，于下寺之北质库，岁得息十余镪，月朔望□□□□□设十餐，依法作法，自敬荐之。即罢，掊诸食饭□□□□□，人畜交欢，皆饫充矣。自今岁始终。法灭来□□□□□□者而更增助之，实冲师之意云。庶几藉□□□□□□徒然哉！

时皇辽天庆五年乙未三月

碑刻说明

辽刻。此碑断裂已久，只存其半，存于上方山舍利殿院内。拓片残高87厘米，宽68厘米。碑额篆书"上方逐月朔望常供记"。

碑文考释

此碑在上方山，所谓"六聘山上方"指上方山。六聘山，在上方山东、天开村北，为古名山，因西晋霍原在此隐居讲学，故称。六聘山山阳有天开寺。上方山为六聘山天开寺住持所居，即天开寺的上方寺、方丈寺所在，因此称"六聘上方"，上方山因此得名。

碑文略谓：大德冲公，倜傥有器度，尊贤好事，修福乐施而无厌。施钱五千，然后化诸法属，友人辈闻而亦乐施，于下寺之北质库，岁得息十余镪，以此钱每月朔、望设十餐，以供上方僧众。

撰文者了洙，俗姓高，字涣之。了洙的祖先世居燕京（今北京），是一个世代有名望的家族。出身世家的了洙，自幼习诗书礼乐，接受了良好的教育。了洙生活在辽道宗末期至天祚帝时期，这个阶段正是辽王朝的晚期，女真人开始在东北地区崛起。了洙生不逢时，动荡的时代阻绝了他的仕途之路，于是遁入空门，游走于燕京西山，试图找到一块栖身之地。了洙勤于禅学的研习，参透禅学要旨，驻锡于燕京范阳县西北丰山之阳的柳溪（今长沟镇西甘池村西）玄心寺。

居玄心寺后，了洙不再研究禅学，而是重操儒学，致力于《诗经》、诸子

和史籍的研究，揣摩其微妙，将研习心得著述成文，十几年如一日，笔耕不辍。了洙把自己的著述刊辑成集，一时间在燕京地区广泛流传，成为燕京地区声望鹊起的学僧，燕京内外的碑碣志幢多求文于了洙。

对于了洙的行为，燕京佛教界颇不以为然，怨他不务佛事而专于儒学，纷纷前来玄心寺诘问了洙，来者的言辞十分激烈："你身着僧人的袈裟，皈依佛门修行的时间不短了，却不能澄心净气，泰然淡泊于玄妙之门，反而发愤笃志于儒学，你难道不累吗！况且在佛门看来，天地万物算得了什么呢？这样说来，你写那些文章又有什么用处？"

面对僧界的责难，了洙不以为意，我行我素，显示了他超凡的修养与风范。适逢了洙好友乾文阁直学士中书舍人杨丘文奉使入宋，从易州返回路过范阳，来玄心寺看望了洙。了洙十分高兴，把自己的若干篇新作拿给杨丘文看。杨丘文惊叹了洙的文采。谈话间，了洙把燕京僧界上门责难的事告诉杨丘文，这位好友对了洙的作为给予高度评价，并撰《柳溪玄心寺洙公壁记》，书于玄心寺了洙卧室壁上，以示对了洙的支持。后来，此记又刻于碑石，立于玄心寺内。

记文中，杨丘文称赞了洙所作是"载道"之为，是仁智相养之道。了洙释而通儒，符合旁魄四达之圣则。直斥燕京僧界排斥儒学是狭隘的行为，和佛门修行的境界南辕北辙。记文最后直白地表明了主旨，即为了洙辩护，质问燕京僧界对了洙的责难。作为朝廷要员的杨丘文出面维护了洙，从一个侧面反映了了洙与燕京佛教界斗争的激烈。

了洙是辽末颇有影响的僧人，他儒释贯通，异帜独树，当时的佛门中人无可企及。朝廷赐给他"文雄慧照大师"的封号，并赐紫袍。他应该是经历了辽末的战乱入金，逝于金初。

了洙的著作散佚不传，今人无从得知其面貌，所幸北京的金石文献留下洙的文章数篇，尚可借此一睹了洙的学养和文采。了洙存世的文章有：乾统元年（1101）《悟空大德发塔铭并序》、乾统二年（1102）《崇孝寺碑铭》、乾统四年（1104）《范阳丰山章庆禅院实录》、乾统五年（1105）《白继琳幢记》、天庆五年（1115）《六聘山上方逐月朔望常供记》。其中《范阳丰山章庆禅院实录》堪称绝世之作，该文不足600字，详尽记述了丰山章庆院的位置、环境、寺院概况和山中幽趣。全文笔触闲逸，脉络舒展，遣辞清丽，娓娓道来，竟有无穷妙趣令人回味。纵观有辽文坛，无出其右者。即便放在历代散文中，也是上乘之作。仅以此文看，了洙不仅是位有道高僧，更是一位文学大家。

○○五　大金大兴府良乡县金山院比丘尼了性灵塔记

苾刍尼了性姓方氏，范阳人也。自幼□俗，及长乃□□□□王氏，溺于尘缘，染其□法前却育获二男三女。其三女曰胜哥、云哥、仙哥是也，最长及幼各从其嫁，中间一名夭寿。而归其二男，许令出家于天开寺，即提点禅师季新、法严是也。纪约僧众，墙堑佛庭，举重事以为轻，变难图而作易，执事侪中唯兹兄弟与。至年五十四载，□情忘背尘合，觉悟色身，而电光易灭，了□世而石火难停，遂弃俗归真□□□，□□金山院□□□师□受□□尼□五□□□本七十有四，遇恩受讫，大比□□□千之一矣。自出家至辞世二十余□，□□□□□□□□□圣□□□□□皇统五年九月贰日，遇□□□□□之号，报龄七十八，尼身山□□□五日，具道俗咸仪，焚殓而已，至□□□□□□□□男法严与姊及兄合意建塔，□□灵骨，迁祔于开天上方山，盖尊受遗嘱也。予与法严交分□□□为斯记，牢让无由，强成捃录哉。

同蓝□□□行撰并书

时贞元三年四月初九日

碑刻说明

金刻。存于舍利殿院内。为小八角石幢。高69厘米，宽面均宽7厘米，窄面均宽10厘米。此幢剥蚀严重，字迹残损不完，石幢下部一角残损。

幢文考释

苾刍，即比丘。苾刍尼，即比丘尼，俗称尼姑。

比丘尼了性，俗姓方，范阳人（今河北涿州市），育二男三女。三女：胜哥、云哥、仙哥，云哥夭折，胜哥、仙哥出嫁。二男在天开寺出家，为提点禅师，法号季新、法严。纪约僧众，举重为轻，变难作易，在天开寺很有影响。金代天开寺本寺无碑刻，故没有留下僧人名号，此幢留下天开寺提点季新、法严的名号，对研究天开寺金代历史弥足珍贵。

54岁那年，了性投良乡县金山院出家，74岁受戒。金皇统五年（1145）圆寂，享年78岁。据卒年推断，了性生于辽咸雍三年（1067），辽保大元年（1121）出家，金皇统元年（1141）受戒。

了性逝后，根据其遗愿，其子季新、法严与二女胜哥、仙哥，合力建塔于上方山将其安葬。

〇〇六　当寺故禅人度公幢铭

沙门法迪撰

猗哉觉皇西诞，异祯垂周帝之朝。贝典东流，祥瑞汉明之室。厥后建尊容而修寺宇，弘至教而度缁徒，盖兹四事其□□□□于隋代，龙象拔革，高师以备，于僧史□□□□□德人。度公者，亦可预于德人乎？

师讳思度，俗姓陈氏，乃中都良乡县西南旧店人也。依大房山灵峰寺苾刍景公为师，寿昌五年试经得度，业以□花□挥尘尾，一心之名利无羁，两耳之是非不入。遂以云水为怀，松筠撷志，振锡南游，止于阳溪、天开二山，前后□□状请例摄门资，韬光弗惮上方精舍，一境□□□□□然□□。自天会三年暨今三十余年，□心□于碧嶂，足不践于红尘，以白莲之教入轴，可日日为常务，历温凉寒暑，碎事于心者未尝有，替之余诸德业正以具陈。夏腊五十六，春秋八十五，以贞元乙亥岁十二月二十五日，稍以微恙右胁而逝，茔之二所，于本受业及上方山各建法幢瘗小师灵椁。门人心契，屡嘱于祭祈，以铭文录师实行，无□琐才，叙之云尔。

法弟□思兴

门人运□　阳谷　觉因　觉祥　觉荣

天开寺　圆□　圆足

时正降元年岁次丙子二月癸酉朔　显生十二叶申时建

智炬如来心破地狱真言：襄谟阿洒，此悉底南，三母驮故，致喃唵艮，齿襄缚波，悉提哩咈。

升天真言：唵吕，尼吕，尼娑，缚诃。

碑刻说明

金刻。存于上方山舍利殿院内。小八角汉白玉石幢，通高57.5厘米，宽面均宽12.5厘米，窄面均宽11厘米。

幢文考释

度公俗姓陈，名思度，金中都良乡县旧店（今北京市房山区窦店镇窦店村）人，初依大房山灵峰寺景公为师，辽寿昌五年（1099）试经得度。坟铭称赞他："一心之名利无羁，两耳之是非不入。以云水为怀，松筠撷志。"思度辞别大房山灵峰寺，先到山南不远处的阳溪山阳溪寺（址在今北京市房山区周口店镇黄院村西北）住锡，再到六聘山天开寺。金太宗天会三年（1125），思度来到上方山，在上方山一居30年，足不践红尘。思度小禅悦大师（《遐龄益寿禅师塔记》）11岁，是禅悦大师同时期的上方山僧人，均为由辽入金。他较禅悦大师晚来上方山两年，经历了禅悦大师上京传法的盛事。思度是金代上方山的普通僧人，与禅悦大师相比，影响和地位不可同日语。但是，思度是上方山有史以来第一位可考的房山本土僧人。思度海陵王贞元三年（1155）十二月二十五日示寂，享年85岁。正隆元年（1156）二月，建塔于上方山葬之。据其卒年，思度生于辽道宗咸雍六年（1070）。

〇〇七　遐龄益寿禅师塔记

师字天空，讳禅悦，昌平柳村郑氏之子也。童年依安乐寺道首上人祝发，年满于灵峰净老人座下受具。太宗癸卯来山，居卧云庵二十余载，蔬食苦行，常修般舟三昧。上闻其德，下诏，师辞，连诏三者，遂应诏入都。上甚悦之，钦师戒行，就宫供养。遂开阐《护国仁王般若尊经》，九旬克备辞归。赐号"遐龄益寿禅师"，御赞云：

古人修隐上游访，涉水登山步林莽。禅衣露湿烟霞明，拄杖横拖风月爽。餐霞服气度春秋，白云秋水空悠悠。有时危坐入禅定，不关名利轻王侯。汤汤逝水尽东流，尘寰万虑皆为空。识得浮生这四景，百般伎俩总消融。顿息尘缘坐来静，劈破鸿濛见真性。常生不死度流年，万古高风起人敬。

丙子年秋甲子示寂，作偈云：名利光如水月，慧辩恰似镜痕。今朝消除梦幻，法界出入天门。

继门弟子超贤奏上，降旨遣祭，葬于西峰之侧。春秋九十有七，法腊六十二。上赐白镪三百两，为之建塔树碣以纪之云。

正隆丙子九月初三日

朝议大夫文华殿大学士冯国相撰

碑刻说明

金刻。存于上方山舍利殿院内。

幢文考释

退龄益寿禅师，字天空，名禅悦，昌平柳郑村（今北京昌平区）人。童年投安乐寺，依道首上人祝发，年满以后，于灵峰寺净老人座下受具戒。金太宗天会元年（1123），64岁的天空来到上方山，居卧云庵20余载，蔬食苦行，常修般舟三昧。天德年间（1149—1153），金海陵王闻其德，下诏，他婉辞不就，下诏再三，才应诏前往金都上京（今黑龙江省阿城市），当时天空已是90岁高龄。海陵王见到他非常高兴，钦师戒行，就官供养。天空奉诏在上京开坛讲授《护国仁王般若尊经》，三个月后，他自上京归，返燕京（今北京）上方山，海陵王御赐"退龄益寿禅师"的封号，并赋诗称颂：

古人修隐上游访，涉水登山步林莽。禅衣露湿烟霞明，拄杖横拖风月爽。餐霞服气度春秋，白云秋水空悠悠。有时危坐入禅定，不关名利轻王侯。汤汤逝水尽东流，尘寰万虑皆为空。识得浮生这四景，百般伎俩总消融。顿息尘缘坐来静，劈破鸿濛见真性。常生不死度流年，万古高风起人敬。

海陵王诗存世的不多,这首诗,仅见于《遐龄益寿禅师塔记》。全诗绮丽洒脱,意境高古离俗,读罢令人拍案叫绝,不禁感佩这位万乘之君的文采风流。

正隆元年(1156)九月甲子日示寂,年97。据其卒年,天空生于辽道宗清宁六年(1059)。继门弟子超贤上奏金帝海陵,海陵降旨,遣使前往上方山行祭礼。又赐白银300两,作为建塔树碣之资。

天空大师是金代前期著名禅宗高僧。他由辽入金,历太祖、太宗、熙宗、海陵四世,目睹了金代由开国到迁都中都的历史过程。早在金初的太宗天会元年(1123),他就来到上方山,是金代上方山第一位有记载的高僧。在海陵王时,他受到特殊的礼遇,法迹远播金都上京。他在金前期佛教传播上起到重要作用,是上方山佛教史有金一代重要代表人物。

○○八 优婆夷□□经幢记

粤以纷纷六趣,咸流转于无常。扰扰四生,尽轮回于有结。优婆夷姓清河氏,乃永清县之人,辽时信缘游出,遂止乐深村。且表从尘累,内怀善缘,凡遇四方僧侣,□□□□□浣以忘□□□□□。此外诵□□语,听受经文。如是□仅五十载,况人寿七十尚为希有,幸□□□□心□□□□□□□□□□上下,执事僧曰然,昔于皇统间□□□□□□郓国公之女赐紫普安为师,训名□□,□□□□□复思年耄,□滥□门故非□□□□□□□语知识曰,临命终时,愿永披剃,用结当来出家种也。丧后复乞归葬于此,由斯蒙许立塔,□□建山之兑位也。斯盖觉悟无常,断除有结,怖心难生而已生,善心难发而已发。既然凡圣逆顺□□能详,可谓唯饮水者知冷暖欤。后至□月□日而卒,其年□月□日复开葬□□志。

正隆三年

碑刻说明

金刻。在上方山,已佚。金正隆三年(1158)。见民国《上方山志·卷六·艺文一》。

幢文考释

此幢大意：女居士张氏，永清县（今河北省廊坊市永清县）人，辽代时离乡云游，到乐深村（今北京市房山区韩村河镇岳各庄村）居住下来。金皇统年间（1141—1148），礼韩昉之女普安大师为俗家弟子，临命终时，愿永披剃，求葬于上方山。

清河氏，指张姓，因河北清河县是张姓郡望，故习惯称张姓为"清河氏"。

优婆夷，在家信佛的女子叫优婆夷，意译近善女、善宿女、清信女等，凡受了三归五戒的女子，都叫作优婆夷，今称女居士。

"昔于皇统间□□□□□郓国公之女赐紫普安为师，训名□□"，意即张氏在皇统年间，礼郓国公之女赐紫普安为师。《比丘尼妙深经幢记》："当皇统间，礼韩开府之女普安大师为师，训名妙深。"此处言普安为韩开府之女。显然，普安之父姓韩，曾封"郓国公"，官职"开府"，即开府仪同三司的简称。

《金史·列传第六十三·文艺上·韩昉》："韩昉，字公美，燕京人。仕辽，累世通显。昉五岁丧父，哭泣能尽哀。天庆二年，中进士第一。补右拾遗，转史馆修撰。累迁少府少监、乾文阁待制。加卫尉卿，知制诰，充高丽国信使。高丽虽旧通好，天会四年，奉表称藩而不肯进誓表，累使要约，皆不得要领。而昉复至高丽，移督再三。高丽征国中读书知古今者，商榷辞旨，使酬答专对。凡涉旬乃始置对，谓昉曰：'小国事辽、宋二百年无誓表，未尝失藩臣礼。今事上国，当与事辽、宋同礼。而屡盟长乱，圣人所不与，必不敢用誓表。'昉曰：'贵国必欲用古礼，舜五载一巡狩，群后四朝。周六年五服一朝，又六年王乃时巡，诸侯各朝于方岳。今天子方事西狩，则贵国当从朝会矣。'高丽人无以对，乃曰：'徐议之。'昉曰：'誓表朝会，一言决耳。'于是高丽乃进誓表如约，昉乃还。宗干大说曰：'非卿谁能办此。'因谓执事者曰：'自今出疆之使，皆宜择人。'明年，加昭文馆直学士，兼堂后官。再加谏议大夫，迁翰林侍讲学士。改礼部尚书，迁翰林学士，兼太常卿、修国史，尚书如故。昉自天会十二年入礼部，在职凡七年。当是时，朝廷方议礼，制度或因或革，故昉在礼部兼太常甚久云。除济南尹，拜参知政事。皇统四年，表乞致仕，不许。六年，再表乞致仕，乃除汴京留守，封郓国公。复请如初，以仪同三司致仕。天德初，加开府仪同三司。薨年六十八。昉性仁厚，待物甚宽。有家奴诬告昉以马资送叛人出境，考之无状，有司以奴还昉，昉待之如初，曰：'奴诬主人以罪，求为良耳，何足怪哉。'人称其长者。昉虽贵，读书未尝去手，善属文，最长于诏册，作《太祖睿德神功碑》，当世称之。自使高丽归，后高丽使者至，必问昉安否云。"

韩昉于皇统六年（1146）封郐国公，天德元年（1149）加开府仪同三司。这和两件幢记"郐国公""韩开府"的官爵相吻合。又《优婆夷□□经幢记》立于正隆三年（1158），韩昉皇统六年（1146）封郐国公，故称"郐国公"。《比丘尼妙深经幢记》立于金大定，韩昉于天德元年（1149）加开府仪同三司，故称"韩开府"。那么，普安大师之父为韩昉无疑。

○○九　大金中都洪家庄院比丘尼坟塔记

斯比丘尼，俗姓杜氏，本固安县赵家务人也。父文思，母许氏，自幼及长渐至□□五十余年，□□世务其中，身染尘缘，心遵善法，自乐小而示慈，□□尊亲而施□，敬父而□□。□□□□□□□□安常□亲□奈何□□□□□□□□温□□□虽出迹，至年五十有八，方□俗缘，始来落发□于范阳县洪家庄院，礼比丘尼□□为师，训名行□，□□□□受今大戒，尔后□□□曰：我今垂老莫斯宗□□□□何由报于三有四回，□荣□参游第至于此，□其人境超□乃发愿言："我虽财力无备，但化信心随缘与供，何至命殚。"从兹寒暑□劳其□其意甚有年矣，至正隆二年十二月初□日，终于良乡县南张村之院也，报年七十四。顷□□□□行□生前心□所愿日愿我生生□□□□今山门□□□戒等□□，共愿塔葬于兹。

正隆三年四月八日特立

碑刻说明

金刻。存于上方山。八角汉白玉石幢。分拓四纸，均高54厘米，通宽42厘米。

幢文考释

比丘尼，又作苾雏尼、比呼尼、尼、除女、薰女、沙门尼，俗称尼姑，满二十岁出家、受了具足戒的女子，称为比丘尼。

比丘尼，俗姓杜氏，固安县赵家务人。父杜文思，母许氏，身染尘缘，心遵善法，年58，落发于范阳县洪家庄院，礼比丘尼为师，受大戒。正隆二年（1157）十二月，终于良乡县南张村（今北京市房山区韩村河镇东南章、西南章）之院，享年74岁。正隆三年（1158）四月八日立幢葬于上方山。

以"终于良乡县南张村之院"考之，金正隆三年（1158）左右，今东南章、西南章二村本属良乡县。

○一○ 比丘尼妙深经幢记

粤以纷纷六趣，咸流转于无常，扰扰四生，尽轮回于有结。此一清信女，乃易州流井之人也，姓靡氏，因父母徙居良乡乐深村，故从生于彼也。萌成长已来，身系尘缘，心游善境。由昔行檀，恒丰财贿，于四邻名山大刹及此上方塑尽尊容，斋设僧□□□无休□十余载。况人生百岁，七十尚稀，复□□□能无□哉！遂喜舍所在之资，于正隆三年四月十五日□□□□□□□□修斋□□□无遗□□□□首上□□事僧曰然。当皇统间，礼韩开府之女普安大师为师，训名妙深，当属出家之□，后思耄耋之年，事□空门，故非□□。今祈潜备三衣，投知识曰："临命终时，愿求披剃，用结当来出家之种，丧后复乞归葬于此。"由斯蒙许立塔于山之□也。斯盖欲悟无常，断除有结，怖心难生而已生，善心难发而已发。既然圣凡逆顺□□能详，其与净行止颇同，故此所书首尾祯异，后□□年□□月卒，其年□月□日开葬之云尔。

碑刻说明

金刻。存于上方山舍利殿内。八角汉白玉石幢。通高54厘米，每面宽10厘米。上损一角，石质较劣，字迹漫漶。

幢文考释

三衣，佛教比丘穿的三种衣服。一种叫僧伽黎，即大衣或名众聚时衣，在大众集会或行受戒礼时穿着；一种叫郁多罗僧，即上衣，礼诵、听讲、说戒时穿着；一种叫安陀会，日常作业和安寝时穿用，即内衣。亦泛指僧衣。

清信女妙深，易州流井人，今属河北省易县东北之流井乡，该乡有东流井、西流井、北流井、南流井四村。妙深俗姓靡，父母徙居良乡乐深村（今属北京市房山区韩村河镇岳各庄村），故出生于乐深村。皇统间，礼韩昉之女普安大师为师，训名妙深。妙深家境富裕，几十年如一日，经常到四邻名山大刹，及六聘山天开寺上方施舍钱物，捐塑佛像，设斋供僧。

她竟自备下僧服，拜上方山执事僧，愿临终时削发出家，死后葬于上方山。执事僧许其卜地立塔。大定初辞世，葬于上方山。

《优婆夷□□经幢记》《比丘尼妙深经幢记》分别载永清县张氏、易州靡氏二信女，定居乐深村，均礼当朝重臣韩昉女普安大师为俗家弟子。韩昉女在金皇统时已是有明望的比丘尼，故被熙宗赐紫，并封"普安大师"之号。从金天会历皇统至天德、贞元，上方山由遐龄益寿禅师禅悦住持，普安大师与禅悦有时间上的交集。从普安大师活动范围看，其栖身之寺，似在深乐村，或深乐村附近。

其父韩昉，《金史》本传记载为"燕京人"。房山在辽及辽、金之际地属燕京，自隋到辽，均有韩氏居民。从韩昉之女行踪看，韩昉似是房山本土人。

〇一一　燃身明禅师塔铭并序

寂照叟退韩继大觉，居上方慵庵，得三日，故人才法师悯忠弘教空大德诣庵，道明禅者焚身纵迹，为树塔，恳求作铭，因随喜赞叹谨为铭曰：

空劫那畔赢一着，世间之事真戏谑。折脚铛儿破木杓，草衣木食乐岩壑。道人善明尝此乐，七十七年惟自若。赵姓宝坻本村落，统恩受具细披削。末后上方得栖托，便把挂杖高卧却。大定庚子岁将涸，建子初一己酉朔。我退大觉君行脚，若合符契靡差错。食倍常日色不怍，积薪自焚贵省要。如烧玉石无秽恶，信戒定慧非凡壳。阴云四合雪大作，烟烬火灭倏便廓。山众哀感同一诺，收拾余骨藏石槨。表翠堵波觉后觉。

大定贰拾年十一月二十八日建

见山主沙门圆晕 善阳沙门行钦书

碑刻说明

金刻。存于上方山舍利殿内。八角汉白玉石幢。高59厘米，通宽50厘米。正面上"题燃身明禅师塔"。下一龛，龛内一僧，身着袈裟盘踞于须弥座上，小臂交插，上身前倾俯于左膝上，右手在上，左手携念珠在下，念珠呈椭圆形下垂于两膝间。僧人双目微闭，作诵经状。形象传神，呼之欲出。幢体文字为行书体。此幢为金代石雕艺术之珍品，是上方山的最为珍贵的文物。

幢文考释

大定庚子，大定二十年（1180）。

建子，系指古代以夏历十一月（子月）为岁首的历法，指阴历十一月。

"寂照叟退韩继大觉"，寂照，寂照大师，金代高僧。现存于北京大兴区火神庙的明昌二年（1191）《寂照大师实行碑》，碑阳首题"大金中都大兴府安次县崇福乡广采魏广教院长老寂照大师实行碑记"，碑文记述了寂照大师在熙宗、海陵、世宗和章宗四朝的生平事迹。韩继，今北京市房山区周口店镇大韩继村。大觉，大觉寺，唐代香光禅寺，明万历重修，名香光寺。故知，该寺金代名大觉寺。金代高僧寂照在金大定二十年（1180）前，一度住持大韩继村大觉寺。金大定二十年（1180）十一月，寂照从大韩继村大觉寺退位，来到上方山慵庵养静。来上方山第三天，老友才法师到慵庵探访，说山上有个叫明禅的僧人，积薪自焚，要树塔葬之，恳请寂照作铭。明禅，俗姓赵，宝坻县（今天津市宝坻区）人，皇统恩受具得度，来上方山依岩而居，草衣木食，大定二十年（1180）十一月初一，积薪自焚，年77岁。据其卒年，明禅生于辽乾统三年（1103）。寂照遂作《燃身明禅师塔铭并序》，由沙门行钦书丹，大定二十年（1180）十一月二十八日立塔幢。

〇一二　大金中都报先寺尼德净灵塔记

内植菩提种，须长菩提苗。内埋贪欲株，终成贪欲果。□□苾刍尼德净，涿州固安县固成村人，俗姓苏氏，年始过笄，父母逼令适清河子，身羁尘务，心悟色空，□□□而终是苦因。念色空而当成善果，年近四十，夫矜确志，遂许出家，礼中都报先寺善普大师为落发师，至四十五，皇统恩坛受五百戒。尔后辞师随方经止。能以情□□□供给□来白黑道友，四十余年，丝毫无倦。晓夕常诵《金刚》《药师》《上生》等三经，《行愿》《净行》《梵行》等三品，终□□□。苟非宿植善本，广种善缘，安能红焰之中，却睹□□之叶，可谓菩提之苗。今日见长，至年耄寿之余□□□□务道院。大定十七年四月十四日，遇疾而终。□腊四十二，春秋八十一。□有俗弟天开寺僧思鄂□灵骨□安般舟山院。思鄂□□□□乃普大师之门人，大师尝以化度寺守大□天开，而师事之。□□傅母亦弃俗出家于仙露寺，大师以母灵骨□□在六聘上方院之卯位。□姊德净可系徒属之辈，亦宜求葬先祖之邻也。思鄂泊善才蒙姊恩□□余求记，固不可辞。

时大定二十三年八月十□日。

无物庵裕贤撰文　道明刊

碑刻说明

金刻。原在上方山接待庵，现存于舍利殿院内。六面刻，拓作一纸，高56厘米，通宽68厘米。

幢文考释

德净，涿州固安县固成村人。固安县，今属河北省固安县，该县东湾乡有南固城村、北固城村，即由金代固城村承袭而来。德净俗姓苏，不满15岁，父母逼令他嫁张姓为妻，身羁尘务，心悟色空。年近40，丈夫为其心志所感，答应她弃俗出家，礼中都报先寺善普大师为落发师。中都，即今北京。报先寺，今址不详。45岁，皇统恩坛受五百戒。

"五百戒"，比丘尼具足戒之大数，其实是348条戒律。

受戒后，德净辞师云游。常诵《金刚》《药师》《上生》等三经，《行愿》《净行》《梵行》等三品。大定十七年（1177）四月十四日，遇疾而终。享年81岁。善普大师曾以化度寺守天开寺。其母亦出家人，圆寂后被善普大师安葬于上方山，按辈分是德净师祖，故德净临终，请求葬于上方山先祖之侧。

据德净卒年，其生于辽寿昌二年（1096），金天会十四年（1136）在中都报先寺出家，金皇统元年（1141）受具足戒。此后云游，终葬上方山。

〇一三　瑜珈院主崇公灵塔记

沙门师景撰

公讳善崇，本县金山乡南韩继人也。俗田姓，父讳师进，母董氏。童不留髻，嬉戏异常。拜瑜珈院坚公为师，侍师忘劳，夙夜匪懈，兼习经文，以待举选。皇统元年秋，登科二第，春度具足戒。一日辞游，叹曰："名利惑心，诚为罪薮。"遽然拂袖挂钵携节，云水栖游，凡十五载而归，止斯山。公赋性慈善，洁己精专，奈何天数已终，而于大定二十四年四月十八日终于兹山。春秋六十有八，夏腊四十有三。次日荼毗幡花遵送院西，法属师景等，师恩顾令工造幢藏于先茔之北，故刊石以记于不朽云。

大定二十四年五月三十一日

碑刻说明

金刻。立于上方山瓣香庵，今改立于华严庵。文见民国《上方山志·卷六·艺文一》。民国《上方山志·卷四·碑碣·金》："《瑜珈院主崇公灵塔记》，在瓣香庵，大定二十四年五月三十一日。"

幢文考释

崇公，名善崇，金中都大兴府良乡县金山乡南韩继人，今属北京市房山区周口店镇南韩继村，可知至少在金代南韩继村就已经存在，当年其境属良乡县金山乡。

善崇，俗田姓，父田师进，母董氏。自幼拜上方山瑜珈院坚公为师，奉侍师父不知疲倦，朝夕勤奋不懈，兼习经文，以待举选。皇统元年（1141）秋登科二第，皇统二年（1142）春受具足戒。遽然拂袖挂钵携节，云水栖游，凡十五载而归本山。大定二十四（1184）年四月十八日，终于上山方瑜珈院。享年68岁。据其卒年，善崇生于辽天庆六年（1116）。

善崇是继金初的思度之后，又一位来自房山本土的上方山僧人，其里居翔实，对房山村镇文化研究有重要价值。他到上方山瑜珈院出家，应该在金天会（1123—1137）时。皇统元年（1141）秋登科二第，时年25岁。皇统二年（1142）春受具足戒，时年26岁。云游十五载而归本山，时值正隆元年（1156），年41岁。又28年，大定二十四年（1184）圆寂于上方山瑜珈院。

○一四　奉先县山禁榜

据六聘山天开寺十方禅院僧善辛状告，本寺系是自古名山，先于明昌二年有本寺勾当人僧善惠状告，为见邻近村坊人户，于本寺见为主常住山林四至，东至望海端，南至神仙峪，西至紫云岭神仙洞，北至龙虎峪可依，四至内林木被诸人强行斫截，其僧善惠于官告，给行文榜，本寺权执为主照使，此时护嫽禁行了当。至今已是多岁，人户辏集，行行依旧，将诸器具，于本寺见为主山林内，强行斫截，及搬运柴木，蹬损梯道，每日相持，无有定度，兼□贼人，每发恶言，要斫坏梯道，断绝径，使本寺僧徒常是怯懼，不敢早晚出入，切恐因此别至不虞之事。似此，止约不得使见，山门日渐凋弊，难以住持。及唯令文名山大川禁其樵采，况本山亦是自古名山，正合禁约。以此，僧善惠先告到万宁县，文榜权执为验。今已既是改作奉先县，若不于官告诣别出文榜，切恐本山将来难以为主照使。有此事因，今谨其状，上告奉先县，伏乞祥状□□文榜，一就付本寺权执，乞禁止凶恶人斫截四至内林木，准告喻已勘，当到邻近村人，不致人户斫截树木外，须合行出榜者。

右出榜人户通知　押　崇庆元年四月二十二日榜

官　　　　　　　　　　　　　山主比丘□□立石

上方山

碑刻说明

金刻。原在上方山兜率寺,现存于北京石刻博物馆。高68厘米,宽45厘米。碑额已残。

碑文考释

金代晚期,社会动荡,影响到上方山。《奉先县山禁榜》反映了这一史实。具该文记载,金章宗明昌二年(1191),周围的村民在"东至望海端、南至神仙峪、西至紫云岭神仙洞、北至龙虎峪"寺院所属的山林内大肆砍伐树木,住持僧善惠向寺院所在的中都万宁县告状。因六聘山是"自古名山",而朝廷有法令"名山大川,禁其樵采"。上方山又与大房山相邻,大房山是金皇陵所在,早在金世宗大定二十一年(1181),就册封大房山神为保陵公,严禁在山内樵采打猎。为此,万宁县令发布公告,严禁村民在寺院所属山林内乱砍乱采。当年,万宁县更名为奉先县。

时隔21年,金卫绍王崇庆元年(1212),附近山民哄伐上方山森木的事件再次发生。这时的大金王朝已是风雨飘摇。一年前的大安三年(1211),蒙古大军连月攻中都城,中都险些不保,崇庆元年(1212),蒙古兵再破上方山临近的涿、易二州,兵临中都城下,而这一年距中都陷落只有两年。战乱导致了社会秩序极度混乱,上方山周围的村民更肆无忌惮,几乎天天上山砍伐树木,搬运木柴,山林日见凋敝,且负木往来,损坏了上山的必经之路云梯。这些人还辱骂、恐吓僧人,扬言要将云梯捣毁,断了僧人们上下山的通道。山僧吓得早晚不敢出入,恐遭不测。不得已,上方山住持善辛再次到奉先县告状,奉先县为此发布榜文,重申明昌二年的禁令,善辛和尚镌榜文于石,立碑以禁。

〇一五　中都竹林寺第十六代和尚塔铭

散骑大夫充翰林修同制诰张□撰

师讳庆靖,父通,母赵氏,大金汾州西河县人也,俗姓席。母赵氏,夜梦异僧锡食,用已腹娠。从生自幼,戏不群童,多眠少语,不茹荤腥,且亲圣教，掌而藏之。令效艺业，殊无所从，十岁辞亲出家，祝发本州崇仁寺僧善会为师，□□十七试经受度。自发诚心筵僧万数，未逾周载，愿力周圆。有□仰山栖隐禅寺，参访秀公。无惮寒暑，晨参暮究，切切孜孜，十二时中，未尝懈怠，朝淘夕汰，日将月就，如斯九秋，颇有所得。缘不契斯，复参竹林禅寺海公，未越半载，偶因作礼忽然彻去，而后父子投机，箭锋相柱，以至异宗别派□點难嗣惠。□□□住持竹林禅寺，为国焚修，祝延圣寿，可谓寒林发□，古木□条，□□已来，光先绝后，玄风密密，声播神京，道□绵绵，名闻禁宇，朝无□□之粮，日□□□□□□□。王臣归仰，仕庶钦崇，弗劳缘丐，香积隆丰。若非大有因缘，何感闻达圣听？崇庆壬申中冬二十有五日，特奉圣旨赐钱钞二万贯、麦四百石、粟三百担、盐一百袋，入寺赠众，仍隶为官宣差提控，恒为给赡，无令失事。当此，师假幻质以示疾，实让人而屈己，退修竹林。颂云：

十字街头开铺席，九天门下作行头。皇恩受了行头满，归去来兮得解由。

居移旧隐，保真上方。崇庆辛未中春望日，师为门人曰："浮生梦质，四大非坚。幻壳无常，五阴安固？宜有所归。"遂书遗偈曰：

三十二年电掣，了无一法施□。□须更话玄微，只与诸方别无。临行踢碎虚空，匝地清风□□。

□□圆寂，次日茶毗，炎炎烈焰，顶面无伤，燀燀□□，□□□□。□□□时，遗身方□。聚殓之□，顶骨不□，牙齿弗□，□□□□□。昨有侍僧，袖封实状来扣我庐，徐言曰："□□□□□□□□之为铭。"再三再四，获托无由，义不当辞，款师平昔□□□□□之铭曰：

□泉非凿，源基本有。师甫妙年，□□大□。英猷天赐，玄机颖陡。踢辟虚空，气冲牛斗。□□□□，铁牛善走。破野孤禅，作狮子吼。弗滞纵横，□□□□。棒喝齐行，了无容受。匪妨杀活，期有窠臼。三□□□，四八法寿。来也何先，去而焉后。照用同时，恒无□□。于戏迅寂，群灵之咎。

至宁改元秋首望日□之寅　之□　之元立石

碑刻说明

金刻。存于上方山舍利殿院内。八角汉白玉石幢。通高65厘米，通宽92厘米。此幢字迹较清楚，下部损一角。

幢文考释

庆靖，俗姓席，名庆靖，席通之子，金汾州西河县（今山西省汾阳市）人。据传，当年庆靖的母亲赵氏夜里梦见异僧赐给她食物，吃完有孕，后来生下了庆靖。庆靖儿时多眠少语，不茹荤腥，自幼就喜爱佛经，并把佛经珍藏起来。家人让他学手艺，他辞而不从，十岁时辞亲出家，依本州崇仁寺僧善会为师，后试经受度，发诚心筵请万名僧人，竟愿力周圆。而后，庆靖前往栖隐禅寺（在今北京市门头沟区妙峰山樱桃沟村北），拜行秀为师。在行秀门下，庆靖开始了苦修生活。他不畏寒暑，晨咨暮究，毫不懈怠。九年的时间，他日积月累，颇有所得。于是他离开栖隐禅寺，拜中都名刹竹林禅寺（今北京城内宣武门一带）海公为师。半年以后，庆靖成为竹林禅寺住持。不久，蒙古大军进攻中都城，庆靖和竹林禅寺僧人由守军统一指挥，参加了中都保卫战。金帝卫绍王对他恩宠有加。崇庆元年（1212）十一月二十五日卫绍王特下圣旨："赐钱钞2万贯、麦400石、粟300担、盐100袋。全寺僧众仍隶为官宣差提控，恒为给赡，无令失事。"庆靖厌于世乱，称疾退竹林禅寺住持位，来到早年曾一度隐居过的上方山静修。崇庆二年（1213）二月十五日，他对门人说："浮生梦质，四大非坚。幻壳无常，五阴安固？宜有所归。"然后圆寂，次日荼毗，至宁元年（1213）七月十五日立幢。

庆靖书遗偈言"三十二年电掣"，塔铭曰"四八法寿"，可知其出家32年，据其卒年，当在金大定二十一年（1181），其10岁出家，那么，庆靖出生于金大定十一年（1171），至其圆寂，享寿42岁。算是英年早逝。

靖公是继禅悦大师之后，金代晚期的上方山高僧。他来到上方山不足3个月示寂，成为金代统治中都地区时，即中都沦陷前的上方山最后一位有记载的僧人。

〇一六　接引殿题名

南无接引阿弥陀佛殿

宣德八年正月　日立

碑刻说明

明刻。嵌于上方山云梯庵西外壁。为正方形石刻，四边均长 37 厘米。下端镌莲花，上端是两朵如意云，中间是一个线刻圆。线刻圆八等分，镌八个莲花瓣，自左上角起顺时针顺序，每朵莲瓣刻一字，依次为"南无接引阿弥陀佛"；内线刻同心圆，圆心刻一"殿"字。石刻右竖款"宣德八年正月　日立"。

碑文考释

南无接引阿弥陀佛殿，俗称接引殿，又称云梯庵。

宣德八年（1433）嵌此殿题于接引阿弥陀佛殿外壁，当年或曾经重修此殿。

〇一七　重修上方山兜率寺接引弥陀佛殿碑记

盖闻弥陀佛出于西方极乐世界，是大圣人也。巍巍乎不言而自信，尚乎不化而自善，指人而即佛心，举世兴崇。今者上山方兜率寺天梯，实弥陀之圣迹，乃接引之处所，山势嵯峨，境险峻，夫自永乐年间开山比丘然亦并内宫监太监向福善等发愿建造弥陀宝殿，塑尽完备。今已年久，栋梁摧毁。是以发心比丘昌友同住持常文、檀越陈善寿等募化众缘重建，殿宇顶新，塑尽弥陀绀像，观音势至、童子善财、十六高僧、观音八、地藏十五一堂，并钟鼓磬板、香炉、花瓶俱全。晨夕礼诵，焚香秉烛，祝皇图永固，祈黎庶以清宁，五谷丰登，万民乐业。涓取成化二年岁次丙戌四月日刻石立碑以记。功德圆满表当，求之福果，普愿含灵，同生净土者，远近檀那，请著芳名，开造于后：

涿州上庄村吴兴、张英、张雄、刘贵、刘原、张贵、张琰、吴斌、王贵、王三、李原、李俊、李通安、李昶、李明、张明、吴政、吴得、张成、张洪、张真、寺家庄村张鳖、张信、□□、张原、张宽、张海、崔大、刘民、□兴、李普济、祁清、李普庆、康普贵、赵普才、李普福、李普贵、侯普清、刘普禄、祁普□、□□清、郑升、王安、安宽、侯普春。

房山县长沟店温亮、陈旺、周广、蔡林、□□□、□□□、□□资、朱兴、田刚，杜村里李三、魏让，独树里张刚赵氏、王□□、王兴，重义村郝荣、郝弘、于俊、王英，韩村信人□□□、□□□、□福增、贾安、□天得，赵家庄李三、王妙善、李贤、赵五，□盔村贾□寇氏、杨氏、贾福受马氏、吴荣、贾聒、贾俊、□□、□□、杨春，李荣、母张氏，闫刚，次乐村□增李氏，周口村张智、李兴侯氏、寇贵、袁海、赵名，天开村郑斌、陈妙善、郭昶、口妙善、于金、王三、王三、庞海、刘天，下中院胡敬、胡鉴、胡祥、王聚、王铎、□□、杨荣、杨贵、邓林、邓祥，上中院韩三、韩四、韩福贵、韩福成，胜水峪程三、徐氏、刘刚、隗妙真、隗子□、□□、许贵、张大。

金台善人刘福宽、刘福觉、王普信、王海、□妙喜、□□□、□□□，胜水峪亘妙心，宁福寺真定，曹章村刘普海、刘普春。

信女陈妙金、石妙清、刘慧成、张妙真、丁慧金、□□□、□□□、张妙秀，金台罗妙音、王妙莲、□善真，王□、赵□。

大明成化二年岁次丙戌季夏四月八日 比丘昌友立石

碑刻说明

明刻。在云梯庵西侧。碑高171厘米，宽81厘米，厚14厘米。圆碑首，边以线刻花纹为饰。中线刻一圆龛，内蹲坐一佛，龛外左右为两侍。左首左侧竖镌"开山华严祖佛"，右侧竖镌"假菩萨正宗派"，碑首下端自左向右镌广通、妙普、洪胜、祥昌、继祖、继宗、证道、惟方。

碑文考释

接引阿弥陀佛殿，俗称接引庵，因在上方山云梯之上，习惯称云梯庵。据此碑，此庵由比丘然亦、内官监太监向福善创建于明永乐年间，宣德八年（1433）重修，历年已久，栋梁摧毁。成化二年（1466），比丘昌友同住持常文、檀越陈善寿等募缘重建，殿宇一新，重塑弥陀佛像、观音势至、童子善财、十六高僧、观音八、地藏十五、钟鼓磬板、香炉、花瓶俱全。当年四月八告竣，刻石立碑。

涿州、房山两地10余村，近120人施助，其中涿州有上庄村、寺家庄2村，40余人；房山有长沟店、杜村里、独树里、重义村、韩村、赵家庄、□盏村、次乐村、周口村、天开村、下中院、上中院、胜水峪13村，70余人。此外，还有来自北京和其他地方的施助者20余人。

上庄村，今属涿州市高官庄镇。寺家庄，今名泗各庄村，亦属河北涿州市高官庄镇。

杜村里，明成化属房山县，今名杜村，属河北涿州市东仙坡镇。

长沟店，今长沟村，属北京市房山区长沟镇。由此碑知，长沟村在明成化时叫长沟店。

独树里，今独树村，属北京市房山区大石窝镇。

重义村，今名崇义村；胜水峪，今名圣水峪；韩村，今名韩村河；赵家庄，今名赵各庄。上述三村与天开村、下中院、上中院，均属今北京市房山区韩村河镇。

次乐村，今名大次洛村，属北京市房山区石楼镇。

周口村，今属北京市房山区周口店镇。

□盏村，明成化时属房山县，今无此村。

○一八　重砌上方山兜率寺天梯路记

中宪大夫太常寺少卿南阳李璋撰

征仕郎中书舍人直文渊阁预修国史金台杨全书

直文华殿前中宪大夫太仆寺少卿安成李纶篆

御用监太监王公瑞，弘治六年正月二十九日，钦承上命差往小西天等处散布施，我皇上以西天诸寺密迩皇陵，恩命是以特下，又以王公素存心于好善，简在帝心有日，用是命往。公行至房山兜率寺，见其佛刹创于往昔，而前路通四远，顾乃崎岖陡峻，一至辄有修砌开辟之念，抑欲将顺圣意波及涂人也。顷之，僧众持疏合爪拜于前，请为修路缘。王公曰："嘻！一念发于吾心，寺僧未必知，何为而感通抑？抑僧众有是心吾亦未之知，何为而默契？似有不偶者？"遂慨然诺之。而各监太监若秦公德辈，闻风翕然助缘，则又因公之善念皆有以感触其心焉。于是，取木石于山，鸠工于民，不劳余力，砌成天梯千余步，宽展坦夷，有若平地，来往之人，啧啧称颂。始事于是岁四月初八日，而毕于是冬仲月之五日。寺僧复请琢石，求文以记其事，并及诸乐助者之名氏。众感曰："天梯之成，倡于王公一念之间，而感于吾辈，是缘也，盖王公之赐也，于吾辈何有？"公曰："兹行奉皇命适然至此，因而感发是缘也，盖皇上赐也，于吾心何有？"公事竣而还，朝间语予事之始末，而丐予执笔以从事。嗟夫！好善之心人人有之，而人所以有是心者，人心中具一性，人性中通一理，理无不善，故无不好善，所谓乘灵之天性，特在感发之。何如当皇上孝思皇陵，推恩布施，是以好善之天感乎公，公又以主缘修路为心，是以好善之天感乎人，及将立石记工，又皆不自以为功，乃推所自出于皇上，则此好善之天推充弥满，不有以感苍苍之天乎！有感必有应，予于是知上天必以百福万寿赐吾皇，下及诸公，视此天梯一步进一步，庸何异乎？予亦乐为记之。俾寺僧用垂诸不朽云。

大明弘治七年六月吉日立

碑刻说明

明刻。在兜率寺院内东侧。螭首龟趺，碑高250厘米，宽85厘米，厚16厘米，龟趺座长160厘米，宽93厘米。碑额篆书"万古流芳"。

碑文考释

弘治六年（1493）正月二十九日，御用监太监王瑞，承明孝宗朱祐樘圣旨，前往小西天等处散布施。王瑞来上方山兜率寺，见山寺古老，上山的梯道崎岖陡峻，攀登十分艰难，便有修砌开辟的想法。恰巧，僧人见到王瑞一行来临，便请求王瑞助缘修路，王瑞当即答应下来。秦德等各监太监听说话此，纷纷解囊相助。当年四月初八日开工，历时7个月，十一月初五告竣。这是明代第二次修缮天梯路。天梯，今称云梯。

上方山云梯，可溯至辽金时期，至少有上千年历史。元代有较大规模修缮。

明永乐首次修缮，弘治六年（1493）二次修缮。

〇一九　上方兜率寺重修天梯路记铭

赐进士第亚中大夫太仆寺卿安成彭礼撰文

直文华殿前中宪大夫太仆寺少卿安成李纶书并碑额篆书

弘治六年正月二十九日，御用监太监王公瑞，奉上命往小西天诸寺给散布施，事克复命，路经天梯道，石磴崎岖，坡崖障峻，上下往来者甚艰苦，若非攀引，则不可进，否则有颠仆之虞。公纵适坂堤，俯仰游目，忻然有修葺意。距道二里许兜率寺在焉，公少憩于内，问诸老僧："此梯造就何年？"僧曰："此梯高拔天成也，寺必因梯而立名。其来远甚，肇建元末，屡遭兵燹，又况时代凋谢，寺道倾圮久矣。迨我圣朝文□□永乐间，住山僧然义，偕内官监太监向公福善、倪公忠，重修梯道，以便往来，今八十年余，岁月弥深，梯道弥毁，然旧址虽存而登临不快者居多。"公闻之，此志遂决，捐囊金，鸠材石，一时同侪好义，闻而劝善者比比。未几，化崎岖而为坦夷，易蓁莽而为福地，其造善之功可胜计耶？由是，往来者无怖畏之心，欢忻鼓舞，以为昔之险今之夷，昔之颓今之丽，其赞颂之声，自有不容已者。公之德如此，不惟有俾于人大福果，亦不坠倪、向二公之初志也欤！住山僧觉深辈，感公好善之笃报称无极，特砻石征文，以纪其实，垂诸永久，因铭之。铭曰：

西山之巅，云物相连。俯瞰寰宇，上清穹天。崎岖古磴，幽溉林泉。中有老衲，岁月逃禅。昔之颓然，今之焕然。维□□斯，心在福田。一经此地，脱洒尘缘。追崇芳躅，千古名传。

弘治七年岁在甲寅夏六月吉日立　东华门管事奉御郭渊到　工部副使历阳王用镐

碑刻说明

明刻。在兜率寺院内东侧。拓片碑身高166厘米，宽80厘米。碑额篆书"重修上方兜率寺天梯路记铭"。

碑文考释

此碑与《重砌上方山兜率寺天梯路记》所记一事,即明弘治六年(1493)御用监太监王瑞修缮上方山云梯事。上方山云梯,时称天梯。前碑为王瑞自立,此碑为上方山僧人觉深立,以表达对王瑞谢忱。此碑比上碑叙事较详,两碑参照可详尽了解弘治六年(1493)王瑞修缮云梯事。

碑载,弘治六年正月二十九日,御用监太监王公瑞,奉旨前往小西天诸寺给散布施,返回的路上,经过上方山,见天梯道,石磴崎岖,坡崖障峻,上下往来十分艰苦,若非攀引,寸步难行,甚至有坠崖的危险,王瑞俯仰游目,起修缮之念。上了天梯,北行二里到兜率寺,王瑞等到寺内稍稍休息,问老僧天梯造于何年。老僧告诉他,此梯高拔天成其来远甚,"肇建元末",老僧说元末始建,显然不对。关于云梯,辽玄心寺僧了洙乾统四年(1104)《范阳丰山章庆禅院实录》就提到上方山天梯,至今900余年。金崇庆元年(1212)《奉先县禁山榜》载:"本寺见为主山林内,强行斫截,及搬运柴木,蹬损梯道……贼人,每发恶言,要斫坏梯道,断绝径。"显然,金代也有梯道,即天梯。

老僧的话说明,继辽金之后,元代末年,曾对天梯进行大规模修缮。"屡遭兵燹,又况时代凋谢,寺道倾圮久矣",真实记载下元明之际,战乱造成天梯的破坏,以致梯道久圮。

明初的成祖永乐年间(1368—1398),内官临太监向福善、倪忠资助上方山僧人然义修缮了上方山云梯,并在云梯之上创建了接引弥陀殿,也就是云梯庵。至明弘治六年(1493),历时80余年,梯道再毁。

王瑞了解此情,决意解囊施金重修天梯。如《重砌上方山兜率寺天梯路记》所载,当年四月初八日开工,历时7个月,十一月初五告竣。翌年六月,《重砌上方山兜率寺天梯路记》《上方兜率寺重修天梯路记铭》二碑同时树立于兜率寺。

〇二〇 重修上方山兜率寺塔记

将仕郎庐州府庐江县主簿石亭山人纪如撰

顺天府房山县庠主□轩邢琇书

清远纪仲美篆

盖闻上方古刹，形胜之地下，在那基石里之中，东连沧海，西抵紫荆，北援居庸，南控涿鹿，乃华严祖师由天开寺至此所立也。祖师已逝时，又立浮图以为藏□之区，欲使后人瞻仰不忘。予尝仰观是山，重峦叠嶂，体势嵯峨，翠竹苍松繁阴掩映，其山下有泉，泉水周流不竭，泠泠犹如鼓琴之音。上下四旁僧房众列殆九十余座，诚西山第一之境，可住可乐也。四方老幼慕其善名并敬信之，络绎于山径之蹊，登临参拜。士夫闻之，亦往观焉。第以兹塔历年久远，风雨飘摇，因是倾圮，见者每有重新之意，但工程重大，每恨力量寡弱不能。嘉靖壬辰春，丈局副使刘公讳鉴，贯保定府安肃县人，秉性纯笃，平素好善，偶与同志内相刘文等来游于此，目睹塔形毁坏，遂叹之曰："此塔若不重修，后日基址夷为平地，虽有仰慕之诚，何所祭之耶！于是各发虔心，舍己资五十两、米百石余，以备修理，癸巳夏工就。倾者成而崩者完，巩固牢密，焕然一新，祖师有灵，将永安于泉下。此固刘公辈秉彝好善之良心，亦祖师夙昔苦修清行其所感也。本山住持真衍属予一言以为后人知，予嘉其志，遂为之记。

大明嘉靖癸巳仲夏吉日立

碑刻说明

明刻。在上方山塔院。碑高139.5厘米，宽61厘米，厚11厘米。碑首碣刻连云纹，非常精美。碑额篆书"重修塔记"。

碑文考释

嘉靖壬辰：嘉靖十一年（1532）。

癸巳：嘉靖十二年（1533）。

"上方古刹……乃华严祖师由天开寺至此所立也。"验证了天开寺与上方山的关系。起码自辽至元，上方山为天开寺之上方，即方丈寺，上方寺。故该碑说，华严祖师由天开寺来上方山立寺。其实，上方山开山祖师为赵广度，东魏孝敬帝天平二年（535）在上方山西崖结庵而居，此为可考之上方山开山之始。至于上方寺，乃是自辽历金元，上方山和天开寺的一段渊源。上方寺为天开寺住持所居之寺，故名上方寺，山以寺名，故名上方山。

"上下四旁僧房众列殆九十余座"，此碑立于嘉靖十二年（1533），表明当时上方山寺庵多达90余座，上方山称72座庵，是清代以后的数量。

此碑立于华严祖师塔旁，记述此塔重修经过。该塔创建年代不详，据此碑，"第以兹塔历年久远，风雨飘摇，因是倾圮"。嘉靖十一年（1532）春，丈局副使，保定府安肃县（今河北省保定市徐水区）人刘鉴，舍资五十两、捐米百余石重修，嘉靖十二年（1533）夏落成。当年上方山住持僧为真衍。

○二一　重修兜率禅寺碑记

赐进士第观吏部政行人古顺杨霆撰

乡进士湖南书院燕山三泉汪槐书并篆

都城之西南隅，有房山者，苍颜秀壁，盖名山也，其中有兜率寺。兜率，上方宫名也。何取于斯名？盖山之巅崖拔出而寺居其上也。传说肇自陈、隋间，随时修建，代不乏人。至我明，先达亦尝修之。日久，古砌草横，阴廊苔杂，有消歇堪哀之意，力绵才弱者，视之既无可奈何，而侈园囿台榭以为游观之乐者，亦望若秦越。唯司礼监太监中轩李公闻而叹曰："兴衰举废，古人至意。此寺其尚矣！历经前人修治，今圮坏若此，吾不有所更新，何以追躅先哲，以示护国为民造福之意耶？乃捐俸金构材鸠工以兴，未逾年而告成。殿前增天王者四，有殿宇以覆之。又增弥勒、伽蓝、祖师别殿，置藏尊经并其殿屋中。殿虽仍其旧，而焕然一新。僧房廊庑，森然相对。继以金檀作菩萨像，端严妙丽，具慈愍性。虽钟簴不移，而规模大备，寺貌较前弘峙改观，一时刻漏修行之辈感杖锡于此，每大张法会，一鸣众和，所谓日明金像，龛响木鱼者，不得专美于前矣。夫李公以耆德风望，受明天子简任内司刑评，恩宠优渥，使高大其舆马甲第以为耳目之娱，人孰得非之？今不以自奉为心，凡上所锡，急急于修寺施舍等项，至于奉身则淡如也。乙卯岁，都城为盖普济寺及安肃桥梁。越明年，又修此寺。种种不厌然，其意在祝圣寿、祈国祚、愿民于安便而已，非徒为一身之福利也。若公者，可谓贤矣。得闻住持如聪诵李颂之贤，因征文于余，义不敢辞，及述其事以志其美于不朽云！

嘉靖戊午岁孟夏吉日

碑刻说明

明刻。在上方山兜率寺院内西侧北碑。龙首，方座。碑座前后两面浮雕二龙戏珠，两侧面各浮雕一龙。碑身高191厘米，宽75厘米，厚19厘米。碑座高51厘米，宽94厘米，厚36厘米。碑额篆书"重修兜率寺碑记"。碑阴为《比丘僧莲如功德碑》。

碑文考释

嘉靖戊午岁孟夏，即嘉靖三十七年（1558）四月。

"兜率寺……传说肇自陈、隋间"，这是有关兜率寺创建时间的唯一记载。

此碑记载了司礼监太监李中轩于嘉靖丙辰重修兜率寺经过。"乙卯岁，都城为盖普济寺及安肃桥梁。越明年，又修此寺。"那么，重修兜率寺在乙卯岁翌年，即丙辰岁。乙卯岁，为嘉靖三十四年（1555）；丙辰岁，为嘉靖三十五年（1556）。李中轩重修兜率寺在嘉靖三十五年（1556）。此人捐俸金构材，鸠工以兴，未逾年而告成。正殿前，增建天王殿，塑四大天王。又增建弥勒、伽蓝、祖师殿，以金檀作菩萨像。兜率寺竣工后，僧房廊庑，森然相对。

工程告竣，李中轩献大藏经一藏，奉安于兜率寺中。

李中轩，字克正，别号中轩，保定安肃（今河北省保定市徐水区）人。生于弘治十一年（1498）闰十一月二十七日亥时，正德十一年（1516）选入内廷，正德十二年（1517）收内馆受业儒臣。历任典簿、左右丞、太监等。辛于隆庆改元（1567）五月十九日，享年70岁。

○二二　万历四年冯保碑

钦差总督东厂官校办事提督两司房掌司礼监事兼掌御用监印总提督礼仪房太监冯保，施财修建接引佛殿、静夜堂、石梯等处。

万历四年四月初八日

碑刻说明

明刻。在上方山云梯顶端，云梯庵西侧。通高195.5厘米，碑身高154厘米，宽61厘米，厚65厘米。碑座高40厘米，宽73厘米，厚40厘米。碑额篆书"芳名万古"。碑无题，题为添加。

碑文考释

碑文记载，万历四年（1576），冯保施财修建了上方山接引佛殿、静夜堂、石梯等处。

接引佛殿，全称接引阿弥陀佛殿，在上方山云梯顶端，俗称接引殿，又称云梯庵。

静夜堂，邻云梯庵，居云梯庵西北上方。

石梯，即天梯、云梯，这是自弘治六年（1493）以来，又一次修缮云梯，为明代第三次修缮。

冯保，字永亭，号双林，河北深县（今河北省衡水市深州市）人，明朝太监。他生于明世宗二十二年（1543），世宗朝入宫，任司礼监秉笔太监。隆庆元年（1567）提督东厂，兼理御马监。万历皇帝即位，历任司礼秉笔太监和司礼监掌印太监。明穆宗驾崩时成为顾命大臣。掌权后支持张居正推行的"一条鞭"法，使大明政权一度出现复兴局面，史称"万历中兴"。冯保有很高的文化修养。他在司礼监任上刻了许多书，如《启蒙集》《四书》《书经》《通鉴直解》《帝鉴图说》《经书音释》等。他书法颇佳，通乐理、擅弹琴，并造了不少琴，"世人咸宝爱之"（《酌中志·卷五》）。万历四年（1576）碑中，冯保自属职衔为钦差总督东厂官校办事、提督两司房掌司礼监事兼掌御用监印、总提督礼仪房太监，可见位高权重，权倾一时。后来，为明神宗所忌恨，被放逐到南京。万历十一年（1583）一月病死，家产被抄收。

○二三　创建永亨庵碑

钦差总督东厂官授办事、提督两司房、掌司礼监事兼掌御用兼印、总提督礼义房太监冯保，施财创建永亨庵正殿、两廊庑及经殿，内安橱柜八座，蓝绢成囊，藏经一藏，计五千四十八函。

万历四年四月初八日立

碑刻说明

明刻。在上方山永亨庵。碑首抹角，碑高 176 厘米，宽 67 厘米，厚 16 厘米。碑座高 42 厘米，宽 79 厘米，厚 42 厘米。碑额篆书"芳名万古"。碑无题，题为添加。

碑文考释

万历四年（1576），冯保施财创建永亨庵，奉《大藏经》一藏，计 5048 函，全部经函用蓝绢包裹，共安置 8 个经柜，分别藏于永亨庵正殿、两夹殿，以及专设的经殿中。可见，当年创建永亨庵，就是为了奉藏《大藏经》。这是明代第二次奉《大藏经》于上方山。第一次是在嘉靖三十五年（1556），司礼监太监李中轩在修缮兜率寺、增建弥勒阁的同时，奉佛经四柜藏于弥勒阁中。

万历四年（1576），冯保在上方山施大功德，这一年他先后修缮了上方山云梯庵、云梯、静夜堂，创建永亨庵，奉《大藏经》一藏于上方。同时，还为上方山东朝阳庵住僧圆银在山下的孤山口村创建普济寺。

万历四年（1576），冯保在政治上也大有作为。这一年五月，冯保会同三法司进行全国"大热审"，平反昭雪了许多冤狱。冯保上方山大修功德，是否与当时政治情势相关不得而知。

〇二四　永亨庵孙秀等题名碑

乾清宫管事牌子司礼监随堂太监孙秀、张大受、周海、何忠、王名、姚定、李忠、李友、臧坤、宋朝用，内外众善看管工程太监庞仓、孙升、万寿、陈升等，住持觉义、法才助修。

万历四年四月初八日立

碑阴

临济正宗清净、道德、文成、佛法、能仁、知慧、本来、自性、圆明、行理、大通、无学，师祖成睿，师佛界，住持法才，徒能泽、能雨、能明、能朝，徒孙仁真、仁永、仁际、仁昆、仁典、仁岚。

碑刻说明

明刻。在上方山永亨庵。碑圆首，云纹。碑高 1.76 厘米，宽 67 厘米，厚 16 厘米。碑座高 42 厘米、宽 79 厘米、厚 42 厘米。碑额篆书"芳名万古"。

碑文考释

此碑为冯保创建永亨庵事而立。乾清宫管事牌子司礼监随堂太监孙秀、张大受、周海、何忠、王名、姚定、李忠、李友、臧坤、宋朝用均为助冯保施财者。庞仓、孙升、万寿、陈升等，则是负责督理工程的几位太监。永亨庵落成后，住持僧为觉义、法才。二僧在建设过程中就已介入，故碑文载"助修"。

从碑阴"住持法才"的题名看，碑阴与碑阳同时。永亨庵落成后，住僧传临济正宗。辈分最长的师祖为成睿，师为佛界，住持法才，一应僧人有清净、道德、文成、佛法、能仁、知慧、本来、自性、圆明、行理、大通、无学 12 位，门徒有能泽、能雨、能明、能朝，徒孙有仁真、仁永、仁际、仁昆、仁典、仁岚。

碑阳载，觉义、法才同为永亨庵住持，且觉义位列法才之前，而碑阴未镌觉义之名，殊为不解。

〇二五　佛说四十二章经

尔时世尊成道已，作是思惟，离欲寂静，是最为胜妙，住大禅定，降诸魔道，今转法轮，度众生于鹿野苑中，憍陈如等五人，转四谛法轮，而证道果，复有比丘所说诸疑，陈佛进止。世尊教诏，一一开悟，合掌敬诺，而顺尊敕。尔时为说真谛四十二章教曰：佛言，辞亲出家，识心达本，解无为法，名曰沙门。常行二百五十戒，进止清净，为四真道行，成阿罗汉。

佛言，阿罗汉者，能飞行变化，旷劫寿命，住动天地。次为阿那含。阿那含者，寿终魂灵上十九天，彼证阿罗汉。次为斯陀含。斯陀含者，一上一还，即得阿罗汉。次为须陀洹。须陀洹者，七死七生，便证阿罗汉。爱欲断者，如四肢断，不复用之。

佛言，出家沙门者，断欲去爱，识自心源，达佛深理，悟无为法，内无所得，外无所求，心不系道，亦不结业，无念无作，非修非证，不历诸位，而自崇最，名之为道。

佛言，除须发为沙门，受道法者，去世资财，乞求取足，日中一食，树下一宿，慎莫再矣。愚人所爱舍之与欲。

佛言，众生以十事为善，亦以十事为恶。何等为十，身三，口四，意三。身三者，杀、盗、淫。口四者，两舌、恶口、妄言、绮语。意三者，嫉、妒、恚。此十事不顺圣道，而名十恶大业。若解悔之，而归至理，十善行耳。

佛言，人有众过，而不自悔，顿息威容，诸患空已，罪来赴身，如水归海，自成深广。何能免离？若人有过，自解知非，改过得善，罪自消灭，如病得汗，渐有痊损耳。

佛言，愚人闻吾善善之，故恶来扰乱，汝自禁息，当无瞋责。彼来恶者，而自恶之。有人闻吾守道，行大仁慈，恶者来往，故致骂佛。佛默不对，悯之痴冥。骂止。问曰，子以礼从人，其人不纳，礼归子乎？对曰，归矣！佛言，今子骂我，我今亦不纳，子自持祸，归子身矣，犹响应声，影之随形，终无免离，慎勿为恶。

佛言，恶人害贤者，犹仰天而唾，唾不至天公，还从己身堕。逆风飏恶，尘不能污上，贤者不可毁，祸必降凶身。

佛言，夫人为博闻爱，道必难会。守志奉道，其道甚大。观人施道，助之欢善，重加福报，人天善利。

佛言，犹如炬火数百千辉洞，见诸像道亦如之。

佛言，饭恶人百，不如饭一善人。饭善人千，不如饭一持五戒者。饭五戒者万，不如饭一须陀洹。饭百万须陀洹，不如饭一斯陀含。饭千万斯陀含，不如饭一阿那含。饭一亿阿那含，不如饭一阿罗汉。饭十亿阿罗汉，不如饭一辟支佛。饭百亿辟支佛，不如饭一三世诸佛。饭千亿三世诸佛，不如饭一无念无住无修无证之者。

佛言，人有二十难：贫穷布施难，豪贵学道难，判命必死难，得睹佛经难，生值佛世难，忍色忍欲难，见好不求难，被辱不瞋难，有势不临难，触事无心难，广学博究难，除人灭我难，不轻未学难，心行平等难，不说是非难，会善知识难，见性学道难，睹境不动难，善解方便难，随化度人难。

有一沙门问佛，以何因缘，得知宿命，会其至道，明见诸有？佛言，道无形，知之何益？要当守志，如磨镜师，精心用意，而得尘垢去明存，即自见形，如睹诸有，断欲无求，当得宿命。

有比丘问佛，何者为善，何者最大？佛言，行道守真者善，志与道合者大。

有沙门问佛，何者多力，何者最明？佛言，忍辱多力，不怀恶故，兼加安健，忍者无恶，必为人尊。心垢除灭，净无瑕秽，未有天地，逮于今日，十方所有，未尝不见，无有不明，无有不知，无有不闻，得一切智，可谓明乎。

佛言，人怀爱欲，不见道者，譬如浊水，致手搅之，众人共临水上，无有睹其影者。为爱欲交错，心中兴浊，故不见道。若人渐解忏悔，来近知识，水澄秽除，清净无垢，即自见性耳。

佛言，夫为道者，譬如持炬，入冥室中，其冥即灭，而明独存。学道见谛，无不明矣。

佛言，吾法念无念念，行无行行，言无言言，修无修修。会者近尔，迷者远乎。言语道断，非物所拘。差之毫厘，倏忽须臾。

佛言，观天地，念非常。观世界，念非常。观灵觉，即菩提。如是知识，得道疾矣。

佛言，孰自念身中四大，各自有名，都无我故，我既不起，其如幻耳。

佛言，人之随情欲，求于声名，名之显照，身之故耳。身虽故已，而受诸恶。名之显已，世之常名，而不学道，枉功劳形。譬如烧香，虽人闻香，香自烬矣。危身之火，而之在后。

佛言，财色于人，人之不舍。譬刀刃有蜜，不足一餐之美，小儿舐之，有割舌之患。

佛言，人系于妻子七宝舍宅之患，其甚于牢狱。牢狱有散适之文，妻子无合魂之理。情欲所爱于色，岂惮驱驱？虽有虎口之祸，心存甘伏。投泥自溺，故曰凡夫。透得此门，出尘罗汉。

佛言，爱欲莫同于色，若二同者，孰为道人？贪色兴欲，而有损乎。不顺天道矣。

佛言，爱欲之人，犹如执火，逆风而行，必烧手也。天神献玉女于佛，欲以试佛，观佛道意而定遐迩。佛言，革囊众秽，尔来何为？以可斯俗，难动六情。去，吾不用汝。天神愈敬，因问道意。佛为解说，即得须陀洹果。

佛言，夫为道者，犹木在水，寻流而行，不触两岸，不为人取，不令鬼神所遮，不为洄流所住，亦不腐败。吾保此木，决定入海矣。为道者不为情欲所惑，不为众邪所娆，精进无疑，吾保此人必得道矣。

佛告学道者，慎勿信汝意，汝意终不可信，慎勿与色会，色会即祸生，当得阿罗汉乃可。

佛言，人为修道，譬如一人与万人战，挂铠排兵，出门欲战，意或怯弱，畏生死魔，乃自怕怖。或半路而还，或格斗而死，或得大胜还国高迁，若人能坚持其心，精进勇锐，不惑前境，灭尽除魔，不久得道矣。

有沙门夜诵迦叶佛遗教经，其声悲紧，欲思悔返。佛敕问之：汝处于家，昔为何业？对曰：爱弹琴。佛言：弦缓如何？对曰：不鸣矣！弦急如何？对曰：声绝矣！急缓得中如何？对曰：诸音普矣！佛告，沙门学道亦然，心须调适，道可得矣。

佛告诸弟子，慎勿视女人，亦莫共言语，身得无上乘。视语都无污，视色无色想，对欲无欲意，莲花不着水。清净超于彼老者，父母想中宿如亲类，稚者如子孙，幼者中弟妹。一切众现世午出世，若能如是解，无钱亦富贵。

佛言，人为道故，当舍情欲。如彼干草，火来须避。道人见欲。必当远之。

佛言，有人患淫不止，踞斧刃上以自除其阴。佛谓之曰，若断其阴，不如断心，心为功曹，若止功曹，从者都息。邪心不止，断阴何益？斯须即死。

佛言，世俗倒见不善，吾理如此，痴人残形损质，断圣种，故未可会道，佛为偈曰：欲生于汝意，意以思想生。生二心各寂静，非色亦非行。佛言此偈是伽叶，佛说流在世间。

佛言，人从爱生，爱从忧生，忧从怖生。若离于爱，何忧何怖？

佛言，夫人为道者，犹如锻铁，去屎成精，器必好也。学道之人，先去垢染，行自精进。就道若暴，暴即身疲，其身若疲，意即生恼，其意生恼，行即退矣。其行即退，罪必加矣。但清净乐乐，不失道矣。

佛言，人离三恶道，得为人难。既得为人，去女即男难。既得为男，六情完具难。六情既完具，生中国难。既处中国，值诸佛难。既值诸佛，遇道者难。既得遇道，兴信心难。既兴信心，发菩提难。既发菩提，无修无证难。

佛言，佛子离吾数千里，忆念吾戒，必得道果，在吾左右，目常睹见，心无思慕，终不得道。如不疏敬仰，及无懈怠，即得圣位，当坐道场邪。

佛问诸沙门，人命在几间？对曰，数日间。佛言，子未能为道。复问一沙门，人命在几间？对曰，饭食间。佛言，子未能为道。复问一沙门，人命在几间？对曰，呼吸间。佛言，善哉，善哉！知道者矣。

佛言，若人得道，犹如食蜜，中边皆甜，吾经亦尔。

佛言，为道人者，佛所言说皆信顺，故能伏受欲之根，不□□业，当行佛道。示三昧□得胜处。

佛言诸沙门，行道犹如磨牛，无有休息。身虽行道，心道不行。心道若行，何用行道？如牛负重，行深泥中，疲极不敢左右顾视。出于淤泥，乃可苏息。沙门情欲，甚于淤泥，直心念道，可免苦矣。

佛言，吾视王侯之位如过尘隙，视金玉之宝如瓦砾，视纨素之服如敝帛，视大千如一呵子，视四耨水如涂足油，视方便门如伐宝聚，视无上乘如梦金帛，视求佛道如眼前华，视求禅定如须弥柱，视求涅槃如昼夕寤，视倒正者如六龙舞，视平等者如一真地，视兴化者如四时木。

佛说四十二章经终。

钦差总督东厂官校办事

乾清宫管事提督两司房司礼监掌监事兼掌御用监印太监镇阳冯保沐手拜书

佛言四十二章经，为禅家受持宗旨，总之大藏亿余言，皆权舆是。圣明二百年来，化理綦隆，间不废浮屠之教。以故，缁衣者流咸秉戒律，以资祝釐。旧传是经有宋六合塔本，为一是名公洒翰，今其墨迹骞胜，俨然在也。乃者上方山僧宗莲，欲追往事，再播真珉，以其资力未敷，若有待。会司礼太监冯公命孔君朝，往主檀越，问知其故，归以告公，遂属与同志刘君寿，共毕厥愿。於戏，司礼公敦崇骏业，以辅毗熙朝，其于禅益治理习俗不可废者，间亦偶同猎较，要以爱国忠君，仰祝灵长之祚，无所往而不罄厥衷也。观斯举，其功德无量。岂独施及苾蒭已哉。孔君、刘君，公名下嘉士，奉公德意而从臾助成。皆可诏后之人。

万历丁丑夏吉前进士观察大夫都人刘效祖顿首跋　本山住持智宇　镌字东安任应春　张应乾

碑刻说明

明刻。在上方山兜率寺，大雄宝殿后外壁，全经共由15条经石构成。自右而左，依次排列。落款"钦差总督东厂官校办事、乾清宫管事、提督两司房、司礼监掌监事兼掌御用监印太监镇阳冯保沐手拜书"。后附刘效祖跋。署年"万历丁丑夏吉"。万历丁丑，为万历五年（1577）。

碑文考释

据历史记载，《佛说四十二章经》是从印度传到中国来的第一部重要经典。迦叶摩腾、竺法兰把佛所说的某一段话称为一章，共选集了四十二段话，编集成了这部《佛说四十二章经》。又绘画释迦牟尼佛像供养，由是东土佛法僧三宝具足，是为佛教传入中国之始。《佛说四十二章经》集结了佛陀关于持戒、忍辱、断欲、精进、观空等事的四十二段语录。通篇言简义丰，明了易懂，通摄大小乘一切教义，涵诸法要。这部经典反复强调了持戒的重要性，告诉佛教弟子应该如何修行。佛教上将此经与《佛遗教经》《八大人觉经》合称为"佛遗教三经"。

上方山石刻《佛说四十二章经》，为明万历五年（1577）权宦冯保所书。刘效祖跋，说明了事情的来龙去脉。

原来，上方山僧人宗莲，想把《佛说四十二章经》刻在石碑上，可惜乏于资财，他希望会有功德主施财助缘，帮他实现愿望。恰巧，冯保命司礼太监孔朝，来上方山主理布施，与宗莲相逢，得知其愿。孔朝归朝，将此事禀告冯保。万历五年（1577），冯保欣然与手下太监刘寿合力施助，并亲笔书写《佛说四十二章经》镌于经石，嵌于兜率寺大雄宝殿后壁。

清查礼著《游上方山记》，对《佛说四十二章经》的书者提出质疑："殿后《佛说四十二章经》笔法媚劲，题为冯保书，保不以书名，想当时依宦竖以求荣者之所为。"查礼说"保不以书名",只因不了解冯保,冯保其实是位文雅太监。清张廷玉等编著《明史·卷三百十五·列传第一百九十三·宦官二·冯保》:"保善琴能书。"冯保分明以能书著称,且善古琴。查礼误言,险些造成千古误会。今正之,以明视听。

题跋者刘效祖,字仲修,号念庵,明代散曲家。原籍滨州(今山东省滨州市惠民县),寓居北京,故又称宛平(今属北京)人。嘉靖二十九年(1550)进士。历任卫辉府推官、户部主事,官至陕西按察副使。负才不偶,与时龃龉,因故罢官。于是退居林泉,寄情词曲,以抒其悒郁愤懑。后因不满于严嵩父子专权,愤而辞官,卒年仅40岁。

○二六　钦赐永慈寺护寺碑记

皇帝钧谕:永慈寺住持及僧众人等,朕惟佛氏之教具在经典,用以化导善类,觉悟群迷,于护国佑民不为无助。兹者圣母慈圣宣文明肃皇太后命工刊印续入藏经四十一函,并旧刻藏经六百三十七函,通行颁布本寺。尔等务须庄严持诵,尊奉珍藏,不许诸色人等故行亵玩,至有遗失损坏。特赐护持,以垂永久。钦哉谕!

大明万历十四年九月初八日立

碑阴

永慈寺四至界记

东至正隆　南至真在　西至海江　北至真安

住持觉义　法才

碑刻说明

明刻。在上方山永亨庵。此碑掩埋于地下,2018年清理永亨庵遗址时被发现。

碑文考释

此碑实则是明神宗的一道圣旨。万历十四年（1586），神宗的母亲慈圣太后钦命刊印《大藏经》一藏，共41函，并将旧刻《大藏经》637函，赐上方山永亨庵奉安。永亨庵因此改名永慈寺。同年九月初八日，神宗特降旨护持。这是明万历皇帝护持的房山第四座寺院，四座寺院分别是窦店弘恩寺、大韩继村香光寺、琉璃河恩惠寺和本寺。前三座都是万历敕建的赫赫巨刹，唯独此寺是上方山上的一座小庵。

在圣旨中，神宗皇帝敕命永慈寺住僧"庄严持诵，尊奉珍藏"，"不许诸色人等故行亵玩，至有遗失损坏"。

"圣母慈圣宣文明肃皇太后"，李氏，漷县（今北京市通州区）人，隆庆帝皇贵妃，明神宗生母。为人十分严谨，对明神宗十分严厉。15岁进入裕王府，为裕王朱载垕生第三子朱翊钧，进而由都人身份的宫女升为侧妃。裕王登基后被封贵妃，地位仅次于陈皇后。万历元年（1573），朱翊钧即位，是为明神宗，为母亲李氏上尊号为慈圣皇太后。六年三月，加尊号曰慈圣宣文皇太后。十年，加尊号曰慈圣宣文明肃皇太后。十二年，与陈太后一同谒山陵。二十九年，加尊号曰慈圣宣文明肃贞寿端献皇太后。三十四年，加尊号曰慈圣宣文明肃贞寿端献恭熹皇太后。四十二年二月崩，上尊谥曰孝定贞纯钦仁端肃弼天祚圣皇太后，合葬昭陵，别祀崇先殿。

这是明代第三次奉大藏经于寺中。第一次，嘉靖三十五年（1556），太监李中轩，在兜率寺增建弥勒阁，奉藏经4柜于阁中。第二次，万历四年（1576），奉藏经1藏,5048函，具8柜，建永亨庵而藏之。第三次，即万历十四年（1586），慈圣太后钦命刊印藏经41函，并旧刻藏经637函，颁布于永亨庵，将永亨庵改为永慈寺。

明刻《大藏经》有两个版本，分别是《南藏》和《北藏》。

《南藏》，版始刻于永乐十年（1412），完成于永乐十五年（1417）。由南京礼部祠祭清吏司编，刻印的地点和经版收藏处均在南京大报恩寺。

《北藏》，明成祖永乐八年（1410）敕令雕印。始刻于明成祖永乐十七年（1419），完成于英宗正统五年（1440）。参与者有道成、一如等。刻藏的地点在北京，经版由司礼监掌管，藏于祝崇寺内的汉经厂。

依时间推断，李中轩、冯保所奉《大藏经》在明正统之后，显然应为正统版《北藏》，而慈圣太后所赐《大藏经》所谓"命工刊印续入藏经四十一函"，应是《北藏》，"旧刻藏经六百三十七函"显然应为《南藏》。这样看来，明代从嘉靖、万历两朝，上方山获明版《大藏经》四藏，其中三藏为《北藏》，一藏为永乐版《南藏》。"文革"时期，上方山所藏明版《大藏经》被送到北京国子监保藏，后来辗转流落到房山区的云居寺。现在这些《大藏经》仍存于云居寺内。

○二七 明代诗碣

上方山

何年祖师亲垂化，奇胜遥从绝境开。十步峰盘迷径入，千寻壁怒插天来。倦休接引宫前石，健上朝阳洞口台。郁郁葱葱满崖嶂，都凝云气独萦回。

秀色奇岩面面临，寻幽步步入云深。僧迎山外钟鸣寺，客转峰头月到林。草树尽生谈笑色，溪泉真醒坐忘心。翻疑绝洞高栖者，一卷残经老壁岑。

朝阳洞

峰外层峰曲曲罗，上方台殿百重多。高僧尚厌依香火，绝顶经年卧石窝。

万历甲辰六月晋陵闻斯孙慎行题

上方山

一径遥将法界开，藤萝深处隐楼台。独有云气凭云水，不尽苍峰拂面来。入院有泉供柏叶，攀崖无路傍蒿莱。西行此日逢初地，草色催人首重回。

望望仙源不可寻，到来佳气郁萧森。中峰独拥诸天胜，古木环浮万壑阴。逸兴倦余犹纵目，清言悟后一安心。冲焚岂为探幽出，草色云烟处处深。

万历甲辰六月延吴太初居士郑振先题

碑刻说明

明刻。在上方山。诗碣高95厘米，宽65厘米，厚6厘米。碣上刻游山诗三题，二题为孙慎行作，一题为郑振先作。

碑文考释

万历甲辰，万历三十二年（1604）。

孙慎行，字闻斯，号淇澳。嘉靖四十五年（1566）生，江苏武进（今江苏省常州市武进区）人。明朝开国功臣燕山忠愍侯、全宁侯之后。外祖父是明代著名文学家、军事学家唐顺之。明万历二十三年（1595），朱之蕃榜进士第三人，授翰林院编修，累官至礼部侍郎。韩敬科场事发，孙慎行主张罢黜韩敬，遭到韩敬同党的攻击而辞官。熹宗继位，召回孙慎行，拜为礼部尚书。魏忠贤组织纂修《三朝要典》，在"红丸"案中，将孙慎行定为罪魁祸首。熹宗下诏将其革职，遣戍宁夏，还未起行，崇祯帝继位，才得赦免，命以原官协理詹事府事，孙慎行力辞不就。崇祯九年（1636）病逝，享年74岁。著有《困思抄》《玄晏斋集》等。

郑振先，字太初，号象斋，常州府武进县横林镇（今江苏省常州市武进区）人。生于明隆庆六年（1572），万历二十三年（1595）进士，任嘉兴县令七年，升任工部主事，转任兵部、礼部主事。万历三十六年（1608）上《直发古今第一权奸疏》，指斥当朝首辅朱赓为第一权奸，被降六级为四川永宁宣抚司经历。三十九年（1611）京察时被免官，从此乡居。崇祯元年（1628）去世，享年56岁。

孙慎行、郑振先，为江苏武进同乡，孙长郑十岁，两人为万历乙未同科进士，万历三十二年（1604）二人同游上方山，诗歌唱和，镌诗碣于山上。

〇二八　上方山慈圣太后碑

大明慈圣宣文明肃贞寿端献恭熹皇太后置

碑阴

□□□□□□何仕因万历二十九年分有李世科□□□□□施欠□□□伊祖先□□□司礼监太监李□□涿州□□□□□庄□□□地七顷余□□价银

二百二十两整，始初不知此庄原系三□之地□□三教圣□□伊祖已舍与上方山兜率寺住持惠住等□百门僧□以为香火之费，不合□□□□□，今有阁山僧众不服，恳太监陈儒□□启奏圣母，天恩供养内帑银二百二十两整，以还原价□陈公同秉何仕收完不欠，除□□，舍与常住惠住等，分给百门僧众，永为香火之资。以后再无争执，□原立契并原旧老契，将与常住相传收执存照封。

万历三十二年二月二十二日立

慈宁宫暖殿御用监太监陈儒、慈宁宫管理御马监太监刘栋、钦差总督三山内官监太监何江、慈宁宫牌子御马监太监张林、慈宁宫暖殿御用监太监姜绶、提督大石窝内官监太监马朝。

朝阳庵圆银、地藏殿仁洪、多宝庵明兴、文殊殿明惠、静业庵明绪、西方庵明忠、慈善庵明鉴、永慈寺仁□、兜率寺礼部剳付冠住持惠住、大藏庵明冬、松林庵明禅、药师殿明善、兴隆庵周定、大乘庵净惠、万贤庵圆忠、华严庵如钦、塔院庵湛学、瑞云庵真祥、大修庵惠定、观音殿悟谦、普兴殿朗明、圣泉庵广雷、斗泉庵广临、□□庵净然、昙花庵祠月、极乐庵智利、大悲庵如忍、普明庵如仁、天桥庵成晓、延寿庵海廓、竹泉庵惠清、崇宁庵性禄、毗卢庵如义、天室庵真大、涌光庵真祥、栗树庵惠相、古林庵道海、因果庵正□、积德庵真寿、势至庵真教、福德庵如庆、无极庵如银、菩提庵妙源、护国庵如禄、西方庵道春、云峰庵宗常、慈音庵海崇、般若庵性宽、福惠庵性满、接待庵□□、松朋庵海江、向阳庵惠亭、望海庵真胜、九环庵本月、紫云庵真魁、孤松庵真荣、崇寿庵本秀、福吉庵普宽、本极庵智忠、三际庵通吉、古镜庵常明、新开庵海端、七珍庵如寿、弥勒庵真举、柏林庵真隐、三教庵本玉、吉祥庵本方、开山庵性石、其沟庵庆福、云居庵惠祈、东邻庵惠和、普贤殿、海潮庵果稳、□□庵本隆、海会庵本宗、水泉庵真来、无济庵中保、下佛殿、无碑庵、贤圣庵、变通庵本印。

范阳居士焦夔正书

大明万历三十五年岁次丁未秋九月九日吉日建立

碑刻说明

明刻。明万历三十五年（1607）九月九日立，在上方山。碑阴拓片碑通高

157厘米，宽70厘米，额刻"慈圣宣文明肃皇太后之宝"玺印；碑阴拓片碑通高158厘米，宽90厘米，阴额篆书"圣恩永久"。

碑文考释

神宗生母慈圣李太后，万历三十四年（1606），加尊号曰慈圣宣文明肃贞寿端献恭熹皇太后，这是李太后生前最后一次加尊号。此碑立于万历三十五年（1607），故尊号最为完整。

据碑阳"大明慈圣宣文明肃贞寿端献恭熹皇太后置"，知此碑为慈圣李太后立。实为护持之意。这在上方山绝无仅有，在房山区也仅此一碑。

碑阴记载一契约，契约立于万历三十二年（1604）二月二十二日。慈圣太后立碑，正是为此契约事。

原来，涿州人李世科的先祖将地七顷施给上方山兜率寺住持惠住并阖山僧众，作为香火之费，李世科概不知情，将地变卖何仕，价银220两整。上方山阖山僧众不服，恳请太监陈儒启奏慈圣太后，慈圣太后知悉赐内帑银220两整，以还原价将地赎回，舍与常住惠住等，分给百门僧众，永为香火之资。将原立契并原旧老契，给上方山兜率寺住持惠住收执存照。万历三十五年（1607）重阳，慈圣钦立此碑，将契约镌于碑阴。碑阴首端，镌上慈宁宫暖殿御用监太监陈儒、慈宁宫管理御马监太监刘栋、钦差总督三山内官监太监何江、慈宁宫牌子御马监太监张林、慈宁宫暖殿御用监太监姜绶、提督大石窝内官监太监马朝等太监的名字，后镌上方山自兜率寺以下80座寺庵的名称，和常住僧人的名号。这比清代以后的72座庵多8座，许多寺庵名号都与清代的名称不同，对研究上方山寺庵沿革十分珍贵。

〇二九　重修接待庵碑

钦差总督东厂官校办事提督两司房掌司礼监事兼掌御用监印总提督礼仪房御马监太监冯保、李志义并议施财，重修上方山兜率寺下院接待庵正殿三间、东西两庑僧房六间、韦陀殿一座、山门一座，左有钟楼一座。内府各衙门太监信官张喜、缪进朝、师明、蒋进朝、李孝共助银陆两。

大明天启六年岁次丙寅五月吉日立

碑刻说明

明刻。在上方山接待庵。

碑文考释

司礼监太监冯保、李志义施财，重修上方山兜率寺下院接待庵正殿3间、东西两庑僧房6间、韦陀殿1座、山门1座，左有钟楼1座。这次修缮了接待庵全部建筑。除冯保、李志义外，府各衙门太监张喜、缪进朝、师明、蒋进朝、李孝共助银六两。冯保于万历十一年（1583）病逝，他在上方山的功德自万历四年（1576）始，万历五年（1577）亲书《佛说四十二章经》结束。其重修接待庵似应在万历四年（576）。只是立碑时间较迟，个中原由不得而知。

○三○　曹化淳诗碣

戒坛千佛阁

戒坛危可面东皋，□□光风拥翠涛。僧自南溟来以盛，□□前代迄今褒。

尧乾真界青山色，石景逸远紫兰高。钟鼓云中声振处，香花飞落佛周遭。

卢师山秘魔岩

孤舟独泛到芸沟，□有□龙卫此丘。我欲问涉去弥处，石□□□已千秋。

崇祯庚辰春月武清□□子曹化淳题并书

碑刻说明

明刻。在上方山舍利殿。

碑文考释

崇祯庚辰，崇祯十三年（1640）。

曹化淳，字如，道号止虚子，武清王庆坨（今天津市武清区王庆坨镇）人，万历十七年（1589）生，家境寒微，十二三岁左右入宫，诗文书画，无一不精，深受司礼太监王安赏识，倚为亲信。后入信王府陪侍五皇孙朱由检，极受宠信。天启初年，太监魏忠贤得宠弄权，害死王安，牵连曹化淳，被逐出北京，发配到留都南京待罪。崇祯元年（1628），曹化淳被召还，委以重任，平反冤案。因办事得力，深得崇祯皇帝的信任和倚重。至崇祯四年（1631），曹化淳在宫中的地位已相当显赫。崇祯十一年（1638），任司礼秉笔太监、东厂提督，总提督京营戎政。崇祯十二年（1639）二月，曹化淳蒙允告假还乡。崇祯十七年（1644）甲申三月，李自成进北京，曹化淳身在武清乡居，时已六载。当年五月，清军入京，为崇祯皇帝后发丧三日，追赠庙号怀宗。十月，顺治移驾北京，曹化淳赴都上疏，请妥善处理崇祯帝后陵寝。经恩准，委内官监冉肇总理其事。

此时，有人上疏参告曹化淳"开门迎贼"，曹化淳上疏辩诬，旨下："曹化淳无端抱屈，心迹已明，不必剖琛，该部知道。"时至今日，启门之说仍广为流传，可谓千古奇冤。康熙元年（1662），曹化淳病逝，享年73岁。

崇祯十三年（1640），是曹化淳告病乡居之翌年，他来到上方山，吟七律、七绝各一首镌于石，就是我们今天看到的《戒坛千佛阁》《卢师山秘魔岩》。

○三一　房山县禁路榜示碑

顺天府涿州房山县正堂，为禁约事，照得上方山兜率寺乃清静焚修祝圣道场，自古迄今僧众出入只由云梯总路，近因无知匪人竟开小路，私自行走，潜踪叵测，致难稽查，地方关系匪轻。兹合山众僧公同雇工断塞，呈报在案。现奉宪批，永绝小路，给予勒石，合就刊立晓谕。嗣后如有仍前故违备，称游山樵采，私行小路及携带枪刀弓箭什物者，许该地方保甲，接待庵、云水洞僧人，协同拿赴本县，即以不轨治罪，仍行申解究处，不饶。特示！

大清康熙拾肆年贰月　日示

碑刻说明

清刻。在上方山。通高124厘米，宽66厘米。碑额正书"永禁私路"。

碑文考释

这是清康熙十二年（1673）顺天府房山县榜示，事因是当年附近百姓在上方山擅开小路，私自上山，行踪不定，难以掌控，给上方山僧人造成严重困扰。不得已，僧人们一面雇工断阻，一面上告到房山县衙。房山县衙出此文告以禁绝。文告批示："永绝小路，给予勒石，合就刊立晓谕。""如有仍前故违备，称游山樵采，私行小路及携带枪刀弓箭什物者"，授权地方保甲和上方山僧人协同拿赴房山县，以不轨治罪。

这块告示碑，从一个侧面反映了明清更替造成的社会秩序的混乱，到康熙十几年，上方山兜率寺这个原本的清静焚修祝圣道场仍然不堪其扰，以至僧人们被迫告上县衙救助。

〇三二　款龙桥碑

康熙丙辰年仲春吉旦

款龙桥

住山沙门智眼捐资造

碑刻说明

清刻。在上方山兜率山门外的款成桥东侧。高79厘米，宽52厘米。云纹首。

碑文考释

康熙丙辰，即康熙十五年（1676）。

过云梯庵北行2里，一桥东横，名款龙桥，过款龙桥为兜率诸寺山门。

款龙桥是一座单孔券形石桥，桥长8.3米，宽2.9米，孔径3.1米。此桥为康熙十五年（1676）二月上方僧人智眼所造。桥对面路边的山崖上嵌《款龙桥碑》

记载智眼捐资建造此桥事。

当地传说，康熙年间，上方山有一逆僧，酗酒作恶，滥伐山林，真伦和尚维护佛律寺规，状诉当朝，康熙帝降旨，严惩恶僧，封真伦为五品并上方山寺住持。此桥即众僧山门前接旨之地。

这显然谬传，桥碑记载分明，为康熙十五年（1676）"住山沙门智眼捐资造"。且真伦和尚是清晚期僧人，据同治七年（1868）六月初九日《顺天府告示》，同治年间，上方山兜率寺方丈本恭不守清规，勾结附近歹人，盗伐山上林木，又擅自把上方山契据隐匿起来，企图据为己有，酗酒滋事。明宽和尚弟子真伦，看不过眼，呈诉到顺天府衙门。顺天府查核属实，依法治本恭之罪，令真伦任上方山兜率寺方丈，掌管僧众。

事情发生在款龙桥建成192年之后，智眼建桥，真伦呈诉均有碑为证，后人有碑不读，张冠李戴，误传误说，混淆视听，笔者正之以还真相。

〇三三　建立上方山云水洞大悲庵碑记

窃观西山诸胜，或崒然起于莽苍之中，或潆然泻于丘陵之侧，或烟收云敛而爽气聚于眉端，或柏翠松苍而怒涛发于肋底，诚哉天之钟秀于此，以成燕台之大观也。及游上方山云水洞，则奇诡异，顷刻万千，欲执一景以名之而不得矣。

其间，侍从撤车骑，命僧携火俯躬而入，意倦神疲，遂欲摄衣而返，行可数武，旷如奥如，不知身自狭径以至此地也。旋履危岩，则怪石峨峨，难以名状。若者俯而伏，龙踞崇山也；或者仰而望，鹤立清泉也；若者绵亘于上，虹落长空也；若者翩翩欲起，凤翔天际也。至于欹者卧者，嵌空玲珑者，斑斓陆离者，大叩大鸣，小叩小鸣，如金石并起，丝竹迭奏者，莫不足以惊心骇目旷志怡情矣，岂米颠袖中三石可得而仿佛哉。遥闻水声潺潺，一似幽情欲诉者，其为嫠妇之泣下孤臣之写怨乎。转闻风声激烈，一似万马奔腾者，其为壮夫之起舞，逸士之啸乎。嗟嗟，身履峭壁，而风水之声往来于耳，使人泄泄以喜者，复惴惴以怯矣。况足欲前而大欲，身渐进而道渐迷乎。由是言寻故步，局踏以出，不禁恍惚者久之。谓僧普行曰："谕山水之形势，仅知泰山为高，黄河为大耳。至若穹谷巉岩中，逶迤突怒，变幻莫测，不可得而知者，不知几千万矣，即耳闻之，而亲历一二者寥寥可数，今者余奉命搜于西山之麓，得游云水洞，皆汝前导之力也。"僧因请曰："先有梵宇数椽，今将葺之以济倦游而返者，愿王资之以成厥功。"余曰："可。"遂兴工作，期年而成，僧请勒石以志之，余重其意，为追叙洞中所见闻以书于右，使后之游于斯者知所往焉。是为记。

时在清康熙岁次庚辰季秋日

碑刻说明

清刻。在云水洞外，现残为三段，笔者考查上方山时，苦寻而得。

碑文考释

庚辰，康熙三十九年（1700）。

云水洞前，原有几间小庵，在清王室的资助下，康熙三十八年（1699）重修，康熙三十九年（1700）告竣，命名为大悲庵。碑文通篇记载云水洞中所见景致，目的是"后之游于斯者知所往焉"。

〇三四　邰世贵阖家施地碑

京都顺天府宛平县属住奉佛信心弟子邰世贵、妻周氏暨二男一女邰尧相、邰光臣、女瑞姐、官家赵来，同议发心将自置旗地壹段计地肆拾亩坐落襄驸马庄村东南角，东至姚姓，西至本主，南至本主，北至官地，四至分明，诚心施舍于方山众僧承管，屡年起租均散舍合山以为供，永建香火之资。自舍之后，恐有亲眷户族等争竞者，故立此舍契文约，永远存照。为记。

康熙六十一年九月贰拾柒日立　舍契人邰世贵

碑阴

承管住持兜率寺、兴隆寺、文殊殿、观音殿、大悲殿。

碑刻说明

清刻。上方山兜率寺山门外六碑之一。方首圆角。通高118厘米，碑身高102.5厘米，宽40厘米，厚13厘米。碑座高15.5厘米，宽59厘米，厚27.5厘米。碑额"万古流芳"。无题，题为添加。

碑文考释

此碑镌施地契约。

顺天府宛平县（治今北京市西城区地安门西大街东官房）邰世贵一家，发心将自置旗地一段40亩，坐落襄驸马庄村（今北京市房山区韩村河镇襄驸马庄村）东南角，施舍给上方山众僧承管，屡年地租均布施合山僧众为香火之资。

○三五　上方山供众地亩碑记

盖闻舍身而算跻无量，普心而泽周万物，见泯人我功被尘劫。是以克诚胜果，光映名山，舌轮先转，法轮赏覆也。本山药师殿住持上穆下然师愿力弘深，施舍洽无尽也。同徒通经、通律、通论，同徒孙佛住捐银贰百柒拾伍两肆钱契置旗地，东西贰段壹顷六十亩，坐落涿州西北杨胡屯，岁取租钱捌拾吊均散阖山供众，日后倘有眷属争竞，阖山证盟。若原主回赎，将地价银两阖山共议另置地亩供众。红契大小贰张，并存文殊殿自如师收执。自雍正六年将银两托人置地，因为地契不明，至乾隆叁年立碑为证，永冀于后矣。

乾隆三年岁次戊午拾月吉日　三楚沙丘明曜撰

碑阴

兜率寺隆安、毗卢庵觉利、大藏庵洪贵、文殊殿自如、大乘庵行锁、淡远庵福圆、西域庵照心、兴隆庵寂鉴、西方庵普丛、地藏殿圆鉴、永慈庵性贵、大悲庵自修、药师殿普德、瓣香庵慧勇、昙花庵通方、崇宁庵宗泰、云水洞法宝、十方院行实、接等庵法晟、普济寺实宝。

房山城内信士李有德、小营村观音庵住持照现。

碑刻说明

清刻。上方山兜率寺山门外六碑之一。通高157厘米。碑身高118厘米，宽47厘米，厚11厘米。碑座高39厘米，宽70厘米，厚34厘米。碑额楷书"天山供众"。阴额楷书，双沟阴刻"万古流芳"。

碑文考释

此碑为上方山药师殿住持穆然一门僧众施地租契约。

本山药师殿住持穆然同徒通经、通律、通论，徒孙佛住捐银275两4钱置旗地1顷60亩，坐落涿州西北杨胡屯（今河北省涿州市东仙坡镇西杨胡屯），岁取租钱80吊均散阖山供众。红契大小二张并存文殊殿自如师收执。自雍正六年（1728）将银两托人置地，因为地契不明，至乾隆三年（1738）立碑为证。

碑阴记载了上方山自兜率寺以下20座寺庵的名称及住持法号，十分珍贵。碑尾还镌有房山城内李有德居士及房山县小营村（今双孝村）观音庵住持照现的法号。

〇三六　明贤圣修尊宿供众碑记

尝闻佛在西域，当佛未入中国时而宇宙芸生皆忽于佛教，自不知有斋僧养众之说。迨至及明帝始请入中国，考唐宋以至于今，不待家为之晓，而户为之谕，亦莫不知有佛教，而慈悲之法门从此大兴焉！则佛之为教岂无足轻重者？可同日语哉！兹有房邑界内，去邑三十里名上方山者，山中有七十余所古刹，其僧众以为山不可无寺，有寺则众圣之法像独尊；寺不可无人，有人则诸佛之香烟为续。是故将所置田产二项情愿勒石以作永久供养之资。其一段九十亩，坐落次洛村，系买正黄旗包衣刘灏佐领下张浩老园，地价银一百九十八两。又两段四十亩，坐落王家庄，系民人陈宪仁自种学田，地价银八十两。今将二项地每年所得之租，按名分济众僧以补一时之缺，但此地倘异日本人回赎，即将此银交付执事之人，仍续买田产勿得有失，则渊渊相接，可为万世永赖之基矣。则现在食其德于不觉，后来者饮其和于无有，几功业不坠，惠爱无极，皆胜修禅累德行仁之所致也。于是乎不得不记。余闲游至此，一日开一大师命予序之，因走笔率成，并附不朽以其垂悠久云尔。

大清乾隆岁次丁丑春月吉日

兜率寺长老慈光　普济寺智管　实住　文殊殿耆旧自如　观音殿耆旧福澄同立

碑刻说明

清刻。上方山兜率寺山门外六碑之一。通高165厘米。碑身高129厘米，宽58.5厘米，厚14厘米。碑座高36厘米，宽73.5厘米，厚33厘米。碑额正书"万世永久"。

碑文考释

丁丑，乾隆十一年（1746）。

兜率寺长老慈光，普济寺智管、实住，文殊殿耆旧自如，观音殿耆旧福澄，将所置田地作上方山僧众永久供养之资。一段90亩，坐落次洛村（今大次洛村），原为正黄旗包衣刘灏佐领下张浩老园，地价银198两。又两段40亩，坐落王家庄（今址不详），为民地，陈宪仁自种学田，地价银80两。2项地每年所得之租，按名分济上方山众僧。

〇三七　建立供众斋僧碑记

上方山者，京西仙境也，从前得道升空者指不胜屈，而要皆不外乎积德累仁者近是。但山间异名花，冬夏百长赏青之色；奇峰峻岭，往来多不绝之游与，结诸方之缘而土田甚少与，成正果之路而供给不丰。以是博施济众，使人人遂生复性，有非一朝一夕之所能几也。兹有本山养静禅师号心安林果者，并有各庵禅师源汇、法然、见空、月三，皆大公无我，诚愿捐己以利物。万善一本，窃念殊途而同归。爰是，各出其所有之银四百两，置正黄旗何常明之地五段一顷六十七亩一分五厘，坐落房山县坨头村，且何常明情愿将本身地每年所获之租制钱八十千均散合山，以为永远租种之产，因诸位禅师作成福田，登觉岸，返迷途，则彼此之功均无量焉。乃又有号宝山师者，系本山养静之禅师也。出银一百置地五十亩共六段，坐落长沟村，将每年所得之租，永远作为散山供众之资，其功德之无加有与六师并称隆者焉。余闲游至此，承净大师属为记并书，因不能辞，持笔率成，卒贻笑于后之览者，然寄迹□□一径其会，书此以志其不朽云尔！

大清乾隆岁次丙子夏月吉日立

兜率寺长老慈光　普济寺知管　实住　文殊殿耆旧自如　观音殿耆旧福澄置

碑刻说明

清刻。上方山兜率寺山门外六碑之一。通高165厘米。碑身高118.5厘米，宽55.5厘米，厚14.5厘米。碑座高46.5厘米，宽65厘米，厚40厘米。碑额篆书"万古流芳"。

碑文考释

丙子，乾隆二十一年（1756）。

上方山养静禅师号心安，字林果，与各庵禅师源汇、法然、见空、月三，各出银400两，置正黄旗何常明之地5段1顷67亩1分5厘，坐落房山县坨头村，何常明情愿将本身地每年所获之租制钱80千施阖山僧众。又有上方山养静禅师宝山，出银100两置地50亩共6段，坐落长沟村，将每年所得之租，永远作为散山供众之资。

○三八　上方山寺义田碑记

都城以西，西山以其巨镇也，而上方之名著。余以丁丑冬岁来宰是邑，窃自幸探奇讨胜访幽，庶几如愿以酬，则官事羁牵，卒不果。去年春案牍稍闲，又邑中同志二三辈适有游山之约，遂偕往焉。余闻之，是山旧结庵七十二处，僧众住持其间，入不足，卒以募缘为生活计。其闭关静摄者，则僧众公给之。

香积萧然，斋僧或且不充矣。夫释氏之言慈舍，犹儒家之言惠施也。念此一邑之中老有饥，幼有寒，为之宰者斯不得不经营措置。偶无或失其所，彼居吾土均吾民耳，而独能恝然乎哉？爰是即取俸所得聊与捐助，特念升斗之水难济辙鲋，乃偕诸同官，同官曰然，又告诸邑中之有力而乐施者，几十数人，各出余赀，共襄盛举，计置地一顷八十余亩。田在上方山下之孤山口，地甚近，殊便僧也。从兹修真无恙，有赖宝地常宁，护法有功，福田益广，虽诸同志勇于为善，生平可纪之行当不独此而即此已足，为邑人劝，是亦宰是者所深幸也！于是乎书。

房山县正堂李宪，房山营守府陈有信，房山县县丞杨大猷，房山县儒学李瑶，房山县训导丁增佑，正黄旗内务府副管领加三级白明贵、男寿保，房山县捕厅朱绍周，房山营署司□许如兆，公村霍文通，□家庄杜宏德，顾册村王正义，顾册村□□□回城黄世济，吉阳村苗世旺，殿子村李吉英，云岗村张□□，石窝赵邦正，上洛村隗廷璋，王家庄周天卫，半壁店□□□，高家庄周士兴，瓦井村张愷，芦村于越。

大清乾隆二十二年岁次辛巳四月初八日立

碑刻说明

清刻。在上方山兜率寺兜率寺山门内。通高217厘米。碑身高162厘米，宽23.5厘米，厚14.5厘米。座高55厘米，宽85厘米，厚34厘米。碑额篆书"万古流芳"。

碑文考释

"余以丁丑冬岁来宰是邑。"丁丑，乾隆十八年（1753）。李宪自述，乾隆十八年（1753）冬，到房山县任知县。民国十七年（1928）《房山县志·卷四·政治·职官·县尹》，李宪漏载，这篇记补县志之阙。

此碑立于乾隆二十二年（1757），"去岁春"为乾隆二十一年（1756）春。

乾隆二十一年（1756）春，房山知县李宪与朋友相约游上方山，亲眼见到住僧生活十分窘迫，"是山旧结庵七十二处，僧众住持其间，入不足，卒以募缘为生活计。其闭关静摄者，则僧众公给之。香积萧然，斋僧或且不充矣"。康乾盛世，上方山僧人尚且如此，足见清代上方山僧人生计艰难。李宪联络县衙中僚属，及本县富裕人士捐俸施财，置孤山口村地1顷80余亩，施给上方山，改善住僧生活。

县衙助施官吏有：营守府陈有信，县丞杨大猷，儒学李瑶，训导丁增佑，内务府副管领加三级白明贵、男寿保，捕厅朱绍周，营署司许如兆。公村、顾册村、吉阳村、殿子村、云岗村、石窝村、上洛村（今南尚乐、北尚乐）、王家庄（今王家磨）、半壁店、高家庄（今高庄村）、回城、瓦井村、芦村、□家庄14村，15位乡伸捐助。

○三九　老米会施田碑记

尝闻八政，食居其先，五德仁列于首。是知积米散山、捐金置地为善人事也。而（缺文）兰若七十有二，佛老者流云栖于其间，类皆淡薄，清修四方，游人过此（缺文）座，俾令禅学高僧有以养其生，而修其性，此米会之所以兴也。康熙癸巳岁，京都善人把君，米会之倡始者也。爰结同心捐金积米（缺文）德抑何郁与？雍正癸丑岁，续过崔君步把后程，董理其事，复虑人心（缺文）。乾隆岁在庚午中，众善始行捐金置田，计地壹顷捌拾贰亩，历年获（缺文）歉。今春善士鲁讳圣教、崔讳璬、费讳宁者三友，登山复置地叁十捌亩，同（缺文）中院村傍，而其价银出于三姓，他莫与焉。前后计地两顷贰拾亩余（缺文）以公同办理，先后二宗同愿施山，永远功德猗与。休哉！慈心抑何善（缺文）矣。栽培者深，发荣心茂，则有开必先者，亦后来居上而父子接踵（缺文）。盖诚有不朽者矣。是为记！

乾隆二十玖年岁在甲申二月朔日西直门外米会檀越立

本山（缺文）

地共玖段，开列于左：坐落房山县东南，南北壹段肆拾亩（缺文）。

尧乐府村西南，南北地一段（缺文）。

坐落下中院村东，东西地拾捌亩；壹段肆亩。

上中院村西北，南北地段。

碑刻说明

清刻。在上方山兜率寺东配殿南山墙外。高130厘米，宽59厘米，厚13厘米。方首。碑额正书"衔垂奕祀"。

碑文考释

康熙癸巳岁，康熙五十二（1713）。雍正癸丑岁，雍正十一年（1733）。乾隆岁在庚午中，乾隆十五年（1750）。

北京城内的米会，康熙五十二（1713）把姓善人首倡成立。雍正十一年（1733），崔姓善人接手牵头。乾隆十五年（1750），米会善众为上方山僧众捐钱置地1顷82亩。乾隆二十九年（1764）春，鲁圣教、崔璬、费宁三友到上方山，又置中院村地38亩施阖山僧众。

〇四〇　药师堂临济正宗传法宗派幢

敬刻宗派永传于后

药师堂上临济正宗传法宗派

乾隆二十九年三月谷旦立

延福道德，觉行满圆。清净真常，祖定洪远。智慧普通，佛法兴隆。了悟本性，万广正宗。能仁演妙，玄鉴明照。戒善周全，永作继绍。澄湛体坚，海印文宣。顺理从义，造修惟先。玉镇金章，同信曾光。慈受如子，昙晏贵昌。幻体唱导，琼词蕴奥。临济家声，千古浩浩。

碑刻说明

清刻。在上方山舍利殿院内。为八角汉白玉石幢。高68厘米，每面宽14厘米。四面刻，正面镌幢题，下部刻一龛，龛内一佛持念珠倾坐，其风格和造型仿金燃身明禅师坟塔幢。龛下线刻花盆牡丹。与正面相邻的左面、右面无文字，其余三面刻上方山药师堂临济正宗的传承。

幢文考释

此幢为清乾隆二十九年（1764）所刻"药师堂临济正宗传法宗派"传序。

清代北京地区传临济正宗为佛教宗派主流，据同治三年《大清京都西直门外笑祖院反本寻源归复临济正宗碑记》，一向用祖定禅师出之20字，相沿传袭，即：祖道戒定宗，方广证圆通。行超明实际，了达悟真空。此20字用尽，原有海祖永慈禅师衍出112字。

上方山药师殿临济正宗传法宗派自"延"至"奥"，88字，独成一家。既非祖定禅师出之20字，更与海祖永慈禅师衍出112字无干。

〇四一　华严米会碑

夫上方华严开辟，唐宋兴隆，皇恩浩荡，檀越信心，建立兰若七十有二。乙未春有金台善人光降拈香，睹此名山胜境，为是慨然将自置田地二顷拾亩，坐落顺义县南廊冢地方，情愿喜舍上方，永远供众。勒碑铭石，但后之览者一知所种之福田，万古不朽云尔。会首魏德俭，舍地主傅有光、朱士奇、朱门卢氏、吴恩问、孟宪周、王文祥、郭慧、沈兴、田种玉、程敏、刘天瑞、黄佑、姚文贵、沈廷芳、王廷后、李芝盏、刘世凤、李存义、罗门王氏、陈其略、富勤贺、闻吉成、张文玉、朱朝栋、谭永信、马永贵、张锦、形七格、英书、赵道本、张铎、徐四德、赵德元、左寀、刘开汉、故会首韩玉章。

大清乾隆四十年四月初五日立

碑刻说明

清刻。上方山兜率寺山门外六碑之一。通高159厘米。碑身高124厘米，宽56厘米，厚11.5厘米。碑座高35厘米，宽78厘米，厚34厘米。碑阳和碑阴分别为两则碑记，碑阳为《华严米会碑》，碑额"华严米会"，碑阴为《上方山施舍供众地亩碑记》。

碑文考释

乙未春，乾隆四十年（1775）。

乾隆四十年（1775）春，北京城内华严米会善众到上方山进香，施地2顷10亩，坐落在顺义县南廊冢地方（今属北京顺义区）。

○四二　上方山施舍供众地亩碑记

房邑西南五十里许有上方山，内有茅庵古洞七十二座，亦系古迹，原为罢参老衲止栖之所，早晚苦心焚修，旧有香火地亩，以为养道之资，靡赀艰难，不料遭逢年岁，众将云散，无奈故将本山香火地典当得价以为大众资助，即多年不能备价赎，只可募诸大檀越，感其山中僧人淡泊勤苦，情愿将典当价悉作布施，并将契纸文约奉还本山，诚恐后来遗漏，勒于碑碣，以垂不朽。

檀越名目众善人等开列于后：

徐建壁，住秧房，施地一段计十亩，价钱七十千文；义隆号，住南尚乐，施地三段，计地二十八亩，价钱一百卅五千文；冯立得，住半壁店，施钱一百千文；李遇春，住秧房，施地一段，计地卅亩，价钱四十五千文；杜宏配，住秧房，施草房三间，价钱五十七千文；朱明，住秧房，施地二十四亩，价钱百二十四千文；张文魁，住安平县，施十二千文；高俊、高仁，住院半壁店，二十四亩，价钱九十五千文；李友，住秧房，施地三段计二十四亩，价钱六十二千文。

助善人：籍深、顾庭壁、郑璠、赵元得、张其珵、毛凤鸣、唐天仪。

京都西护广济寺宗公和尚撰

修建碑亭功德人武举张其珵　住瓦井村

大清嘉庆四年岁次乙未孟春吉日立兜率寺住持了业　了常　广和同合山僧众诚立

碑刻说明

清刻。上方山兜率寺山门外六碑之一。通高159厘米。碑身高124厘米，宽56厘米，厚115厘米。碑座高35厘米，宽78厘米，厚34厘米。碑阳和碑阴分别为两则碑记，碑阴为《上方山施舍供众地亩碑记》，碑额正书，双勾阴刻"万古流芳"，碑阳为《华严米会碑》。

碑文考释

"旧有香火地亩，以为养道之资，靡赀艰难，不料遭逢年岁，众将云散，无奈故将本山香火地典当得价以为大众资助，即多年不能备价赎。"

这是嘉庆年间上方山僧人生活的真实写照。阖山僧众，靠香火地勉强维持生计，遇上灾年，僧众将要散伙儿，不得已把香火地典当，竟至多年无力赎回。众人愿意将典当地作布施，并将契纸文约奉还上方山。

徐建壁，住秧房（今属河北涿州市百尺竿镇），施地1段计10亩，价钱70千文；义隆号，住南尚乐，施地3段，计地28亩，价钱135千文；冯立得，住半壁店，施钱100千文；李遇春，住秧房，施地1段，计地30亩，价钱45千文；杜宏配，住秧房，施草房3间，价钱57千文；朱明，住秧房，施地24亩，价钱124千文；张文魁，住安平县（今属河北省衡水市），施12千文；高俊、高仁，住院半壁店，24亩，价钱95千文；李友，住秧房，施地3段，计24亩，价钱62千文。

○四三　通顺功德碑

京南大城县北辛张村古刹关帝庙香火苇地二段，一段名和尚大地，一段名风家小地，祖师俗家之产带□入庙，作为香火。通顺与通荣接司此庙，原期共守清规，长留香火。不意通荣勾串村中土棍马思贤将此地典当，与众分肥。通顺见其行为势难劝诫，至都拈花寺静修，以免薰莸杂处。后至乾隆四十八年，通荣族父同村中乡亲至拈花寺，劝顺回庙，整顿香火。顺不忍师祖遗产终于弃置，于是沿门托钵，募化香资，将此地赎回。嗣后，至上方住静，通荣复勾马思贤等将地转典。合村乡绅见其损坏庙宇，典当香火，不法累累，王价浦、郑彩占等在县公呈逐出，勒令还俗。蒙县尊传谕，令顺回庙住持香火。未回之先，郑彩占等将地出，其价作为公用，剩余复又分肥，庙中香火仍然乌有。顺于嘉庆四年在各宪具呈，将地赎回，但此地再失再复，用费数千余千，皆赖戒徒智圆帮助募化告贷始得完功。而剃度徒法名无障等，行为有类乎通荣，香火亦难望其长守。因思顺退修上方山二十余年载，仰赖佛天赎回此地，且见法门不二，凭依善守之僧；我佛无私，默佑能修之辈。故将此地之花利作为上方之香火。所谓普天同一佛，谁辨东西万刹？盖皆僧当分诚伪，岂得拘拘彼此，而使不法之徒得以复行典当也哉！至于地租收送则有万宁寺戒徒智圆随同赎地，备历艰辛，深悟因果，可保无他。此次地租即著智圆自嘉庆十三年后，每年收取，送至上方山兜率寺，供奉三宝，合施大众，庶期衣钵相传，可谓佛门有庆。为此备序始末，勒碑以昭久远。

  时清嘉庆七年孟夏谷旦

  上方山兜率寺方丈和尚顺立

碑刻说明

  清刻。在上方山存于舍利殿。无座，残首。高89厘米，宽63厘米，厚75厘米。

碑文考释

  大城县北辛张村古刹关帝庙比丘尼通顺，有香火苇地2段，一段名和尚大地，一段名风家小地。该庙比丘尼通顺，退住上方山20余年，自嘉庆十三年（1808），情愿将二段香火地地租施舍上方山。每年收入，由通顺弟子万宁寺尼智圆送至上方山兜率寺。

〇四四　蒋予蒲刻

  辛未秋月吉日

  深源活水

  睢阳蒋予蒲立

碑刻说明

清刻。原在上方兜率寺东侧的一斗泉之斗泉庵，现存于舍利殿内。高88厘米，宽42.5厘米，厚7.5厘米。

碑文考释

辛未，经考证为清嘉庆十六年（1811），详见下文。

蒋予蒲，字南樵，一字元庭。河南睢州（今河南睢县）人。清乾隆二十年（1755）生，出身官宦世家，自幼饱读诗书。乾隆四十六年（1781）辛丑科二甲第14名进士，授翰林院庶吉士。升内阁侍读学士，调通政司副使。北京郊区遭水灾，受命赈济灾民，由是深知民间疾苦，一连上六疏，详细陈述灾民苦状，疏本文字清新流畅，刻画动人，传诵一时。累迁至工部右侍郎，转仓场侍郎。嘉庆十四年（1809）五月以失察吏员舞弊，革职。十月，清仁宗五十寿庆，起用为翰林院编修。十九年（1814）六月，复任仓场侍郎。嘉庆二十年（1815），以北京广慧寺僧明心，更名王树勋，冒捐知府，经刑部讯出。明心为僧时，蒋予蒲曾从受戒北京觉源坛，遂再次革职。嘉庆二十四年（1819）卒于北京。编纂《道藏辑要》。蒋氏为睢州四大家族之一。祖父蒋辰祥乾隆七年（1742）进士，选翰林院庶吉士。父蒋日纶乾隆二十五年（1760）进士，官至工部侍郎。故睢州旧有蒋氏祖孙"三代翰林"的美称。家族人有四川学政蒋蔚、景德同知蒋予检、政和知县蒋周南、濮州知州蒋兹、诗人蒋泰、画家蒋潞等。

"辛未"，蒋予蒲出生的清乾隆二十年（1755）为乙亥年，去世的嘉庆二十四年（1819）为己卯年，他一生中，只经历了一个"辛未"年，这一年是嘉庆十六年（1811）。嘉庆十四年（1809）五月，他以失察吏员舞弊，革职。十月，清仁宗五十寿庆，起用为翰林院编修。时隔两年，嘉庆十六年（1811），蒋予蒲以翰林院编修的职分来上方山参礼，在一斗泉边，题下"深源活水"，其典取自宋理学家朱熹的诗《观书有感二首》："其一：半亩方塘一鉴开，天光云影共徘徊。问渠哪得清如许？为有源头活水来。"仕途上的起伏，或许触发了蒋予蒲的感悟。

〇四五　嘉庆十八年碑

尝闻重央邃谷，灵淑之所荟萃，神圣之所以寄迹者也。而地之隐显，关乎时事之行修，资乎（缺文）山，高峰矗天，古树阴地。自华严祖师诛茅结庵，迄今二千余年，道场益盛，时有高僧云集其上。（缺文）春梦因老夫子由上方山归，亟称不已。并云："仙佛一体，三教同源。"已，托山僧及门下徐（缺文）。孚佑帝君，但金身尚未庄严，清等仰体至意，爰塑圣像并配像二尊，与契友徐君玉山同诸阁中俱献瞻仰之，除见其前列（缺文）钟声遥相和，遂觉尘虑顿息，天怀畅适，诚人间仙府也。而山中（缺文）五百两，在河西务地面与人伙开鉴泰典铺一座，逐年利息以为住（缺文）修理兜率寺及吕帝阁并朝阳庙。又于阁旁修造正房六间、山门一座。厚其墙垣涂（缺文）佛殿之北建玉皇殿五间，东供孚佑帝君，西供诸葛武侯。先与住持静如长老谈及，彼云："兹山系释子焚修并（缺文）"，乃恳乞徐君玉山，鸠工庀材，一载而告竣。己巳春，修葺孤山口普济寺（缺文）孚佐帝君，暨八祖配像，约费二千余两。此则梦才夫子之夙愿，彭太史助焉。至于吕帝阁前驳岸阔十四丈，高九丈，每阴雨淋满，旋修旋损，于是（缺文）间厨茶二间，重修墙垣及山门一座，则梦老夫子与彭太史、徐君玉山（缺文）汉拓显二梦老夫子弼，赞力于彭、缪诸公，六□以求（缺文）迄有成，非徐君玉山之力不及此。时耶？人耶？缘合耶？而是山与（缺文）畿辅，神圣之所迹，亦灵淑所荟萃。若夫严持戒律，则以静如（缺文）上可为圣朝迓天庥，慧日慈云不能为黎庶除魔障，岂仅手足之烈，身家之（缺文）计开河西务伙开鉴泰典一座，其母银七千五百余两，每年利息□□合计（缺文）灯岁修钱二百千零一，朝阳庵、吕祖阁，二百千零五，阖山大众香灯股钱八百千零，其钱按四季给，定为四月初八日……属尊，以垂久远。

嘉庆十八年四月佛诞日　奉佛弟子

碑刻说明

清刻。在上方山兜率寺东配殿南山墙外。汉白玉，无座无首。高110厘米，宽65厘米，厚18厘米。下部三分之一文字不可辨。

碑文考释

此碑残缺严重，其大意：某姓名清，于嘉庆十三年（1808）出资为上方山修缮寺庵，委托住僧及好友徐玉山监理工程。首修吕祖阁，在阁中塑吕祖并二配神像，又在阁旁建正房6间，院前建山门1座，将院墙增厚。在佛殿之北建玉皇殿5间，东供孚佑帝君，西供诸葛武侯。知现存的吕祖阁，实为清嘉庆十三年（1808）建。

嘉庆十四年（1809）春，修缮孤山口普济寺，塑吕祖，暨八祖配像，约费银2000余两。

此人在河西务伙开鉴泰典1座，其本银7500余两，每年利息1200千零六，兜率寺岁修钱200千零1，朝阳庵、吕祖阁200千零5，阄山大众香灯股钱800千零，每年按四季给。

〇四六　玉皇殿前常明海灯碑记

兹因京都内务府善信张舒秀来山进香，玉皇驾前施舍大玻璃海灯一口，以后又引善信城里、关外旗民、信士人等，同往进香，虔心发愿，共捐资财四佰余千，舒秀合宅老幼乐助钱叁佰余千，共成善事，置地贰佰余亩，每年取租钱壹佰余千，以为万古香灯之资。不朽！

众位檀越名开元列于后

道光岁次丁未二十七年九月初九日立

碑刻说明

清刻。在上方山兜率寺院内西侧。小青石碑，方首云纹。

碑文考释

内务府张舒秀来上方山进香，在玉皇殿施舍大玻璃海灯一口，此后又引城里、关外旗民、信士人等，同来进香，虔心发愿，共捐资财400余千。张舒秀全家老幼助钱300余千，置地200余亩，每年取租钱100余千，以为香火资。

碑阴

李永馥，赵兴旺，刘天富，王德禄，赵福志，李振源，王春庆，宁玉春，德楞额，施琏，施凤祥，施永祥，赵连达，黎富全，彭玉达，彭福山，郭亮贵，李永顺，张得通，凤岐，何春生，李得禄，王明仁，日昇号，张他思，张舒英，张景文，郑长山，卢义，陈英，王言陞，智绅，吴明福，徐万龄，王常山，张常海，王明礼，张舒秀，张佛保，施门郭氏，施门李氏，施门刘氏，郑门曹氏，索门谈氏，王门郑氏，徐门石氏，张门李氏，张门周氏，王门曹氏，张春姑娘。

计开地亩　武侯村：林字玉，种地三十亩；李芝，种地五亩；王云汉，种地十亩；刘元蒲，种地五亩。北务村：杨成章，种地三十亩。良乡县：炒米店李□，种地七十七亩；官道口：郭安，种地二十三亩。

○四七　同治七年顺天府告示

经筵讲官礼部尚书教习庶吉士兼管顺天府府尹事务加五级随带加一级纪录二十三次、钦命二品顶带顺天府尹纪录十次王为严晓喻事：

照得房山县上方山兜率寺建自前朝，越今两千余载，住持方丈人等均各遵守清规，相传已久。此寺山峦耸翠，松柏青葱，国家之祥瑞。前因不法僧人本恭等勾串附近匪徒，偷伐树株，隐匿契据，以及兇酒滋事，不守清规。经明宽之徒真伦来呈诉，业经讯明，本恭等实属不守清规，即经照例治罪。断令真伦充当兜率寺方丈，掌管僧众。合行出山示谕禁，为此示仰上方山兜率寺所管各寺僧人并附近乡民人等悉，嗣后尚敢私伐上方山树株，以及勾引不肖匪徒在寺兇酒骚扰，一经兜率寺方丈真伦知或被告发，即行严拿惩办。如系僧人故犯，立即勒令还俗。若系乡民藐法，定即加等治罪。各宜凛尊毋违，特示遵，右仰知悉。

同治七年六月初九日　告示　实贴兜率寺方丈　监院真修监刻　石匠赵廷彦

碑刻说明

清刻。接待庵原坐落于狮子峰下，仅存石碑一方，现存接待遗址东侧的上方山管理处院内。石碑通高237厘米，碑身高158厘米，宽90厘米，厚16厘米。清同治七年六月初九日立。碑阴碑额铭文"顺天府示"。碑文为《同治七年顺天府告示》。碑阴碑文刻于顺治九年（1652）五月，碑额篆"书万古芳"，碑右为重刊明天启六年（1626）立《冯保、李志义重修接待庵碑》，左为重刊人上方山住持方丈真伦自述重刊因由，及上方山兜率寺自嘉庆十七年（1812）至同治元年（1862）50年间，该寺住持方丈更替、寺院历年修缮等情。

该碑不仅保留下重要的明代碑刻原文，更保留下清乾隆后，清代中晚期上方山兜率寺珍贵史料，是上方山历代碑刻中极为重要的碑刻。

碑文考释

此碑镌同治七年（1868）六月初九日顺天府告示。

当年，上方山僧人本恭等，不守清规，勾结附近匪徒，盗伐树木，隐匿契据，酗酒滋事。明宽弟子真伦诉讼到顺天府，经顺天府审理查实，将本恭等依法治罪。命真伦任兜率寺方丈，掌管僧众。

顺天府发布告示，晓示上方山兜率寺及各寺僧人、附近乡民人，以后再敢盗伐上方山树木，或是勾引不法匪徒在山寺酗酒骚扰，一经兜率寺方丈真伦知或告发，立即严拿惩办。如是僧人故犯，立即勒令还俗。若是乡民藐法，罪加一等。

这一事件反映了晚清时期社会生动荡和上方山秩序的混乱。

碑阴

冯保、李志义重修接待庵碑

钦差总督东厂官校办事提督两司房掌司礼监事兼掌御用监印总提督礼仪房御马监太监冯保、李志义并议施财，重修上方山兜率寺下院接待庵正殿三间、东西两庑僧房六间、韦陀殿一座、山门一座，左有钟楼一座。内府各衙门太监信官张喜、缪进朝、师明、蒋进朝、李孝共助银陆两。

大明天启六年岁次丙寅五月吉日立

原碑历久字迹剥蚀，谨照原文重刻，并将兜率寺历经重修，新建各处工程附列于后：嘉庆十七年，合山僧众由京都宝禅寺敦请博闻和尚至兜率寺住持方丈，因年老于十九年传授庆缘和尚。道光六年，新建斋堂五间。十二年，新建钟楼一座。十四年，新建退居五间、配殿十二间。二十四年，新建舍利殿三间、配殿十二间。二十八年，重修接待庵关圣殿三间，配殿、马殿共九间。至咸丰三年，因年老传授瑞云和尚。同治元年，装修大殿。

九年五月吉日住持方丈法孙真轮敬志

碑文考释

碑阴上首，重镌明天启六年碑（1626），前文已录，故不赘述。

碑阴后部，镌嘉庆十七年（1812）至同治元年（1862），上方山住持更替和寺庵修缮情况。

嘉庆十七年（1812），合山僧众敦请北京宝禅寺博闻和尚至兜率寺住持方丈，因年老于十九年（1814）传授庆缘和尚。道光六年（1826），新建斋堂5间。十二年（1832），新建钟楼一座。十四年（1834），新建退居5间、配殿12间。二十四年（1844），新建舍利殿3间、配殿12间。二十八年（1848），重修接待庵关圣殿3间，配殿、马殿共9间。至咸丰三年（1853），庆缘因年老传授瑞云和尚。同治元年（1862），装修大殿。这些寺史，对清代上方山研究弥足珍贵。

上方山舍利殿壁画一向没有准确年代，据此碑，嘉庆"二十四年，新建舍利殿三间、配殿十二间"，壁画准确年代应在嘉庆二十四年（1819）之后。壁画落款为"岁在丁巳年桃花月上浣"。丁巳年，为咸丰七年（1857）。桃花月，为农历三月。上浣，指每月上旬。故知舍利殿壁画为咸丰七年（1857）农历三月上旬所创。

〇四八　比丘僧莲如功德碑

盖闻善心一举，福利千僧；布施时出，功德百世。兹因蔚州玉泉山铁佛寺比丘僧莲如师来山养静，见阇山老衲昼夜精进，唪经礼忏，祝国佑民，俱是修真利生之士。随发心议之于主僧，愿出衣钵之资京钱一千吊整置地，得地租钱壹佰吊，于七月十五日办瑜伽圣会，念普佛，办大斋，每位僧衬老钱壹佰零八个，七月三十日念普佛，办大斋晚焰口。又出钵资壹百吊置地，得地租钱拾吊，二月十九日办观音菩萨圣诞，念普佛，办大斋。又出钵余三佰吊，同天缘寺悟真师功德银壹佰两同置地，得地租钱陆拾吊，作为延寿堂养老病之费。主僧见其屡屡发心，志诚不倦，恐后没其功德，故垂碑阴以志之。

兹有直隶宣郡蔚州大同广崚县广宁山双龙寺僧、善人等，助银办斋，每年二月廿一日，四月初四、初八日，六月初三日，供佛及僧大众念佛，普报四恩，拔济三涂。天地无言，四时常兴。着空归有，着有落空。汝不取相，我扬其名。遗嘱后来，勿失前踪。

附赞：兹有本山住静僧善宝师出钵资壹百仟，愿以每年十二月佛道日设斋供众，永远功德。特铭垂志！

大清光绪乙酉十一年拾月吉日

兜率寺住持真修立

碑刻说明

清刻。在上方山兜率寺院内西侧。龙首，方座。碑座前后两面浮雕二龙戏珠，两侧面各浮雕一龙。碑身高191厘米，宽75厘米，厚19厘米。碑座高51厘米，宽94厘米，厚36厘米。此碑一碑二记，碑阴为《比丘僧莲如功德碑》，碑额篆书"万古流芳"。碑阳为《重修兜率禅寺碑记》。

碑文考释

蔚州玉泉山铁佛寺比丘僧莲如，来山养静，愿出衣钵之资京钱一千吊整置地，得地租钱100吊，于七月十五日办瑜伽圣会，念普佛，办大斋，布施每位僧老钱108个，七月三十日念普佛，办大斋晚焰口。又出钵资过100吊置地，得地租钱10吊，二月十九日办观音菩萨圣诞，念普佛，办大斋。又出钵余300吊，同天缘寺悟真师功德银100两置地，得地租钱60吊，作为延寿堂养老病之费。蔚州，治今河北省蔚县。

直隶宣郡蔚州大同广崚县广宁山双龙寺僧、善人等，助银办斋，每年二月二十一日，四月初四、初八日，六月初三日供佛及僧大众念佛，普报四恩，拔济三涂。广崚县，应为广灵县，清属大同府，今属山西大同市，在河北省蔚县西。

上方山住静僧人善宝，出钵资100千，愿以每年十二月佛道日设斋供众。

○四九　重修红桥庵碑

　　盖闻福自善修，诚愿必获。绵延起创成林，崇德巍奕。兹有上方山旧迹红桥庵壹所，年久失修，十方老衲缺之栖止。适有新城县马官屯王善人九成来山进香，目睹庵止零落，因发心捐银贰拾金，并萧官营会首善人李公崑合会共捐钱陆拾余千，付主僧从起修葺，俾后罢参老衲来者容膝，亦不泯古道遗风，成全养道坛场。主僧估料工，敬谨修饰，盖得正殿叁楹，及西房、山门、群墙、后桥均克日工竣，焕然新界。殊赖檀那优功慨助，以倾圮成为采碧大觉之场，从得径路矣。惟花费内尚不敷用，所亏者从常住措□。盛举已成，勒石永表好善德欤。

　　诸上善信芳衔列于碑阴

　　大清光绪庚寅年清和佛诞日　兜率寺住持证果敬撰

碑刻说明

清刻。在上方山红桥庵。碑额正书"万古垂青"。阴额"碑阴流芳"。

碑文考释

上方山红桥庵年久失修，清光绪十六年（1890），新城县马官屯王九成来山进香，目睹庵址零落，捐银20两，萧官营会首李崑与合会善众共捐钱60余千，由住僧重建，盖正殿3间及西房、山门、群墙、后桥，不日竣工。

碑阴

王九成，马官屯，施钱拾千。刘克昌，华家店，施钱壹千。侯殿臣，源辛庄，施钱贰千。李乾，萧官营，施钱肆千。朱璋，樊家庄，施钱壹千。李得兴，东堡头，施钱壹千。刘永祥，侯家干池，施钱壹千。刘益三，柴家营，施钱贰千。张一枝，柴家头，施钱壹千。李文周，肖官营，施钱贰千。张兆能，侯辛庄，施钱贰千。杨维和，堡头，施钱壹千。张广仁，龙湾，施钱壹千。史郁文，侯干池，施钱壹千。王锡珎，王家庄，施钱壹千。李秀，岐山庄，施钱壹千。石耀年，柴家营，施钱壹千。林晓泉，林家沿村，施钱贰千。刘裕德，曲堤，施钱贰千。刘门李氏，□家□，施钱壹千。李门雷氏，宋干池，施钱叁千。崔门王氏，崔家庄，施钱壹千。傅门庞氏，草厂，施钱壹千。李门方氏，□城，施钱壹千。段门李氏，谢家营，施钱壹千。赵门宋氏，上堡，施钱壹千。王门王氏，曲堤，施钱壹千。王门赵氏，曲堤，施钱壹千。董门王氏，曲堤，施钱壹千。韩门李氏，侯干池，施钱壹千。段门潘氏，谢家营，施钱贰千。李门张氏，孤株，施钱壹千。刘门张氏，宁家坟，施钱贰千。田门张氏，杨家庄子，施钱贰千。刘门林氏，□家□，施钱贰千。刘门田氏，宁家坟，施钱贰千。

碑文考释

本次重修红桥庵，施助者28村，可考来自新城县18村，新城县，今为河北省保定市高碑店市，其中方官镇马官屯、侯辛庄村、曲堤（前曲堤）今属高碑店市方官镇；樊家庄村，今属高碑店市泗庄镇；崔家庄村、孤株村、宋干池村，今属高碑店市辛立庄镇；肖官营村、上堡、东堡头、龙湾村、堡头（西堡头）今属高碑店市肖官营乡；杨家庄子（杨家庄），今属高碑店市梁家营乡；岐山庄村，今属高碑店市辛桥乡；华家店村、宁家坟村、谢家营（解家营）、柴家营（西柴家营、东柴家营），今属高碑店市新城镇。

草厂村，今属河北廊坊广阳区万庄镇。源辛庄、侯家干池、柴家头、王家庄、林家沿村、侯干池、□家□、□城、□家□9村无考。

○五○　重修上方山兜率寺舍利殿碑记

盖闻莫为之前，虽美弗彰；莫为之后，虽盛弗传。是以乘风载响，音徵自遥；寻烟染芬，薰息尤烈。人事如此，庙貌同然。况乎梵王宝座，净拓琼林；觉路蓬台，宏开绀碧。非资大愿力八德何以常清？惟发真慈悲五衍车，乃臻不敝。上方山兜率寺舍利殿者，京西古刹，房山丛林，在昔规模壮丽，节山枑梲藻之辉煌兼之法相庄严，金面文胸之变相，岩谷窅其幽曲，岚泉洁其形声，奈日往而月来，经风漂而雨蚀盖久矣！双树无依，渺渺旃檀之气。兹何幸五灯有感，恢恢甘露之润也。住持空祥上人，业行贞纯，理非悱恻，太息槾椽朽，嘻吁迦叶之衰。于是击法鼓以振众聋，拨妙轮而植缘果。远广长舌，阐法应化之三身。开惺悟心，辟贪嗔痴之九品。则有韩君密寿者，凤根善性，雅量宽洪，不入菩萨魔，知足于富乐安隐，超出住相界，能行波罗密多，慨然舍六百之金，焕然乎新十寻之宇，多此云流万栱。耸鸱吻而冠飞鱼，风定四荣，镂爵栖而承阳马，玉舄赑伏于琅础，金环虮衔于雕楣。仰则气象万千，夕照丽于珠网。俯则光辉富有，朝霞灿乎丹除。斯皆方丈之苦行真修，致檀越之现身舍利。信乎！金资宝相永赖闲安，而鼎勒玉文，难名功德而也已。

赐进士出身诰荣禄大夫太子少保刑部尚书会典馆总裁镶白旗汉军都统总管内务府大臣完颜嵩申顿首拜撰并书

大清光绪十七年岁在重光单阏仲秋月谷旦

碑刻说明

清刻。在上方山舍利殿院内。高100.5厘米，宽44.7厘米，厚8厘米。无座。碑额篆书"万古流芳"。

碑文考释

岁在重光单阏，岁在辛卯。重光，辛年的别称。《尔雅·释天》："〔太岁〕在辛曰重光。"单阏，卯年的别称。《尔雅·释天》："〔太岁〕在卯曰单阏。"光绪十七年（1891），为辛卯岁。

光绪十七年（1891），上方山兜率寺住持空祥，舍银六百两，重修兜率寺。

嵩申于清光绪十七年（1891）四月，于大韩继香光寺撰《重修香光寺碑记》，署"赐进士出身太子少保刑部尚书镶白旗汉军都统总管内务府大臣嵩申"。

此碑立于光绪十七年（1891）八月，署为"赐进士出身诰荣禄大夫太子少保刑部尚书会典馆总裁镶白旗汉军都统总管内务府大臣完颜嵩申"。比四月时官衔增了"诰荣禄大夫""会典馆总裁"。

嵩申，姓完颜氏，金世宗26世孙，字伯屏，官至刑部尚书。清太祖起兵时，嵩申十世祖鲁克苏与清代一等功臣叶臣同族统众来归。祖父麟庆（1791—1846），字伯余，别字振祥，号见亭。金世宗24世孙。嘉庆十四年（1809）进士，官江南河道总督、四品京堂。道光二十五年（1845）八月，完颜麟庆带领嵩申父崇实在上方山住持裕全和尚和一位陵户的引导下来到九龙山下，拜谒金太祖、世宗二陵。麟庆把拜陵经过载入他所著的《鸿雪因缘图记》，并绘《房山拜陵图》描绘当年拜陵的情景。这幅珍贵的拜陵图展现了经清代修复后睿陵和兴陵的原貌。崇实（1841—1891），清满洲镶黄旗人，字朴山。姓完颜氏，金世宗25世孙。道光三十年（1850）进士，历任刑部尚书、文渊阁学士、镶白旗蒙古都统、兵部尚书。

○五一　重修斋堂碑文

窃为人天教王，护法安僧，功存作六度梵行。兜率者，乃京西之名刹也。由汉迄今，当复再修。兹因近年雨水交作，殿堂渗漏，工程浩大，整饰惟艰。其中斋堂椽木朽烂，每逢檀越斋僧，不能应供受食，幸迓密寿韩君来山进香，见此斋堂摧残，广发慈心，喜舍功德银三百两，以资重修，属成胜事。宏开慈善之门，薰修会量之福，承斯善利子孙绵长，惟愿僧众祀祷，佛天垂佑，善门清泰，阖宅康宁，咸生欢喜之叶长生。立此铭曰：永报檀信矣！

光绪二十年四月佛道日

碑刻说明

清刻。在上方山兜率寺院内西配殿前。高91厘米，宽35厘米，厚7厘米。座高34厘米，宽35厘米，厚21.5厘米。碑额篆书"万古流芳"。

碑文考释

因历年雨水交作，斋堂渗漏，椽木朽烂，每逢檀越斋僧，不能应供受食。光绪二十年（1894），韩密寿来山进香，见斋堂摧残，舍银300两重修。

○五二　因果不昧碑

天缘寺比丘尼悟真，信女弟子朱门王氏年例发心设斋供众。

光绪二十年九月十九日立

碑刻说明

清刻。在上方山舍利殿院内。

碑文考释

天缘寺比丘尼悟真，退上方山养静，她与俗家弟子朱门王氏为上方山僧众施功德，每年照例舍食斋僧。

○五三　上方山云水洞展拓碑记

沈阳王树翰撰

辽中王树常书丹

旧京西有上方山，在《禹贡》冀州之域，峰峦起伏，千态万状，由中条山麓蜿蜒而来，即辽史所称之六聘山也。山间诸洞环列如蜂房然，朝晖夕岚，引人眺览。而秀灵之气郁郁葱葱，超越于诸洞者，则云水洞为最。兹洞之胜概，载诸《房山县志》及上方山各志，拯词人骚客之笔，欲咏有不能尽者而深曲而奥，殊形异观，宛若图画。其折处若弓之弯，其圆处若月之满，慧中秀外，深藏若虚，大含细入，穷揽之有余，蕴此洞之灿著状态也。洞之内景致综错，曲肖物形，坤维效灵，无幽不显。有铿然若钟声者，有镗然若鼓声者，有雄哉若伏虎者，在蹲峙若象者。时而天籁移情，金石之韵迭奏；时而斑灿变色，山泽之季毕生。云谲波诡，莫能形容，骇目惊心，难以名状，此洞蕴蓄景物也。然此不过举其大端，若欲将洞之奇形异迹、深邃无美不备，宜乎游人接踵，诧为北地之大观矣！惟以如是乡胜地，而游斯洞者往往以洞口狭隘不能容身，伛偻匍匐，穷气尽力而始入。甚至于神沮气郁，眩晕交作，其少恢者则退然色沮，并欲进而中止者有之，是亦大然缺陷，而美哉犹有憾也！余与同人等共游兹山引为恨事，爰与兜率寺僧共议将洞口之极狭处施以人工，廓而大之。玩于风景无纤毫缺损而游览者亦将称快，讵非计之善者？寺僧韪斯议，于是鸠工集赀，促成其事。自兴工以至竣事仅两个月，而洞口恢拓，遽然改观，往来游人无不交口称赞，是昔之视为艰阻，骇懦不敢前者，一转皆将视坦途而欣然有喜色。同人以斯事作始虽简，关系较巨，山灵有知，当亦默然相契于冥中矣。爰镌石而为之记。

中华民国二十四年九月谷吉

助赀人列后　王树翰银五百元　王树常银四百元　莫德惠银百伍拾元　刘哲银五拾元

碑刻说明

民国刻。在上方山云水洞左壁摩崖碑刻。高74厘米，宽74厘米。

碑文考释

碑大意：上方山诸洞环列如蜂房，朝晖夕岚，引人眺览。秀灵之气郁郁葱葱，超越于诸洞者，云水洞为最。游此洞以洞口狭隘，不能容身，伛偻匍匐，穷气尽力始入。甚至神沮气郁，眩晕交作。以至于颓然色沮，欲进而止，不无缺憾。民国二十四年（1935），王树翰与王树常、莫德惠、刘哲相约游山，见此情形，引为恨事。一行人找到兜率寺僧，商议将洞口狭窄之处拓宽，寺僧一口答应。四人捐洋1100元，开工凿洞，历时两个月告竣。

王树翰，光绪八年（1882）腊月十三生于盛京负郭洼村。清末举人。民国二年（1913）任奉天南路观察使、黑龙江龙江道尹、奉天财政厅厅长、吉林政务厅厅长，民国十三年（1924）后任吉林省省长。民国十六年（1927）后任国民党政府委员、东北政务委员、东北边防军司令长官公署秘书厅厅长，成为张作霖、张学良父子的亲信要员。皇姑屯事件、东北易帜、中东路事件，王树翰均参与机要，起到关键作用。"九一八"事变之后，张学良幕中重用少壮派，与王树翰意趣相异，王树翰留寓天津。民国二十四年（1935），王树翰仍在天津赋闲，其间回东北沈阳大洼省亲、扫墓、祭祖，兼措置房地债事。张作相与之同行，于沈阳停留数日返津。1945年8月15日，日本天皇宣布无条件投降。任东北行辕政治经济委员会委员、东北政务委员会副主任委员。随着国共内战进展，王树翰感到国府前途暗淡，遂坚辞返归天津。天津解放前，蒋派机接王树翰与张作相，王树翰以已至桑榆之年，弗能任事相辞。直到天津解放再未出山。1953年，王树翰已72岁，常游北京，为老友章士钊所闻，乃荐之中央文史馆。1953年，应聘为中央文史馆馆员。1955年2月8日，病逝于天津，终年74岁。

王树常（1885-1960），字霆五，奉天辽中（辽宁省辽中区肖寨门镇三南村）人，东北军将领，中将加上将衔。他本在张作霖麾下，后在张学良旗下任高级军官。生于清光绪十一年（1885），光绪三十一年（1905）赴日本士官学校留学。宣统三年（1911）9月归国。民国元年（1912），在南京任参谋本部第二局一等科员。民国六年（1917），赴日本陆军大学深造。民国八年（1919）底回国，任北洋政府参谋本部科长。民国十年（1921），调任张作霖奉军27师参谋长。后改任黑龙江督军署参谋长、张作霖镇威上将军公署参谋长等职。民国十五年（1926），调任北洋政府陆军次长。民国十七年（1928）底，任张学良东北军第10军军长。民国十八年（1929），任南京政府军令厅厅长和黑龙江省政府委员。民国十九年（1930），调任河北省政府主席。民国二十一年（1932），任天津卫戍司令。民国二十四年（1935）4月，授陆军中将军衔。当年8月，调任南京政府军事参议院副院长。民国二十六年（1937）6月，被任命为豫皖绥靖公署主任。民国三十五年（1946）7月，晋升陆军上将。1952年，出任水电部参事室参事，全国政协委员。1960年在北京病逝，终年75岁。

莫德惠，字柳忱，吉林双城人（今属黑龙江）。清光绪九年（1883）生，光绪二十六年（1900），考入天津北洋高等巡警学堂，毕业后分配吉林省警察厅任西局局员，旋即升任西局局长。宣统二年（1910），调任哈尔滨警务局滨江巡警局局长。民国三年（1914），受奉天都督张锡銮之邀出任双山县知事并兼理司法。民国十年（1921）与张学良相结识。民国十二年（1923），促成粤皖奉联合反对曹锟贿选，得到张作霖倚重，出任奉天财政厅长、代理省长，北洋政府农工部总长。皇姑屯事件，随张作霖乘火车返奉，途中被炸受伤。张学良主政东北，出任东北保安、政务、外交等各委员会委员。东北易帜前夕，衔命赴日折服田中不干涉易帜成功，为张学良的密切合作者之一。中东路事件发生后，被委派为东三省铁路公司理事长兼督办，以中国方面首席代表身份赴莫斯科参加中苏谈判。"九一八"事变之后，赴德治病。病愈，游历西欧各国，于民国二十二年（1933）秋归国，寓居北平大翔凤胡同。民国二十六年（1937），任国民政府国民参政会主席团主席。民国三十四年（1945）10月，任东北宣慰使、东北救济会副会长。民国三十五年（1946），任制宪国民大会代表。民国三十六年（1947），任国民大会代表。民国三十七年（1948），任政府宪政督导委员会会长。1949年赴台湾。1954年，任"考试院"院长。1966年5月，转任"光复大陆"设计研究委员会副主任委员。同年6月20日任"总统府"资政。1968年4月17日，在台湾病逝，终年85岁。

刘哲，字敬舆，吉林永吉（今吉林省九台）人。清光绪六年（1880）生，早年就读于北京大学，后入日本留学，1907年由日本归国。先后任吉林政法专门学校校长、吉林督军署顾问、吉林省参议院议员、参议院议长、北洋政府参议院议员、大总统府顾问。民国十三年（1924），任东三省财政巡阅使兼帅府一等秘书官、东北政府教育总长。当年10月，任中东铁路理事会理事，与张作霖交往甚密。民国十六年（1927）6月出任中华民国教育总长兼京师大学堂校长、京大美专部学长。民国十七年（1928），任哈尔滨工业大学校长。当年6月"皇姑屯事件"中，陪张作霖同行，被炸成重伤。民国十八年（1929）任东北政务委员外，兼任东北边防军司令长官公署参议。民国二十二年（1933）5月，哈尔滨沦陷，从哈尔滨至南京，走上抗日救亡的道路。民国二十四年（1935），来到北平，在抗日名将宋哲元主政的冀察政务委员会任常务委员兼教育委员会委员长。抗日战争时期，任国民政府参议院议员及驻会办事处委员。民国三十四年（1945）10月任东北经济委员会委员兼长春铁路理事会理事。民国三十七年（1948）6月，任监察院副院长。1955客死台湾。终年74岁。

王树翰、王树常、莫德惠、刘哲，为民国时期东北军政要员，张作霖、张学良父子的核心幕僚，在当时赫赫有名。经历"九一八"事变，物是人非。民国二十四年（1935），王树翰寓居天津，王树常刚刚调任南京政府军事参议院副院长，莫德惠赴德治病归国一年多，寓居北平大翔凤胡同。抗日名将宋哲元主政冀察政务委员会，刘哲在北平任常务委员兼教育委员会委员长。当年9月，几位旧日同僚好友，相约游览上方山，并同做善事，纷纷解囊，为上方山云水洞凿岩拓洞，以利游人。工竣，镌岩记事。王树翰亲自撰文，王树常书丹。此后，王树翰赋闲天津终老，王树常在北京病逝，莫德惠和刘哲则客死台湾。作为四人的旧主张学良，在台湾坐破铁牢，终埋骨于大洋彼岸的夏威夷。

圣水峪

在上方山下，古为良乡县境，东魏孝敬帝天平二年（535），赵广度禅师在村北的上方山西崖结庵而居，由此开启此地近1500年的佛教文明。历隋、唐、五代、辽、金、元、明、清至今，世代绵延，成为西山著名的佛教圣地。圣水峪为重要的华严宗道场，华严宗寺院不晚于元代，其中包括凤凰山南、北华严寺，白云山太湖华严寺。元明之际，华严诸寺圮废。自明成化元年（1465），至万历三十六年（1608），破庵、宗果、御马监太监张其等先后重建。此地为挟括河之源，明初山西移民在此落土，形成聚落。山村依谷而建，山麓群寺如巢。

村名初为胜水峪，最早见于明成化二年（1466）《重修上方山兜率寺接引弥陀佛殿碑记》："胜水峪，程三、徐氏。"明代，该村应不是独立村落，故清初康熙三年（1664）《房山县志》记录在册的4乡12里179村，无此村。据民国十七年（1928）《房山县志·卷二·乡村》，房山县有9区257村，圣水峪记录在册，属第六区，"户数二〇，口数八九，地势高山地，土产谷果"。直到民国十七（1928），圣水峪才有20户人家，89口人。从明永乐移民，到民国十七年（1928）已经500多年，可想而知，当初山西移民至此，不过寥寥数户。

本卷收录圣水峪村碑刻6件：明代6件，其中碑文6篇、碑阴题1则。

○五四　房山县距京师西南百里许有山名凤凰山曰华严禅寺重修古刹碑记

赐进士出身翰林院修撰钱塘汪谐撰文

赐进士出身都察院御史愻题殷谦碑额篆书

夫此山势者，崚嶒叠嶝，凹凸岭陡，峻巅峦峰，嵯峨高古。丛林瑞气，垂祥庆云，瑷璷胜境，堪题华严基址。是佛遗教，远孙破庵，杖锡到此，喜其幽僻，迥绝尘世，刈草结庵，朝夕慕道，戒如冰雪。远近贤者往来，云衲参谒，甚感狭隘。□□容息，乃力倡更作，鸠工积材，仍因古刹，修盖正殿、前毗卢殿、左右伽蓝祖师二堂。庄严整饬，金碧交辉。丈室、禅堂、僧寮、斋厨、廊庑，处所无不周极，其致整洁，焕然一新，阶峻秩秩有序。经始于成化元年乙酉岁秋月内，落成至甲午岁孟冬月吉日。因祈余为记，勒之贞珉，传诸后世，为不泯焉。然则华严禅寺□□□立，其徒门人百众有余，专依规制而修道业，晨夕端祝圣朝万载，□□□□，□庶咸安，丰乐稔岁。其师□化□□之俗，归以中道，而为善者补于盛世，渐□□□□□□风，移俗之善哉。因书是，请勒于石观之矣。

临济下第二十五代嗣祖开山第一代破庵幻住老人

住持德能

御用监太监梁芳居士

司礼监太监□□信官

房山县知县郭岑　僧会广净

大明成化十年岁次甲午孟冬月吉日立　门徒书记德泽书　金陵郡范福聪镌石

碑刻说明

明刻。在圣水峪西北凤凰山北华严遗址。

碑文考释

房山县知县郭岑，民国十七年（1928）《房山县志·卷四·职官》："郭岑，大同举人。"县志未载明任职时间，由此碑知，郭岑成化十年（1474）前后任房山县知。

碑文载，凤凰山，有华严寺遗址，是佛教遗迹，远孙破庵，杖锡到此，喜其幽僻，迥绝尘世，刈草结庵，远近贤者往来，常有行脚僧参谒。破庵感觉道场狭小，一力倡导重建寺院，鸠工积材，仍依古刹旧基，建立正殿，正殿前建毗卢殿，左右建伽蓝殿、祖师堂。丈室、禅堂、僧寮、斋厨、廊庑齐备。成化元年（1465）秋开工兴建，成化十年（1474）冬落成。

弘治九年（1596）《重修龙兴禅寺碑记》也记载了破庵重建凤凰山华严寺的经过，其中记述了破庵的来历："破庵禅师，显族涿鹿□氏次子，髫入空门，孜孜在道。冠叩楚山，慧灯发朗，次往幽兰、金山印可，犹煅矿以成金，剖砥砆而获玉。成化乙酉，径陟凤岭，独伴松峰，岩居三载，久而道扬，于世遐迩，云臻缁白，确力开山展基，载营载构，日积日新，不数年以成梵刹，俨若给孤祇园。"

据此，破庵禅师出身涿鹿（今河北省涿鹿县）显族，是家中的次子，自幼遁入空门。

"冠叩楚山，慧灯发朗"，明弘治二年（1489）《重修施烛碑记》云："振锡南游，参礼知识，首谒西蜀楚山，印证法要。次续金山，灯传□□。"冠，既冠之年。破庵成年以后，前往南方礼楚山为师开悟得法。楚山，俗姓雷，名绍琦，字楚山，别号幻叟、荆璧，四川唐安（今四川省崇州江源镇）人，是临济宗杨岐系传人，明代中期著名高僧，被尊为四川五大禅宗派系之一的天成寺绍琦禅系开山祖师。

楚山出生于明永乐二年（1404），永乐十年（1412），时年8岁，从玄极通禅师学禅，听说无际悟和尚在普州之东林开法，前去参访。无际禅师开示"无"字公案，又偶尔听闻板声，忽然有省，于是到金陵，参访当时的名师月溪、渔舟等人,备受称赞。楚山已经颇有名望,被众人请去住持天成寺,与云溪瑛禅师、素虚理禅师、光泽惠禅师和大用机禅师论禅,胸中仍有疑问不解。明英宗正统六年(1441),楚山时年37岁,再参无际禅师得法,回到四川简州(今四川省简阳市)东山,隐修十年。景泰二年(1451),楚山时年47岁,他沿江而下,抵武昌,过黄梅,登临东西二山,礼拜四祖、五祖寺。景泰三年(1452),曾抵金陵,访月溪、海舟禅师。谒安徽天柱山三祖僧璨道场,喜爱皖山的幽绝,决定在天柱山停留数载。后来安庆的信众请求楚山开示,于是在景泰五年(1454)十月初七日,到桐城投子寺开法,此时楚山50岁。景泰八年(1457),由庐山回到四川,韩都侯在方山建云峰寺,迎请楚山住持。在四川,楚山和几代蜀王如和王、定王、贤王均有过从。定王下旨重修天成寺,成化四年(1468)竣工。成化五年(1469),居丹霞,重修栖幻庵,作为栖息之地。成化六年(1470)落成,当时楚山已经67岁。成化九年(1473)三月望日,示寂,享年70岁。

当年,破庵南下来到四川,依情形推断,破庵投楚山门下,应在楚山回到四川简州东山,隐修十年的时间内。这段时间,在正统六年(1441)至景泰二年(1451)之间的十年内。

破庵在楚山门下开悟得法后,回到北方,在房山县西山,先后参历凤凰山北幽兰山、金山,在金山,破庵获本师印可,继法传灯,成为该山住持。

幽兰,即幽岚山,在今北京房山区周口店镇黄山店村。金山岭金山寺,在今周口店镇黄院村。破庵禅师辞别金山寺,成化元年(1465)来到上方山西北的凤凰山开山建寺,先是"岩居三载",即依岩而居,成化四年(1468)住进正在施工建设的寺院,"不数年以成梵刹"。

成化十年(1474)冬华严寺落成。

撰文者汪谐,明浙江仁和(今浙江杭州)人,字伯谐。宣德七年(1432)生,天顺四年(1460)进士。选庶吉士,授编修。成化初(1465),预修《英宗实录》,升修撰。历右春坊右谕德。预纂《续资治通鉴纲目》,进右庶子。官至礼部右侍郎。弘治十三年(1500)卒,享年68岁。有《寅轩集》。

碑额篆书者殷谦,明顺天府涿州(今属河北涿州市)人,字文,号逊斋。永乐十五年(1417)生,正统四年(1439)进士。授南京户部主事。天顺时,历右通政,以言事出为河南汝宁知府,种蔬果以备凶荒。改太原,民患狼,谦为捕之至尽。弘治中，官至户部尚书总督京、通粮仓。正德十九年（1524）卒，享年87岁。

○五五　重修凤凰山华严禅寺碑记

盖闻佛之道者本常，尝入中国，自汉明帝感梦，教法东流，兰腾道场。悲运洪慈，普济四生之苦趣。改恶迁善，脱三塗地狱之沉沦。诱引如道，住奉三宝建至于今上。蒙圣朝主臣尊崇佛嘱，莫能泯以此道本常也。今以凤凰山华严禅寺，古迹道场，山势巍镇，高嵬太虚，喜其幽谷僻静，堪作兰若。是以师破庵卓锡住之，辟荒展基，不几年而成梵刹。大阐宗风，竖立祖庭，开大炉鞴，锻炼操道。因而，遐迩远近，云游禅衲，往来高流，信士檀越，登山到此，观瞻胜地佛境。金像晃耀，殿宇交辉，人杰地灵，境致历然，建立一新。今于庆赞，修建大斋，普请檀越，勒石刻铭，功不泯也。晨昏僧众临殿，祝延圣寿无疆，风调雨顺，四海晏清，黎庶康宁。今工周备，请注芳名。

御用监太监梁芳。

房山县知县郭岑　僧会广净

书记德泽写文

成化岁次甲午孟冬月吉日立　金陵范福聪镌

下中元胡敬、胡鉴、曹妙、胡得、胡见、胡祥、胡全、邓林、邓祥、王铎、曹海、曹增、曹敬、董斌、邢忠、胡玘、刘文祥、王见、李泰、普玉、张志名、王真。

上中元韩甫贵、谢妙秀、谢泰、谢兴、韩三、韩四、韩甫成、韩能、吕兴、王甫才、宁玉。

苇子铺曹宽、曹原、曹玉、曹斌、张大、张得、张能、刘刚、程刚、程赇。

甘池村郭明德、郭能、杜六、杜斌、柳成、柳广、柳能、郭英、郝锓、郝祥、郝英、石友、王端、孙善德、于海。

赵家庄纪怀、纪庆、□恕仁、李玉、李全、阳原。

坟庄村刘亨、薛茂、王刚、王玉、王海、薛辛、薛宽、苏广、刘全、薛甫随、马智。

北务村韩真、张甫山、戚甫海、李本、仝让、仝义、孟贵、国斌。

上胡良周□、周□。

孤山口许甫得、许四、许山、许见、高铎、刘清、杨清□、顾信。

南章村李选、徐荣、赵通、王荣、赵昇。

重义村余通、余俊、郝祥、王甫、李太。

三岐水苏刚、蔡妙惠、苏喜、苏得山、苏妙连。

五侯村杜旺、党全、党妙全、董妙□、张妙能、张妙荣、王妙聪、张妙增、王妙善。

东冬村王友、李刚、李原、王□。

□□村田安、杨□、刘忠。

栗园庄刘天□、王惠敬、刘增、刘政、王全、李安、王安、李见、张名、张立、张英、张亮、袁□、杨福。

雏家庄王元、华良、冯祥、马四、王□、王旦、王名、王才、康□、康得、王海、王才、王礼、王玘、刘政、王伦、康彝、革甫岩、王五、康永、辛刚、张甫良、王直、王四、王铎、王忠、宋兴、张得、张祥、宋真、李信、杨原、刘俊、王德、郑友、王智、王妙、王义、王增、康贵、康见、王连、王整、王山、马贤、马海、马甫玉、王政、康□、王□□、王崇、王玉。

里石村刘四、刘成、刘名、李普川、孙祝、郭□通。

边家庄李玉、李福、吴林。

东城坊高林、孙英、孙甫祥、刘安、刘寔。

朱家瞳李成、王富、刘聚、刘敬、王全、蔡普玉、孙成、昌富。

古岐口梁大。

官庄村赵甫大、李光、郝贵。

碑刻说明

明刻。圣水峪西北在凤凰山北华严遗址。碑额正书"重修凤凰山华严禅寺记"。

碑文考释

甲午，即明成化十年（1474）。

此碑和成化十年（1474）《房山县距京师西南百里许有山名凤凰山曰华严禅寺重修古刹碑记》镌于同时，立于同地，所记同为破庵禅寺成化元年（1465）到达凤凰山，开辟道场，创建华严寺一事。前碑记载建寺较详，而此碑相对简略，而重点记载成化十年（1474）冬，华严寺落成后，破庵在寺中设大斋，答谢房山县本地、附近涿州、门头沟等地23村216位施助善众。碑阴镌下各村助缘善众的姓名。如碑文所云："境致历然，建立一新。今于庆赞，修建大斋，普请檀越，勒石刻铭，功不泯也。"

破庵重修华严寺，得到下中元、上中元、苇子铺、甘池村、赵家庄、坟庄村、北务村、上胡良、孤山口、南章村、重义村、三岐水、五侯村、东冬村、□□村、栗园庄、雏家庄、里石村、边家庄、东城坊、朱家疃、古岐口等23村216人施助。

下中元（今下中院）、上中元（今上中院）、赵家庄（今赵各庄）、孤山口、南章村（今东南章、西南章）、重义村（崇义村）、五侯村、苇子铺（今属圣水峪村）8村，今属北京市房山区韩村河镇。

甘池村、坟庄村2村，今属北京市房山区长沟镇。

北务村、上胡良2村，今属河北省保定市涿州市东仙坡镇。

官庄村，今属河北省保定市涿州市清凉寺街道。

东城坊、边家庄（今边各庄）、雏家庄（今大洛各庄村）3村，今属河北省保定市涿州市东城坊镇

栗园庄，今属北京市门头沟区永定镇。

三岐水、东冬村、□□村、里石村、朱家疃、古岐口6村，不详。

○五六　重修施烛碑记

赐太保庆云侯大功德主周寿

赐太傅常宁伯周彧

伏闻佛生西域，祥光现于周朝。圣教东流，金相梦于汉帝。斯因华严梵刹，

乃京西第一禅林，峰峦拥□，陡峻悬崖。凤凰山顶扬晓日，香炉峰尖挂月明。炤光□晧，靡不明乎。是师破庵，振锡南游，参礼知识，首谒西蜀楚山，印证法要，次续金山，灯传□□，到于凤凰山，辟荒开始，数载以建斯刹。遐迩远近，四海禅流，云聚山堂。开阐正宗，齐学般若。朝夕慕道，端究一乘。六时寂静，研□至理，悟性本空，唯是见性之道也。异日，蒙朝廷诏师，圣母皇太后修设荐祖水陆大斋胜会，蒙赐表亲，因而京都内外居人闻之，谒访到山。由是居士张福进，乃正阳关街西居住，异日自念云："幸生盛世，得遇□华，今得人身而具足。"每念四恩无可报，以此发心，同一耆众善人等，各自施赀财，买油蜡浇烛。自景泰六年，施烛京城并西□戒坛、五台寺观庵所共七十六处。至弘治元年，施烛三百斤重到凤凰山，圆满供献佛天诸圣。僧众朝夕登殿讽经，祝延圣寿与无疆，祈保黎庶而丰岁。

皇图永固，帝道遐昌。佛日增辉，法轮常转。大圣觉皇，巍巍荡荡。天上人间，法震穷苍。明帝托梦，数往东扬。大明圣主，奉侍佛章。王臣宰相，建立道场。檀信归依，佛法大光。银烛点处，照耀煌煌。福进居士，绍果真常。合会善人，定生西方。凿石立碑，万代名扬。

临济下第二十五代嗣祖破庵幻住老人述　本山书记德泽书

大明弘治二年岁次己酉八月中秋吉日立　金台龚鉴镌

碑刻说明

明刻。在圣水峪西北凤凰山北华严遗址。

碑文考释

周寿、周彧，周能之子。周能，字廷举，顺天府昌平州（今北京市昌平区）人。其女为明英宗妃子，生宪宗，是为孝肃皇太后。英宗复辟，授周能为锦衣卫千户。

周能卒，长子周寿继承父亲职位。宪宗登基，升寿为左府都督同知。成化三年（1467）封庆云侯，赠能为庆云侯。周彧，太后之二弟。成化时官至左府都督同知。成化二十一年（1485）封长宁伯，子孙世袭。

"圣母皇太后"，为英宗周贵妃，宪宗生母，昌平人。父周能追赠为宁国公，弟周寿封为庆云侯，周彧封为长宁伯。宪宗即位，周贵妃尊封为皇太后。

凤凰山华严寺落成后，"遐迩远近，四海禅流，云聚山堂。开阐正宗，齐学般若。朝夕慕道，端究一乘"。远近僧缁，云奔影从，前来华严寺参究禅理。孝宗皇帝将破庵召至朝中，参与皇太后修设的荐祖水陆大斋胜会，与皇太后相见，被皇太后赐为表亲，可谓无尚恩荣。北京内外的人士听说，争相谒访凤凰山。居士张福进，家住北京正阳关街西，自景泰六年（1455）开始，在京城内及西山戒坛寺、五台寺观庵所共76处施烛。弘治元年（1488），张福进到凤凰山，为华严寺施烛300斤。

被皇太后认为表亲后，破庵成为宪宗皇帝表舅，与皇太后的两个胞弟周寿、周彧称兄道弟，可谓身世显赫。张福进拜山施烛，周寿、周彧亲预护持，两兄弟的名字被镌在碑首。

○五七　重修白云山华严寺记碑

直隶保定府崇庆寺净居清隐一廉道人性庸撰
直隶保定府满城县贤台社西庄村显庆寺住持悟澄书

京畿西南皆山也，西抵秦晋，南控赵梁，绵亘起伏，千有余里，稽古为幽燕之地。自我太宗文皇帝建都于兹，盛兴佛教，广度僧徒。故此山之间，梵刹禅宫，星罗棋布。据顺天府涿州房山县之西南一舍许有白云山，其山之麓原有古刹道场，久经废弛。成化间，僧讳宗果，号曰香林，乃保定世胄强氏之裔也。时寻幽而至此，因睹至正元年石刻，题名南华严寺，遂结茅于故基之上。香林克业励志，昼夜精勤，熏以戒香，澄以定水，仅十寒暑，了悟心田。由是道风远播，檀信云臻。弘治改元，乃有大宁都司保定前卫后所总旗胡普俊，闻访香林道人，入山一见，道缘相契，如故旧然。普俊观其山明木秀，地僻林深，诚乃藏修之士之住处也，俊辄启诚，聿兴修造。而俊家于直隶保定府满城县贤台社南韩村，有数十余楹之房舍，二十余顷园田，粟麦盈于仓，马骡挚于厩。俊自言曰：昔者庞居士轻财重道，名振古今。彼何人也，吾何人也？还家与室杜氏、长子才、仲子成、长孙全商议。间而，夫妇父子协志同心，更无龃龉。遂捐白金三百余两，祗就于家，涓吉命工抡材木之良者、陶瓴甓之坚者，亦不惮远，以车运载于山，构架佛殿三间，妆塑释迦世尊、文殊普贤菩萨、迦叶阿难尊者。将及二载，轮奂一新，金碧交辉，炫耀人目。于是，香林感俊舍财建寺之功，征余言以旌其善。余曰：出尘之士，精持律行，深悟禅那，道心坚固者也；在家之人，不吝囊资，能行檀度，信心诚笃者也。香林道人与普俊居士，道坚信笃，成此胜缘。福慧二严，俱有分矣。抑使后世缁白之流，登是山，读是文，效而行之，有所矜或者焉。姑书以记，永垂不朽云。

大明弘治五年岁壬子夏五月端阳重开山住持宗果立石

碑刻说明

明刻。在圣水峪西北白云山南华严遗址。

碑文考释

白云山，在上方山以西，凤凰山以南，山麓原有古刹道场，久经废弛。成化年间，僧人宗果，号曰香林，保定世胄强氏之裔。寻幽至此，见到元顺帝至正元年（1341）石刻，题名"南华严寺"，宗果结茅于故基之上。"仅十寒暑，了悟心田，由是道风远播，檀信云臻。"宗果在南华严自结茅庵，一住就是十年。"由是道风远播，檀信云臻。"弘治元年（1488），大宁都司、保定前卫后所总旗胡普俊，闻名而来，到白云山谒访，与宗果一见如故，决意为果宗施财建寺。按，宗果应在成化十四年（1478）到白云山南华严废刹，至弘治元年（1488）整整10年时间。

胡普俊家住直隶保定府满城县贤台社南韩村（今河北省保定市满城区南韩村镇南韩村），房产数十间，良田20余顷，粟麦盈仓，马骡孳厩，是个乡绅富豪。自白云山回家，胡普俊与妻杜氏、长子胡才、次子胡成、长孙胡全商议，施银300余两，雇来工匠，选购良材、烧好砖瓦，长驱200余里，用车运到白云山南华严道场，起建佛殿3间，殿内塑绘释迦佛祖，文殊、普贤菩萨，迦叶、阿难尊者。不足两年竣工。开工时间，应该在弘治元年（1488），竣工时间应在弘治二年（1489）。弘治五年（1492）五月端阳，重开山住持宗果立碑记事。

从时间上看，宗果至白云山时间比破庵到凤凰山时间晚13年，南华严重建时间比北华严重建时间晚 23 年，落成时间晚 15 年。

重开山宗果、功德主胡普俊，与宗果同为保定人。撰文人和书碑人便请来保定城县内和满城县的两个僧人：撰文人性庸，号一廉，住锡保定府崇庆寺。崇庆寺，在保定北关，元至正年间（1341—1367）建。书碑人悟澄，为保定府满城县贤台社西庄村显庆寺住持。西庄村，今属河北省保定市满城区贤台乡。

德功主胡普俊不仅是个乡绅富豪，且有官职在身，他是大宁都司保定前卫后所总旗。

大宁都司，洪武二十年（1387）设，北方重要军政机构，驻扎在大宁卫，管辖范围包括如今的河北省长城以北，内蒙古西拉木伦河以南、查干诺尔等。第二年改名北平行都司，再往西，明朝的辖地则囊括了阴山山脉还有贺兰山一带。永乐元年（1403），改北平行都司为大宁都司，徙治保定。

《明史·志第六十六·兵二卫所·班军·大宁都司》："保定左卫、保定右卫、保定中卫、保定前卫、保定后卫，俱永乐元年设。"

《明史·志第六十六·兵二卫所·班军》："天下既定，度要害地，系一郡者设所，连郡者设卫，大率五千六百人为卫，千一百二十人为千户所，百十有二人为百户所，所设总旗二，小旗十，大小联比以成军。"那么，5 个千户所为一卫，10 个百户所为一个千户所。明代军队编制 50 人为一总旗，正七品。10 人为一小旗，从七品。

胡普俊任职保定前卫后所，官职总旗，手下士兵 50 人，与现在军队的一个排长相当。正七品官，相当于当时的一个知县。

碑阴

本寺住持宗果，首座月江，关主彻空，耆旧本空。

徒承宣、承恩、承明、承宁、承印、承满、承宽、承义、承富、承奉、承文、承德、承献、承行、承安、承圆。

房山县僧会司僧会真清，满城县东庄崇兴寺住持洞山、洞海，祖家易州寺脚底村。保定大宁都司都指挥张溥、尹铠、谭宝，保定前卫后所千户崔钊、王鉴、崔鉴、思珽、杨玉。北华严寺住持师破庵、见住持碧潭，天开寺住持悟极、悟俊，上房寺住持觉深，斗泉庵本明。

功德主胡普俊，室杜氏；男胡才，李氏；胡成，易氏、刘氏、刘氏；孙胡全，李氏；胡能，王氏；胡堂，柴氏；胡智，田氏；胡盛，胡恩，胡通，胡达，胡宣，胡成，胡恕，胡二，韩清，韩聪、胡氏。千户柴琦、吴斌，镇抚吴英、李和，李恕、王端。东庄村省祭官刘琏，范逊、范文通、郭从信。许城村王安，严盛。

河间府舍人周谨□□□□□，西梁杜春、杜广□□□□□，六家庄强清王氏、强义、强□，公村胡明、胡玉、胡真、胡甫旺、胡轨、王锐、王铎、王鉴、强信。

满城县南宋村王良李氏、王钦，次韩村王庆、王思恭、王思温、王振、郭玉、王思明、王思义，西氏村孙礼、孙允、孙恕、孙□。

新城县中王社周智、周聪、周锐，高碑店木匠赵央孙氏、刘福。

涿州庄头王妙明，男刘温、刘达；高村郭妙才，男刘通、刘景旺；张安、张宣、赵喜、张玉、丁惠、刘英、赵亮、刘景、薛成、薛顺、苑钊、张祥、刘钦、王通、柴友、杜海、长存、赵名、赵友、名□、梅亮、贾宽、赵祥、张聪、道来。

茂山卫百户刘普政，室孙妙升。

涞水县吴泉义、孟祥、王胜、翟祥。

石匠品英。

碑文考释

碑阴先镌宗果以下住寺僧人的法号：本寺住持宗果、首座月江、关主彻空、耆旧本空，徒承宣、承恩、承明、承宁、承印、承满、承宽、承义、承富、承奉、承文、承德、承献、承行、承安、承圆。到弘治五年（1492）年，白云山南华严住僧达20人。

以下为助缘功德主名号：

房山县僧会司僧会真清，满城县东庄村崇兴寺住持洞山、洞海。东庄村与西庄村相邻，同为满城县贤台社，崇兴寺住持洞山、洞海助缘，显然是因为书碑者显庆寺住持悟澄的关系。

作为胡普俊所在的保定大宁都司的军事主官都指挥张溥、尹铠、谭宝，及直接上级保定前卫后所千户崔钊、王鉴、崔鉴、思琏、杨玉，均参与施助。施助者茂山卫百户刘普政，应该是胡普俊的军中好友。

白云山南华严寺相邻寺院助缘者有：北华严寺住持师破庵、现住持碧潭，天开寺住持悟极、悟俊，上方寺住持觉深，斗泉庵本明。

满城功德主胡普俊全家：胡普俊，妻杜氏；男胡才，李氏，胡成、易氏、刘氏、刘氏；孙胡全，李氏；胡能，王氏；胡堂，柴氏；胡智，田氏；胡盛，胡恩，胡通，胡达，胡宣，胡成，胡恕，胡二，韩清，韩聪、胡氏。千户柴琦、吴斌，镇抚吴英、李和，李恕、王端。与胡普俊同社的东庄村省祭官刘琏，范逊、范文通、郭从信。邻村许城村（今满城区要庄乡大许城村）王安、严盛。

河间府（治今河北省河间市）舍人周谨等，西梁村（今河北省沧州市河间市沙河桥镇西梁各庄村）杜春、杜广等，六家庄（无考）强清、王氏、强义、强□，公村（今沧州市河间市留古寺镇四公村）胡明、胡玉、胡真、胡甫旺、胡轨、王铣、王铎、王鉴、强信。河间府有强姓施助。宗果，乃保定世胄强氏之裔，故宗果当为保定河间府人，六家庄似其故里。故其故里族人及河间府诸村乡人均为其建寺解囊相助。

施助者还有满城县南宋村（今河北省保定市满城区要庄乡南宋村）、次韩村（今河北省保定市满城区贤台乡大次韩村）、西氏村（无考），新城县县城（今河北高碑店市新城镇）、高碑店，涿州庄头（今河北省保定市涿州市松林店镇西庄头村）、高村（今河北省保定市涿州市豆各庄镇高村），涞水县。

从施助者看，胡普俊首义，捐银300两建3间正殿，后续应由众善施助，南华严遂成规模，全寺住持僧20人，南华严应配殿禅堂俱全。寺院落成，宗果拜访直隶保定府崇庆寺性庸，请他撰文记事。宗果与性庸应是教中同道，应素有交谊。

〇五八　重修太湖山华严寺佛殿僧房碑

御马监太监张其，重修太湖山华严寺佛殿僧房，置买山场，立其四至：东至念佛石，南至清风岭，西至佛髻峰，北至主山，四至分明。其香光寺自太湖山华严寺流出，原一脉也。刻石于此，以为永远云尔。

明万历戊申春吉日信官张其　孔良才　敕赐香光寺住持真奉同立

碑刻说明

明刻。在上方山西南太湖村的西山半腰华严寺遗址后山崖上，为摩崖碑刻。高130厘米，宽70厘米。碑文正书，双沟阴刻。碑无题，题为添加。

碑文考释

万历戊申，万历三十六年（1608）。此碑记载：御马监太监张其施钱置买山场，立其四至：东至念佛石，南至清风岭，西至佛髻峰，北至主山的一段山场。在太湖华严寺遗址上重修太湖山华严寺佛殿僧房。此碑立于万历三十六年（1608）春，从立碑的时间看，其置买山场，重修太湖华严寺，应在万历三十五年（1607）。

明永乐间，明开国功臣高僧姚广孝曾在此隐居。明万历三十四年（1606）《顺天府涿州房山县韩吉村香光寺重修缘起碑记》："广孝姚公，国初功臣，爵至少师，辞归山林，隐于太湖之华严寺，朝廷恩赐香光园苑为其别业，久为荒废。万历戊戌，御马监太监张公其奉命重修。"万历戊戌，明神宗万历二十六年（1598）。

太湖华严寺，与白云山南华严、凤凰山北华严隔峪相峙。从明初永乐间姚广孝在此隐居看，应该亦为元代华严旧刹。元代这一代华严宗繁荣，除南、北华严寺、太湖华严寺，在凤凰山阴的黄元寺村，还有下华严寺。四华严寺在明代恢复最早的是太湖华严寺，由姚广续灯于明永乐。其次是下华严，明正统四年（1439）前，由司礼监中太监移善成、钱觉胜、李明锡、裴催、马可伦、王忠、秦贵等施助重修，第一代住持德深。此后的成化元年（1465），传临济正宗25世破庵幻住重修凤凰山北华严寺，成化十年（1474）年落成。

继凤凰山北华严之后，保定河间府僧人宗果于成化十四年（1478）到白云山南华严废刹结茅而居，弘治元年（1488）在保定满城人胡普俊的资助下重修南华严寺，弘治二年（1489）竣工。

此时，率先续灯的太湖华严寺，反因无僧居守，日久而毁。适逢万历二十六年（1598），御马监太监张其奉神宗命在韩吉村（今大韩继村）姚广孝废香光园重修香光寺。重修香光寺时，张其了解到，永乐年间，姚广孝曾隐居太湖华严寺，而后永乐帝将唐代故刹香光禅寺赐给姚广孝作别墅名香光园，姚广孝辞世后，此园久废。万历二十八年（1600）九月，香光寺竣工。

香光寺落成7年后，万历三十五年（1607），张其施资，同时得到孔良才的施助，买下太湖华严寺遗址的山场，重修太湖华严寺。因太湖华严寺与香光寺的渊源，所以《重修太湖山华严寺佛殿僧房碑》云："其香光寺自太湖山华严寺流出，原一脉也。"碑后立碑者署名有"敕赐香光寺住持真奉"。真奉，是香光寺落成后开山第一代住持。

○五九　重修太湖山华严寺碑记

盖闻道不缘不显，缘不时不契。缘未至，即以梁武之遇达麽，而徒使眅苇渡江，面壁嵩山。缘至，则诸译列于好山，金利出于阿欲，华严著于则天。岂非圣乾之教显晦固自有时。我御马监太监张其，法名明温。张公□□圣眷，有喻常务，始督兼办御膳，赐蟒玉、加禄、命骑，种种恩数，可谓至极矣。而天资善信，居买太湖山厂以为供养香火之地。如山之东则念佛石峙如左，山之西则佛髻峰耸如右，山之南则清风岭列如前，北则主山也。而山之中，则有古刹华严寺岿然独存山之下则有年，林幽峪巉，□伦颓毁。且山之外流，至香光、恩惠二寺，皆为一脉所出，寔□□胜地，选佛道场也。明温张公愿而乐之，发大誓愿曰："生生世世护持□□，□□□因，转佛法轮，一力重新修此，且至于三。噫！可谓精诚之极。有□必□，有感必应，有命必通，有愿必遂。夫银有烛，炉有香，□有蛛，蜃有□，□□流水，自无情而含，识一物之微，尚能敛天地之□□□□□□□□之□重祈向佛菩萨之精灵，福田利益，宁有兴□□□□也□也□□□而□□之。张公之功德于是乎不朽矣。因为之记而勒石。

礼部仪制司郎中金坛冯曾櫺熏沐谨撰

香光寺住持如海　恩惠寺住持方可

掌家孙进朝　监造官张扬　石进喜

明万历乙卯岁仲夏吉日立

碑刻说明

明刻。在上方山西南太湖村的西山半腰华严寺遗址后面的山崖上，在"重修太湖山华严寺佛殿僧房碑"之北，为摩崖碑刻，以线条勾勒碑的形状。通高176厘米，碑身高135厘米，宽105.5厘米。碑首高41厘米，宽114厘米。碑额高28.5厘米，宽30厘米。

碑文考释

万历乙卯，即万历四十三年（1615）。

自张其万历三十五年（1607）重修太湖华严寺，再隔8年，即万历四十三年（1615），第二次重修太湖华严寺，故碑文云："一力重新修此，且至于三。"

碑文载："且山之外流，至香光、恩惠二寺，皆为一脉所出。"恩惠寺，在琉璃河畔，今为琉璃河中学所在。明嘉靖十八年（1539）建良乡离宫。万历三十六年（1608）春，由张其重修，改恩惠寺。万历三十七年（1609）告竣。从时间上看，与姚广孝没有交集，只是与香光寺、太湖华严寺均为张其所重修。恩惠寺重修时间，在太湖华严寺首次重修翌年。

撰文者冯曾橙，字良选，金坛（今江苏省常州市金坛区）人。明万历三十二年（1604）甲辰科进士，授开封府推官，升礼部主事正六品，由礼部主事升户部员外郎从五品，升礼部仪制司郎中正五品。

香光寺住持如海，为香光寺二代住持，香光寺重开山第一代住持真奉弟子。

恩惠寺重修后，住持为方可和尚。

下中院

在孤山口村西，上中院村东，由中院寺而得名。中院寺东有为六聘山天开寺，中院寺西为上方山上方寺。中院寺居两寺之间，故称中院。唐代旧有中院寺，元代至元十年（1273），天开寺住持赵普应重修。元延祐四年（1317）魏必复《护持天开中院记》："又建中院寺于南沙河。"不言建中院寺于中院村，而言建中院寺于南沙河，说明直到元仁宗延祐四年（1317），中院村还不存在。故民国十七年（1928）《房山县志·卷三·古迹》载道："今之中院村，元以前实寺名也。"天开寺辽、金、元碑刻中，附近有乐深村（今岳各庄村）、五侯村、甘池村、元村（今沿村）、次乐村（今大次洛村），而无中院村，直到明成化二年（1466）《重修上方山兜率寺接引弥陀佛殿碑记》才出现下中院村。故中院村应为明永乐山西移民而形成。起初形成于中院寺所在地，后来在其西北形成聚落，也属中院村，便有上下之分。中院村西北的聚落因接近上方山，叫上中院，原中院村便叫下中院。康熙三年（1664）《房山县志》记录在册的4乡12里179村，有中院村，时称"上下中院"，说明两村在清初尚属一村。民国十七年（1928）《房山县志·卷二·乡村》载9区257村，上中院、下中院分别在册，说明在民国时期，已经由一村，变为两村。

本卷收录下中院村碑刻2件：元代2件，其中碑文3篇。

〇六〇　中院寺圣旨碑

皇帝圣旨：

军官每根底，军人人每根底，管城子的达鲁花赤每根底，来往使臣每根底，省谕的帝的和尚，也里可温，先生，每拣甚麽差休祝头，与这有来。如今有呵，依著在先休教著者的天开寺住的赵长老每根底，当著有把的里他每根底，使臣应休与者和休，著田地、水土、栗园、山林、水碾，不的每依者勾当休勾当者。他每不的那甚麽每的。虎儿年春二月二十日，榆河有时分写来。

皇帝圣旨里：

军官每根底，军人每根底，管州城达鲁花赤、官人每根底，来往的使臣每根底，省谕的圣旨，吉思皇帝圣旨里，皇帝圣旨里，和尚、也里可温、先生，拣麽甚麽差发休出者，告天祝寿，麽道如今依著在先圣旨，例拣麽甚麽差发休出者，告天祝寿者麽，大师天开寺里有的赵长老赵监□□和尚，每根底执把者行的圣旨，与众这的每寺院里房子里，使臣休安下者铺，马只应休要者，税粮休与者属，天开寺的碑文上写的栗园、水土、园材、水碾、拣麽什麽，休争者麽这的，又和尚兔儿年七月初三日，上都有的时分写来。

大元至元三十一年四月　住持嗣祖沙门普应立石　燕山李文秀刊

碑刻说明

元刻。原在韩村河镇中院村，现存云居寺北塔院东廊。碑高200厘米，宽82厘米，厚16厘米，方首圆角，首身一体。为天开中院寺仅存的元代碑刻。

碑文考释

碑镌元世祖忽必烈护持天开寺圣旨。天开寺，在六聘山下。据元碑记载，始建于东汉。至少在唐代形成六聘山天开寺本院、上方山兜率寺上院、中院寺中院。

后至元三年（1337）香山永安寺住持福珪《六聘山天开寺重建碑》："国门之西，两舍之地，山曰六聘，中有伽蓝曰天开，燕易间一巨刹也，自后汉迄有唐，经五代，历辽金，废兴难具载。"

天开寺历经唐、五代、辽、金的繁荣，金末毁于兵燹。至元十年（1273），赵普应应当地百姓和僧人的请求，住持天开寺。他用了8年时间重建寺院，又垦田、创碾、凿井、治圃，依次建栗园、观音、龙王、设济、中院、上方等寺。至至元二十六年（1289），功德圆满。赵普应的作为，受到元世祖忽必烈的嘉许，至元二十七年（1290）特赐圣旨护持天开寺，至元二十八年（1291）再赐圣旨护持。

此碑两道圣旨，第一道，便是至元二十七年（1290）忽必烈所降。

"虎儿年春二月二十日"，至元二十七年（1290）为庚寅年，中国农历为虎年，故称"虎儿年"，这道圣旨时间是至元二十七年（1290）二月二十日。

"兔儿年七月初三日"，至元二十八年（1291）为辛卯年，中国农历为兔年，故称"兔儿年"，至元二十八年（1291）七月初三日，忽必烈再降圣旨护持天开寺。

"榆河有时分写来。"榆河，今温榆河。第一道圣旨至元二十七年（1290）二月二十日从温榆河下达。

"上都有的时分写来"，第二道圣旨至元二十八年（1291）七月初三日颁自大元上都。

元上都，在内蒙古自治区锡林郭勒盟正蓝旗金莲川草原。始建于元宪宗六年（1256），它是元朝及蒙古文化的发祥地，忽必烈在此登基建立了元朝。

○六一　护持天开中院记

集贤侍讲学士中奉大夫魏必复撰并书
昭文馆大学士崇禄大夫集贤院使廉简碑额篆书

天开古名刹，在房山之麓，规制始于汉，历晋、隋迄五季，盛于辽，废于金季之兵。至元十年岁次癸酉，应公禅师始来住持，次建栗园寺，次建皇后台东西两寺，次建涿州设济寺，规模庄严，拟于天开。又建中院寺于南沙河，按据上游创水碾三以给众曾日馔费。至元二十七年，世祖皇帝闻而嘉之，特赐圣旨护持。应公既示寂，遗教弟子赵显仁住持。延祐三年二月，特授圣旨宗主大天开、上方、中院、设济等寺，前后纶命，显仁镌之琬琰。

延祐四年岁次丁巳秋九月　建

碑刻说明

元刻。在下中院村。已佚。

碑文考释

延祐三年（1316）二月，元仁宗爱育黎拔力八达特降圣旨命赵普应弟子赵显仁宗主大天开、上方、中院、设济等寺，赵显仁把仁宗圣旨镌于碑上，恳请魏必复撰文记述始末来由，故魏必复此护持天开寺中院寺碑记，自天开寺的历史，到应公住持天开寺重建诸寺，世祖圣旨护持，应公示寂，赵显仁奉旨传灯，一一道来，清晰明了。

"天开古名刹，在房山之麓，规制始于汉，历晋、隋迄五季，盛于辽，废于金季之兵。"一句道尽天开寺的沧桑经历。

至元二十八年（1291）魏必复《涿州房山县重修天开寺碑》侧重天开寺的重建，未涉及所属诸寺重建，两相参阅，可补《涿州房山县重修天开寺碑》记事之缺。

孤山口

在下中院村之东，天开寺之西北，明代以前为地名。元代脱脱《宋史·卷三百八·列传第六十七·李继宣》：宋雍熙三年（986），李继宣与契丹"战拒马上，追奔至孤山，契丹乃引去"。民国十七年《房山县志》："宋雍熙三年，李继宣战契丹于拒马上，追奔至孤山口，契丹乃引去。"两相参照，《宋史》上的孤山之地，即今孤山口。孤山口即由孤山得名。明永乐年间，自山西移民孤山口之地，这才有孤山口村。天开寺、上方山明以前碑刻，未见孤山口村。孤山口村，初见于明成化十年（1466）《重修凤凰山华严禅寺碑记》："孤山口许甫得、许四、许山。"孤山口村，介于天开寺和上方山之间，有明周吉祥塔。上方山东朝阳庵住持圆银和尚，于万历四年（1576）得到司礼监太监冯保的施助，在村中建普济寺。

本卷收录孤山口村碑刻2件：明代2件，其中收录碑文2篇、墓题1则。

〇六二　僧录左善世兼大慈仁并大觉住持周吉祥禅师传

翰林院侍讲承德郎经筵官兼修国史青齐武卫撰

赐进士及第嘉议大夫兼翰林院学士国志副主裁知制诰经筵官南阳焦芳书并篆

大师云端公，世为顺天之昌平文宁里人。姓周氏，讳吉祥，圣慈仁寿太皇太后之从弟，太保庆云侯寿、长宁伯彧之从兄也。父讳斌，母郭夫人。师生于正统六年二月二十三日丑时，髫发时即绝荤芳，简澹厚透，迥出物表，礼香山永安寺昙季芳者师之。昙卒，谒讲经淳质庵，一意恭究□得其秘，遂用充着圆明湛觉，不可言议。乃厌弃繁缛，隐处家山。天顺甲申，圣恩覃延，特授僧录司右觉义；成化丙戌，奉命兼住大慈仁寺；己丑升左觉义；丙申升左讲经；戊戌升右阐教兼住大觉寺，兼管番汉僧；辛丑升右善世；癸卯升左善世。宪庙恩泽稠叠，不但笃亲亲之，诚亦惟戒行之高，操履之纯，有是动人者耶。今上弘治戊申，命掌僧录司印。师以门资贵盛率求，所以阴翊王度者，罔不殚力为之，捐囊饭□流至六万余众，始登广菩坛，受具足戒，确志靡移，以坛无庇承大足以阐扬教嘱，遂弃衣资金帛平骑充林盖，传法宝坛。事闻，赐以金缯副之，逾年而就，法众咸仰焉。一日，忽思五台□□□□□□□之特蒙俞允，出内帑、金帛、宝幡异品以充其行，志境毕合，遂见金灯之祥。于时依阳白峪重修□□□□□□□焉，自是归来杜门不出，日诵法华、华严诸典，匠人不废。以壬子春三月二十八日忽构□徽□□□□□□□□□□而逝，据其寿终五十有二，而腊则几四十年矣。遂用是年夏五月十五日昇于天开□□□□□□□□□焉。□乎，自佛教盛于后世，而其徒蓄富后贵，享有玉石，出有舆从，率兴金紫，净卫立师者加□□□□六年矣□出以贵盛，不以骄泰，易其虚□，善蹈□行，奉□隆备不以爱吝□□□□□□□□□□□□

其□定究竟之律是庸峻，用祇园增盛，戚畹可尚矣，夫其徒僧录司右□□□□□□□□□□□□□□予乞铭，铭曰：浮图之道，以善为实。曰□省□，□□□□，□□□□。□□□□，不藉耘锄。靡次节秩，老以捧偈，悟惑声怵。有□□□，□□□□□，□□□□，□□□□，□□□□，□□□□。

大明弘治岁在己未季春月吉日　其徒僧录司右□□□□□

碑刻说明

明刻。在孤山口村东，周祥吉塔旁。

碑文考释

明弘治岁在己未季春月，即明弘治十二年（1499）三月。

周吉祥，顺天府昌平县文宁里人。明宪宗母周太后的堂弟，太保庆云侯周寿、长宁伯周彧的堂兄也。父讳斌，母郭夫人。生于正统六年（1441）二月二十三日丑时。正统、天顺年间周吉祥在香山永安寺出家为僧，"礼香山永安寺昙季芳者师之"，后"隐处家山"。周太后找到周吉祥，因其不愿为官，"厚赐遣还"。天顺八年（1464）任命周吉祥为僧录司右觉义，时年23岁。成化二年（1466）五月十五日，周太后出资建慈仁寺完工，并立碑记此事，周吉祥兼任大慈仁寺第一任住持，时年25岁。成化五年（1469）为僧录司左觉义，时年28岁。成化十二年（1476）为僧录司左讲经，时年35岁。成化十四年（1478）周太后以"追思曾祖妣之仁，又世居其山之麓"，出资重修大觉寺。九月初一，工程完工。周吉祥为僧录司右阐教兼住大觉寺，兼管番汉僧，时年37岁。成化十五年（1479）大觉寺买得顺天府宛平县、昌平县等处庄地共三十九顷四十七亩五分。成化十七年（1481）为僧录司右善世，时年40岁。成化十九年（1483）改僧录司左善世，时年42岁。弘治元年（1488）命掌僧录司印，时年47岁。弘治五年（1492）三月二十八日，周吉祥去世，终年51岁。弘治五年（1492）三月，周吉祥之徒、大觉寺住持性容建造的海淀周吉祥塔落成。弘治十二年（1499）三月，房山周吉祥塔落成。

周吉祥示寂后，建塔葬于孤山口，应该与其两位堂兄弟周寿、周彧有关。

二人与高僧破庵禅师关系密切。破庵禅师，传临济正宗25世，是明四川五大禅宗派系之一天成寺禅系开山祖师楚山绍琦弟子。成化元年（1465）到房山县凤凰山重修华严寺，受到周吉祥堂姊周太后的赏识，赐为表亲，因此与周寿、周彧称表兄弟。明弘治元年（1488），北京正阳关街西张福进，朝拜凤凰山华严寺，施烛三百斤。明弘治二年（1489）镌《重修施烛碑记》记其事，太保庆云侯周寿、长宁伯周彧赫然居于碑首。成化十年（1474）后，破庵禅师在孤口山西南数里外的龙潭，扩建龙王庙为"龙兴禅寺"，明弘治九年（1496）立《重修龙兴禅寺碑记》记事，太保庆云侯周寿、长宁伯周彧以大功德主，又赫然居于碑首。

孤山村依山带水，俗尘鲜至，西北仰中院、上方，西南望天开、龙兴二寺，实为一方风水宝地。周吉祥是周寿和周彧的堂兄弟，示寂后塔葬于此，与周寿和周彧不无关系。

〇六三　孤山银公和尚铭

示寂普济堂上开山第一代孤山银公和尚之铭

碑阴

普济开山墓志

孤山大师，俗姓李氏，父讳进寿，生于武清。少侍内庭银作局，管理公务之余，留心内典，颇于佛法相应。于是遍游南海诸名胜，历参知识，至少林，遇道公无言和尚，机缘契合，道公乃为披剃，更名圆银，乃临济嫡派也。居数时，归隐房山县之上方山，构朝阳庵，结静侣以尽礼诵。又念山路迢遥，行者维辛，乃募化十方，于上方山之东南十五里许，村名孤山口，创建普济禅寺，殿阁崔嵬，金碧晃曜，供佛饭僧，诚为福田之所。劳者得安，行者得息，便利往来，果称第一。因是，大师乃以地名号孤山者，以铭其志耳。当斯之时，四众依以提掣，一方赖以时睹。乃于万历庚申岁之正月十一日示寂焉，徒等追忆大师操履精严，法乳情至，依浮屠法，择吉卜地，瘗骨于寺之西北隅，仍以纪其时日于石，表方坟于岸端，以传不朽去耳。

峕明崇祯十七年甲申仲春谷旦　孝徒通昱　通祥等立

碑刻说明

明刻。在孤山口村普济寺西北。

碑文考释

孤山圆银禅师，俗姓李，名进寿，明顺天府武清（今天津市武清区）人，与天香修道禅师为同乡。早年供职于内庭银作局，公务之余留心佛典，广为游历，遍览南海诸名胜。在嵩山少林寺，他遇到了道公无言大师，受其披剃，法名圆银。几年以后，辞别少林寺，来上方山，在此山东峰构朝阳庵隐居。后来，得到太监冯保的捐助，在上方山东南15里孤山脚下的孤山口村创建普济禅寺。圆银禅师便以地名为号，自号"孤山"。万历四十八年（1620）正月十一日，圆银禅师示寂于普济本寺。其徒卜地寺之西北隅筑塔葬之。明崇祯十七年甲申年（1644）二月，孝徒通昱、通祥等立碑。自孤山圆银示寂，到立碑，历时24年，境遇之窘，可以想象。时值明亡国前夕，通昱、通祥不忘师恩，极力立碑，着实不易。

天开村

在孤山口村东南，皇后台村北，因村中有天开寺而得名。天开寺，与佛教圣地云居寺开启北京西南佛教文明。元碑载始建于东汉，唐以前叫护世寺，五代以后重建，改名天开寺。后至元三年（1337），香山永安寺住持福珪《六聘山天开寺重建碑》："云天开者，以寺前山谷天然开辟也。"

天开村和圣水峪、上下中院村、孤山口村一样，明代前无此村。明永乐山西移民，而成此村。在天开诸寺元代、元代以前的碑刻，无天开村出现，反而有甘池、乐深（今岳各庄）、五侯、次乐（今大次洛）等村。按当时的民风，本村修寺施助的首先是本村人，这说明，元代、元代以前天开村不存在。"天开村"首次出现在明成化二年（1466）《重修上方山兜率寺接引弥陀佛殿碑记》："天开村郑斌、陈妙善、郭昶。"

清康熙三年（1664）《房山县志》录载今韩村河镇18村，天开村在册："天开村，县西南二十五里。"民国初，房山县设五区，天开村属第二区。民国五年（1916）二月，改设九区，天开村属第六区。

本卷收录天开村碑刻11件，均为天开寺碑刻：辽代2件、元代3件、明代3件、清代2件、民国1件，其中碑文11篇、碑阴题3则、碑侧题1则。

○六四　造舍利灵塔记

　　大辽燕京良乡县金山乡乐深村西约一里，地有古严陵洞，北约五十步，有旧塔破摧遗址处。乾统九年二月二十一日，严陵洞僧法云等因去坟际，到黄昏时，从西北上有云气雷声风雨雪，法云等为见此灵异，虑有圣事，迤逦出壖，不多时间出着一石匣，其石匣内开觑见有一银匣，内有绿瓶见一个。缘石匣上镌着文字，该说者良乡护世寺僧法询、法艺等建办此塔，至大唐贞观十三年三月十三日，其僧法询春秋七十有五迁化，遗嘱下门资，令纠僧尼四众等同办。至龙朔三年三月二十八日，九级塔成就，内有舍利一十五粒。其塔西南约五步有石碑，该说去唐开元七年七月内重修浮图。来至大辽乾统九年二月二十三日，僧法云并本村首领刘诠等同共申县司，当时知县郭北部便来洞内顶戴烧香毕，开觑舍利一十五料粒存在，获时转申留衙，蒙留守出台，二日，却令北部亲自送舍利一十五粒赴朝廷去讫。自后，不过十日内，有当村孙文质、杨诠并洞家僧，却于塔遗址处，因壖土获得应化舍利一粒。自后于所盛着舍利水晶瓶内，即渐增胤颗粒，约一月内却至一十三粒，每夜人来随喜，或现直光、灯光、金塔形像者，多递相归仰。其洞家及当村人刘诠、葛颜等为见如此，欲再达灵塔，共请到五侯村刘孝贞为都维那，崔文千、周义远、周义深、谢俊、次吕村刘谓、张恒、周济，及请到侧近左右远近村坊并四众共办此塔，其当村办石匣、底坐莲花腰子三事等。

　　岳清、岳思、岳诠、岳孝、岳可行、岳津、岳元、岳相、岳运、岳祥、岳可儒、梁庆、梁师鉴、孙进、岳文获、岳可崇。

　　维大辽乾统九年岁次己丑十月甲辰朔七日庚戌日造

　　梁辛、刘兴仁，独树村张福慧造石匣底坐；岳文仙、梁庆、岳文诠、岳文才办底坐、莲花腰子，四人共办；王可志、吕仲贵、张杨清、张杨准、张世安、张世永、李亮、吕公庆、岳师言、岳师尹、岳刘王、相姐、岳高六、相姐。

碑刻说明

辽刻。镌于天开塔地宫小石塔塔基。无题，题为添加。

天开塔，坐落在房山区韩村河镇天开村东南黑龙潭东岸，始建于唐，辽代重建，历年久远，塔身倾圮。1990年6月3日，北京市文物研究所与房山区文物管理所进行了考古发掘。

地宫距地表约0.6米。券门南向，高1.3米，宽0.8米。地宫呈八角形，高2.55米，通宽1.04米。檐部饰以砖斗拱。穹隆顶满布花草壁画。中央位置竖立高1.9米砖石结构的小塔一座。塔座两层，均为八角形。下为单层方砖，磨制成弧线形；上为白玉石的须弥座。石函内套方形铜函，再内套方形金函，最里层的函是塔状的水晶瓶，内装有舍利5颗。石函往上均是砖构件组成，自下而上顺序为：方须弥座、龛门、单层方檐、双层方莲瓣檐、九重相轮、莲瓣顶、宝珠刹。小塔前摆放做工极精致的木质椅子和条桌。桌上陈设着高足碗、银钵、铜盆等供具。经过发掘整理，此次出土文物有：木器，有椅子、桌子、檀香木佛各一件；铜器，有函、香薰、盆、净水瓶各一件，铜镜四、铜饰件四、铜币若干；银器，有钵、勺各一件，银筷一双；余者有金函一、水晶瓶一、瓷碗二、舍利五，共计近30件。上述器物无疑都是珍品，但真正价值高的莫过于完整无缺的辽代木桌椅，这是现存的北京地区最早的木器家具。特别是木桌，出土之前世上不见实物，其制作形制只见于辽金时期墓葬的壁画上。

碑文考释

"大辽燕京良乡县金山乡乐深村西约一里地有古严陵洞"，辽代天开寺一带属燕京良乡县金山乡乐深村地。乐深村，今岳各庄村。金山乡，因良乡西境金山岭而得名。金山岭，在今周口店镇黄院村。

金山乡由来已久。唐长安二年（702）《大周故处士张君举墓志铭》："窆于固节县西北廿里金山乡之平原，礼也。"固节县，原良乡县，唐武周时期名"固节"。由此可见，"良乡县金山乡"迄于1300多年前的盛唐，此后在五代、辽、金亦因之，直到金大定二十九年（1189）。

严陵洞，又称了陵洞，即今观音洞，在龙潭东侧崖壁上。旧传东汉严子陵在此隐居，而有此名。

严子陵，严光，又名遵，字子陵。生于西汉元帝永光五年（前39），会稽余姚（今浙江省余姚市）人。东汉著名隐士。严光少有高名，与东汉光武帝刘秀同学，亦为好友。其后他积极帮助刘秀起兵。事成后归隐著述，设馆授徒。刘秀即位后，多次延聘严光，他隐姓埋名，退居富春山。建武十七年（41）卒于家，享年八十岁，葬于富春山。严光生活在浙江，一生与房山无交集，故无隐居严陵洞之实，严子陵隐居之说，为野说俗传，不足为据。

辽金碑刻多提到乐深村，此云"深村西约一里，地有古严陵洞"，那么，此洞东一里处便是乐深村，此地今为岳各庄村。这样看来，在辽金时期，岳各庄名叫乐深村。

严陵洞"北约五十步，有旧塔破摧遗址处"，辽天祚帝乾统九年（1109）二月二十一日，严陵洞僧人法云等来到残塔遗址，正值傍晚，西北方向忽然雷声大作，乌云滚滚，雨雪交加，法云等惊诧不已，怕是有大事发生。众人掘开塔基，不多时出土一具石匣，打开石匣，内有一具银匣，银匣内有一个绿瓶。石匣上镌有文字。原来此塔初建者为良乡护世寺僧人法询、法艺，二人有舍利15粒，在唐贞观便开始建塔，到贞观十三年（639），塔未落成，法询离世，终年75岁。辞世前，法询遗咐门下弟子与僧众信徒合力建成此塔。龙朔三年（663），法询辞世已24年，舍利塔终于落成。此塔形制，铭文无过多记述，只说"建浮图九级"。依据早期唐塔风格，此应与西安大雁塔相似，为四面九级楼阁式砖塔。以一级3米计，加须弥座和塔刹，通高应在30米以上，足以想见当年的宏伟。

已知房山唐代砖塔有两座。一座是北郑塔，《房山县志·卷三·古迹·北郑塔》："县西南四十里北郑村西，高六丈四尺，围如之，创于高宗麟德二年，系郑服因父母疾瘥造以还愿者。"麟德二年，即公元665年。另一座，就是这座良乡护世寺塔。此塔比北郑塔早2年落成。

《造舍利灵塔记》对研究天开寺历史非常重要，因其不仅披露了天开塔的初建时间和经过，更为珍贵的是，通过创塔者法询的生平，可觇见天开寺早期重要史迹。法询逝世于贞观十三年（639），寿75岁，那么他当出生于北周武帝保定四年（564）。其为良乡护世寺僧，以十几岁出家计，法询应在北周末入护世寺出家，其在护世寺经历了隋朝由兴而亡的全过程，其间正值佛法由北周武帝灭佛后，在隋代复兴，法询正值壮年，在护世寺迎来了佛教兴旺的盛世。隋恭帝义宁二年（618），李唐代隋，法询54岁。经武德到贞观，以贞观三年（629）玄奘西行取经为标志，佛教迎来了又一个高峰。法询正是在这一背景下，与同门法艺持15粒舍利，建塔奉之。经历几十年的周折，师徒两代相继，此塔终于在龙朔三年（663）落成。

法询所创之塔即是天开塔的前身，那么天开寺原本应该叫护世寺。从法询的生平看，护世寺在北朝、隋唐时期，该是一座兴盛的寺院。

值得一提的是，离护世寺西南不远处的白带山云居寺，有一位高僧与法询同一年化去，这个人，就是云居寺刻经创始人静琬，静琬大师亦于贞观十三年（639）辞世。法询当与静琬年龄相仿，经历相近。在护世寺的法询，见证了静琬在白带山发起的刻经盛事，亦见证了隋大业十二年（616），雷音洞奉安释迦牟尼佛舍利的盛事，及贞观五年（631）云居寺创建盛事。护世寺与云居寺相距咫尺，这一古老的寺院，自东汉兴建，历经两晋北朝，在隋唐之际，与云居寺共同营造了北京西南佛教的辉煌。这段历史，一直鲜为人知，若非天开地宫舍利石塔铭文的出现，或许永远淹没在千年的尘封中。

当年塔西南约五步有石碑，该碑上记载唐开元七年（719）七月，曾重修此塔。

法云等乾统九年（1109）二月二十一日从唐建护世寺残塔中发掘出舍利石匣。二月二十三日，法云偕同本村（乐深村）首领并刘铨等前往良乡县城，将此事上报良乡知县郭北部，郭北部随即前来严陵洞，身着官服顶戴，烧香礼拜，开启绿瓶，瓶内果然有舍利15粒。

郭北部验明实情，"转申留衙，蒙留守出台"。考其意，郭北部是将此事上报南京留守衙门，南京留守闻报，亦欣然前来瞻拜。考《辽史》，此时的南京留守为耶律和鲁斡。耶律和鲁斡，辽兴宗耶律宗真第二子，辽道宗耶律洪基同母弟，母仁懿皇后萧挞里。《辽史》没有记载耶律和鲁斡何年始任南京留守，有关记载显示，其在天祚帝乾统六年（1106）至乾统十年（1110）期间，为南京留守，乾统十年（1110）闰七月，耶律和鲁斡在南京留守任上去逝，他的职务，被其子耶律淳袭任。

《辽史·卷二十七·本纪第二十七·天祚皇帝一》："乾统六年冬十月庚辰，以皇太叔、南京留守和鲁斡兼惕隐。……十年春秋闰七月壬戌，皇太叔和鲁斡薨。"

《辽史·卷三十·本纪第三十·天祚皇帝四》："耶律淳者，世号为北辽。淳小字涅里，兴宗第四孙，南京留守宋魏王和鲁斡之子。……其父和鲁斡薨，即以淳袭父守南京。"

《辽史》记载表明，天开村东南龙潭边的废塔出土佛舍利的乾统九年（1109），耶律和鲁斡正在南京留守任上。那么，闻报后亲来此地的，正是辽道宗朝宋魏王耶律和鲁斡。

这件事到此并未结束。就在南京留守宋魏王耶律和鲁斡返南京两天以后，耶律和鲁斡命良乡知县郭北部亲自带着15粒舍利前往辽上京临潢府，入朝献给了天祚皇帝延禧，护世寺塔舍利就此成为大辽朝中宝物，日后辽亡，佛舍利下落不明。

在郭北部动身的第十天，龙潭边的残塔又发生了奇怪的事。乐深村的孙文质、杨诠和严陵洞僧人再次前往残塔遗址，在土中无意间获得应化舍利一粒。几个人把舍利放到水晶瓶里，不可思议的事情发生了，几天过后，瓶中的舍利多了几粒，一月内，增到13粒。每天夜里都有人前来观瞻，竟然有人声称在水晶瓶内看到金光灿灿的金塔。此事传出，前来观瞻的人更多。严陵洞住僧和乐深村刘诠、葛颜提议在残塔遗址上重建舍利灵塔，共同推举五侯村刘孝贞为都维那，五侯村人崔文千、周义远、周义深、谢俊，次吕村刘谓、张恒、周济共襄建塔盛事，又广募远近村坊。

参与捐资建塔的共有五侯村、乐深村、元村、甘池、北金合、瓦井村、次乐村、曹张村、西董村、七贤村、南金阁、北金阁、支庐村、独树村14村近百人。

大辽乾统九年（1109）十月七日，用以奉安舍利的石塔造成，装藏于刚刚起建的碑塔地宫。该塔高约1.9米，呈八角形，每面均有铭刻。须弥座上为石函，函上亦有铭刻，石函内贮有一银函，函内有一水晶玻璃瓶，内贮佛舍利13粒。再上为塔身、塔刹。同时装藏还有一张木桌，放在小舍利塔前。木供桌上安放精制石佛、寸许小木佛像、铜香熏各一。在地宫中还装藏了白釉碗、白釉赭花高足碗、银钵、银筷、银勺、铜镜、铜盆、铜净水瓶、莲瓣饰件、小银火球净瓶等 20 余件。此后 880 年整，此塔地宫重现于世，此是后话。

〇六五　严灵洞再建塔舍利匣序

於戏，圣人示人世也，神仪有轨。权化无偶，莫限含灵，岂虚愿力，利缘正契，像何不在？镜中感器，来从月还，非离水内。当释迦拘尸唱灭，传教藏于尘方；鹤树收光，遗身骨于沙界。群生备济，孰可称乎？元斯舍利一十五粒，罔云是谁化体，外石匣记但言香林尼寺塔缘成办，询、艺二僧匣果辞世，门人继业，至龙朔三年，建浮图九级。开元七年，犹曾修补。尔后，时深岁远，旷野唯痕，每阴夜光，误为鬼火。遇我大辽善俗乐深村刘诠等，于乾统九年二月二十一日，疑掘方扣，欻然降黑风皑雪，掣电震雷，内银匣中庆获瞻礼，续放异光，现无定处，由是归心者云奔雨聚，念佛者地吼天鸣。闻留守，令良乡县知县进讫吾皇。复往葬所，殊获一颗，其数日内增得十三粒，莫测是由。五侯村重佛乘、抱通义应运刘孝贞，邑举为都维那，胜缘大向班工加妙塔，度如昔，请余序，因直书其事。

岁次十年九月八日辛时藏记　韩孝成刻

书撰僧慧冲　共办讲经沙门融辉　义通　法云

再建塔邑人名记

五侯村周议达、周议深、周克谨、谢净、谢俊、周俊、王恒俊、崔千、崔仁被，乐深村杨诠、孙文质、刘铢、刘公裕、刘昭庆、刘昭吉、葛颜、岳仙、岳诠、宋清、张公亮、张清、吕仲贵、董辩、吕公庆，元村刘谓、张约、张仪，甘池张思孝、杨涓、张公翰，北金阁王知儒、周子言、周清、郑常，瓦井村周秀、贺秀、刘师鉴，次乐村王永、王嗣融，曹章村梁楫，西董村阎简，七贤村成为贡、王诠，南金阁王栋、丁仲颜、王颜，支卢村张十公。

打砖　王忠言

碑刻说明

辽刻。镌于天开塔地宫小石塔身四面。

碑文考释

《严灵洞再建塔舍利匣序》与《造舍利灵塔记》大致相同，《严灵洞再建塔舍利匣序》有所补充。据此文，法询辞世前，把造塔的任务，交给了香林尼。香林，即香林寺，据出土的辽舍利石函函盖铭文，该寺在五侯村，可知五侯村在唐早期就有一座佛刹，叫香林寺。此寺今已无存。

此文记载，法云等去护世寺残塔勘查的起因，是"每阴夜光，误为鬼火"，故乾统九年（1109）二月二十一日，一行人才去试掘塔基。除法云外，乐深村刘诠等也一同前往，这在《造舍利灵塔记》中未载。当众人打开银匣时，"续放异光，现无定处"，所谓"鬼火""异光"，就是舍利放光。

乾统十年（1110）九月八日辛时，众人在唐塔遗址上重建的青砖舍利塔竣工。从开工建设落成，历时一年时间。

建塔善众涉及五侯村、乐深村、元村、甘池、北金阁、瓦井村、次乐村、曹章村、西董村、七贤村、南金阁、支卢村、独树村，惟不见附近有天开、皇后台、龙门口、孤山口、中院、圣水峪诸村，说明辽时这些村尚未出现。

元村，今长沟镇沿村。

西董村，今韩村河镇西东村。因辽代有两个董村同属良乡县，县东境有董村，今闫村镇大董村，古西境董村称西董村。故知今韩村河镇西东村由"西董村"演化而来。

南金阁、北金阁，今无此二村名，也无类似村名。有待进一步考证。

支卢村，今石楼镇支楼村。可知900多年以前，支楼村本名支卢村。有人认为支楼村为明代陕西石楼县移民的一支，故叫支楼村，显然是一个望文生义的错误。

○六六　涿州房山县重修天开寺碑

敕赐通玄广照禅师大都大奉福禅寺住持传法沙门居实碑额篆书

从仕郎翰林国史院典簿籍官魏必复撰并正书

至元十年岁次癸酉，应公禅师应檀那比丘众之请，住持涿州房山县之天开寺。寺盛于前代，由唐以来，历兵燧始荒废，师伫锡慨然有兴坠起废意，于是剪荆棘，除瓦砾，不数年，归依有殿，香积有厨，粮糗有库，主有丈室，僧有寮舍，金碧辉煌，大为一方所瞻仰。又有栗园若干顷，为强悍怙势者所夺，前此主寺者弗治也。师诉之官，蒙给会焉。又垦田廿余顷，创水碾南张村，凿井治圃于寺之东南，以给僧朝夕之费。廿六年冬，住持大奉福寺实公上人以师用力之勤，状其本末征文于予，俾其徒勒之贞石，用识永久。以实上人乡曲耆德，义不得辞，按所具状如右为论次之。大雄氏之设教也，以虚无为宗，以真空为色，以广荡寥廓为归，性海其乡，法界其宇，戒之为堙，惠之为户。故有茹草木，游鹿豕，绝迹广漠，放浪形骸，而如来真境、菩萨道场与性自会，是即所谓正法也。至若大构祠宇，绘塑真像，金贝珠玉，种种庄严，内则错杂民居，处则蔓延山谷，大而都邑，小而戍镇，竞作佛事，以徼福利，是即所谓象教也。噫！佛之心佛之法，混沦空洞，普博渊深，触处圆通，随感随应，学佛者想慕天空莫可仿佛，欲朝夕瞻仰为大归依，则舍是象将奚适？盖正教者法之正也，象教者法之变也。正以崇教，变以广法。佛之心正而未始不为变，变而未始不为正也。师讳普应，姓赵氏，世居县之南张里，性刚毅静慧，盖平昔敬信正教而一力严恭象教者也。始出家事而依者曰瓦井阇黎才公，就而得法者曰开善禅师净公也。

大元至元廿八年辛卯月癸酉日癸酉时丙辰建　石局副使李文秀镌

碑刻说明

元刻。原在天开村。元世祖至元二十八年（1291）四月六日建。拓片，碑高223.5厘米，宽88厘米。台北"中央研究院"历史语言研究所收藏。此碑文在民国十七年（1928）《房山县志·卷七·艺文》有载，题为《重修天开寺碑》，署名：魏必复，元人。并无撰者书者、碑额篆书者的身份、职衔，也无立碑日期。本次著述《房山碑刻通志》，对已失重要碑刻深入挖掘，完整抢救出一批碑刻，其中就有这篇《涿州房山县重修天开寺碑》。

碑文考释

据元延祐四年（1317）魏必复《护持天开中院记》、（后）至元三年（1337）福珪《六聘山天开寺重建碑》，天开寺始建于东汉，辽乾统十年（1110）《造舍利灵塔记》通过法询的生平经过，披露了天开寺自北周以来存在的史实，更记载了天开寺唐以前的寺名叫"良乡护世寺"，改名天开寺，不早于五代。期待会有碑刻出土考证出更准确的年代。

魏必复《护持天开中院记》载道："天开古名刹，在房山之麓，规制始于汉，历晋、隋，迄五季，盛于辽，废于金季之兵。"天开寺历经辽金的繁荣，到金末毁于兵燹。于是才有元代复兴天开寺的壮举，应公就是有元再兴天开寺的一代高僧。魏必复《涿州房山县重修天开寺碑》对此记载甚详。

应公俗姓赵，名普应，世居房山县南张里人。南张里，即今韩村河镇东南章、西南章一带，元代称南张里，在天开村东南数里之遥。可见应公是本土僧人。他十四岁出家，在距天开寺东北数里处的瓦井村的瓦井庵依才公落发，后来拜开善禅师净公门下。至元十年（1273），应信众和僧人之请任天开寺住持，"慨然有兴坠起废之意"。"剪荆棘，除瓦砾"，破土兴工，历经几年的辛勤建设，天开寺在六聘山下得以恢复。重修以后的天开寺"归依有殿，香积有厨，粮糗有库，主有丈室，僧有寮舍，金碧辉煌，大为一方所瞻仰"。

"又垦田廿余顷，创水碾南章村，凿井治圃于寺之东南。"天开寺出现了寺业兴旺、生活富庶的局面。南章村，为应公俗里，在天开寺东南八里的挟括河下游，应公所建水碾有三，世代延延，直到20世纪50年代才废弃。

天开寺残局初整后，应公立即着手广建别院。魏必复《护持天开中院寺碑》："次建栗园寺，次建皇台东西两寺，次建涿州设济寺……又建中院寺于南沙河。"

栗园寺在天开寺之栗园，故称栗园寺。据魏必复《涿州房山县重修天开寺碑》："有栗园若干顷，为强悍怙劳者所夺，前此主寺者弗治也。师诉之官，蒙给会焉。"应公维护天开寺庙产，打赢官司，夺回栗园，在栗园建设佛寺。

天开寺栗园在哪里？应公在栗园建寺是创建还是修复？是叫栗园寺，还是另有其名？魏必复《涿州房山县重修天开寺碑》没有记载。因此栗园寺何在，及栗园寺之详情一度成迷。

2007年南水北调工程施工，在周口店镇新街村出土了一通碑刻，为忽必烈至元十八年（1281）《大都大延洪寺栗园碑》，即延洪庄之延洪寺栗园碑。碑文为上下两部分，上部是忽必烈护持寺院的圣旨，下部则记载延洪寺栗园元初被人强占，元朝接受投诉将栗园判归延洪寺。这和天开寺栗园案的情节颇为相似。

事情发生在金元之际。早在金代，延洪寺丕公治下栗园产业，元人占领金中都后，蒙古兵进犯到县境，寺内僧众四散。元太祖成吉思汗十五年（1220），坟山村崔荣祖、谢永安、王巧工、高子显、张得林、荣禄等，为迎合蒙古人，私下把栗园献给蒙古人"大哥相公"，后来"大哥相公"转送给道士元真人。适逢改朝换代，延洪寺只好忍气吞声。

事情过去60年，忽必烈至元十七年（1280）八月，当寺住持相如递状投告，延洪庄村民常进、崔进作证，称延洪寺栗园，今被元真人徒弟修真观提点王静全强占。此事惊动了世祖忽必烈，当即降旨，命脱里找原被告断理。

至元十八年（1281）二月二十四日，脱里偕同李道录、周道判，将强占栗园的王静全提拿到案。王静全慑于朝廷的威势，又自知理亏，低头认过，情愿将栗园退还原主，并当场交出栗园地契。脱里回奏，忽必烈降旨将栗园归还延洪寺。

碑文只字未提天开寺，看似与天开寺无关，岂料碑侧镌偈语四句："天开碑记天开寺，延洪谁道不延洪。须传圣朝无屈徇，千年常住各归宗。"

如何解释这四句偈语？如果不知道房山的佛教史，不知道天开寺的往事，未读过元魏必复的《涿州房山县重修天开寺碑》和《护持天开中院记》，读到"天开碑记天开寺"会一头雾水，不知所云，以至有关学者误认是"一首晓示因果报应的诗"。当从魏必复二碑中，了解天开寺栗园案，得知栗园为天开寺庙产，而栗园之寺属天开寺，收回栗园后，经应公重建。那么，这句偈语就不辨自明，它分明是告诉世人，栗园中的这座寺院在魏必复的《涿州房山县重修天开寺碑》《护持天开中院记》中载明，为天开寺属寺。

"延洪谁道不延洪"，则点明这座天开寺的栗园之寺，本名延洪寺。

"须传圣朝无屈徇，千年常住各归宗。"这两句是歌功颂德，赞誉忽必烈的英明，明辨是非枉直，断栗园重归寺主。

综合魏必复天开寺碑，与《大都大延洪寺栗园碑》，便可清晰了解栗园寺的原委：

天开寺栗园，在今新街村。《大都大延洪寺栗园碑》记载其四至："东至海神堂，南至浪疙疸、瓦井石河，西至芦子水东坡，北至榆岭山埚。"

其东界海神堂，应是云峰寺村南之云峰寺遗址一线。南界浪疙疸、瓦井石河，地在瓦井村南，此河有二源，一源来自黄山店诸山之水，一源为黄院金山寺及诸山之水，二源于娄子水村相汇南流，经瓦井村南东下。"西至芦子水东坡"，即今周口店西，经娄子水村东、房山五中西、瓦井村西之南北走向的坡岭。"北至榆岭山埚"，即今周口店西之鱼岭。此岭名由来已久，原名榆岭，后讹为鱼岭。由此可见，此栗园庙产相当广阔。

这片栗园由来已久，溯其始，应植于金代。金明昌五年（1194）苏敬安《灵峰寺碑》称大房山主峰茶楼顶"正南顾册里"，考其方位，天开寺栗园正在金顾册里所在。当年天开寺僧大德丕公在奉先县顾册里栽下这片栗园，赈济本寺，作常住产业，又建寺院以值守栗园，寺名延洪，后来依寺成村，名延洪庄。

金宣宗贞祐三年（1215）五月，蒙古大军攻破中都，中都西南的奉先县就此沦为蒙古人统治。天开寺和天开寺栗园之延洪寺，经兵燹而毁，僧人四散。延洪庄北坟山村崔荣祖、谢永安等人，为迎合蒙古人，私下把栗园献给蒙古人"大哥相公"，后来"大哥相公"转送给道士元真人。其间，经历了拖雷监国、乃马真称制、定宗、海迷失后称制、宪宗。

中统元年（1260），成吉思汗之孙忽必烈继承蒙古汗位。至元八年（1271），忽必烈改国号为元。至元九年（1272），定都燕京，名大都。由此，大都地区社会安定下来。元朝对宗教兼容并蓄，忽必烈定都大都后，大都的佛教得到了恢复和发展。在忽必烈定都大都的第二年，即至元十年（1273），应公在天开寺的废墟上任天开寺住持。

他首先在六聘山下的天开村重建天开本寺，又开垦田、创水碾、凿井治圃。天开寺恢复元气，应公开始打理所属诸寺及庙产。

他做的一件事是讨回金代丕公所植天开寺栗园，着手查清栗园遭夺始末，以僧相如为延洪寺住持，由相如出面诉讼。应公斡旋，赢得大都上层高僧、高官的支持。相如的讼状，经"有板的达八合失""亦里迷失相公"上奏给忽必烈，在忽必烈的直接干预下，强占栗园的修真观提点王静全，被迫将栗园归还天开寺，并交出栗园的四至图本。

应公讨回栗园，立即重建栗园上的属寺，仍依原名，叫大延洪寺。至此栗园事了。

天开本寺北倚六聘山，前面是一片开阔的田野，东面、南面有两道山岗如两条巨龙庞然而卧，聚首东南，挟括河水自西北而来，斜淌过寺前的沃野，在寺之东南形成渊潭，其深莫测，水旱不竭，世称龙潭。龙潭东西两岸各有一寺，均为天开寺属寺。东寺龙王庙，西寺观音院，龙王庙和观音院皆3间规制。金元之际，天开寺倾圮，东西二寺亦毁，应公继栗园延洪寺后，重建二寺。

东西二寺重建落成，应公又建"涿州设济寺"。魏必复《护持天开中院寺碑》称，设济寺"规模庄严，拟于天开"，可见设济寺是仿照天开寺规制修建的。

涿州设寺地址不详，或许会和栗园寺一样，待有碑刻意外出土，给世人揭开这一谜团。

应公最后建的是中院寺。据文物部门考证，中院寺历史亦早，至少唐代就有，历辽、金而毁。中院寺在中院村，该寺地处天开寺与上方山上方寺之间，故称中院。中院寺分上下两寺，上中院寺在上中院村，下中院寺在下中院村。《护持天开中院寺碑》称："建中院寺于南沙河。"南沙河即挟括河上游，在中院村南。由此可知，应公建中院寺时中院一带尚无村落，不然魏氏碑中为何不记村名而记以河名呢？这一推断在文献记载中可以得到印证。民国十七年（1928）《房山县志·古迹》载："今之中院，元以前实寺名也。"那么，上下中院村是因中院寺的出现才形成的，村名也是由中院寺而得。上中院寺址无考证，下中院寺在今中院村小学一带。

"廿六年冬，住持大奉福寺实公上人以师用力之勤，状其本末征文于予，俾其徒勒之贞石，用识永久。以实上人乡曲耆德，义不得辞，按所具状如右为论次之。"魏必复撰《涿州房山县重修天开寺碑》是受大奉福寺住持居实的委托，因两人是同乡，魏必复无以推托，故按照居实提供的事迹，撰写了碑文。

这是魏必复第一次为房山县撰写碑文，其官衔为"从仕郎翰林国史院典簿籍官"，这是一个从七品的下级官职。

第二次，元延祐二年（1315）撰《大都房山县新建大成至圣文宣王庙碑》，官职是"集贤直学士朝列大夫"，从四品。

第三次，于元延祐四年（1317）撰《护持天开中院记》，官职是"集贤侍讲学士中奉大夫"，从三品。

魏必复最终以集贤侍讲学士中奉大夫致仕，结束官场生涯。

奉福寺，在今北京白云观西南，《元一统志》称创于北魏孝文帝之世，"为院百有二十区，后罹兵烬"。唐贞观十年（636）乃于旧基重建。辽代此寺仍存，文殊殿前原有辽会同九年（946）经幢。《辽史·道宗纪四》载："大康十年（1084）正月丙午，复建南京奉福寺浮图。"辽末，奉福寺已成颓垣残壁，乾统中（1101—1110）僧法珍在此结茅而居。元至元年间，奉福寺住持居实很有地位影响，故被元世祖忽必烈赐"通玄广照"禅师的封号。或因居实的关系，应公在天开寺的作为，为大都元统治者所知，故于至元二十七年（1290）、至元二十八年（1291）忽必烈连下两道圣旨护持天开寺，这是忽必烈对应公的肯定、褒奖与支持。至元三十一年（1294）四月，应公将忽必烈圣旨刻在石碑上，立于中院寺。

元成宗大德五年（1301）初，应公示寂于天开本寺，门下弟子赵显仁奉遗命继主天开寺。大德五年（1301）二月，赵显仁在天开本寺与中院寺之间，建塔以奉应公灵骨。塔坐北朝南，系由青砖塔砌成的六角形五级檐式，通高12米，须弥座上砌三层莲花。柱形塔身正面开拱门，门楣上端嵌铭文"应公长老寿塔"。东南、西南两面又嵌铭各一方。正面设假门，其他面置假窗。假窗上部有挂落。塔身以上为五级密檐，各层檐下均有仿木结构的砖制斗拱。应公长老寿塔几经修复，尚存于天开村北的水库东侧。

〇六七　皇后台众耆创建石碣铭记

古燕王东庵撰并书

窃以混沌初分氤氲二气，清气为天，浊气为地。三皇治世，五帝阐宗，伏羲始书八卦，轩辕增置万物。乃孔宣圣千古文章之祖、万代帝王之师。古人是今人之范，今人习古人之作。山明水秀，东有舍利宝塔，东南有子陵之岩，南有炀帝皇妃古台之景，下有龙潭澄湛湛碧波。潭后有桧柏一株，万年不朽。树北众耆老等创盖龙王祠堂一所，塑圣容俱全，拠尊神灵验，爷意遥知。每岁选定仲春二月二日祭祀享赛，敬神如神之在，既显其灵，须显其现。天地有盖载之恩，日月有照临之德。不有龙神造化，安得苗稼浡兴？穹窿有覆育之恩，塝塼有贺载之德。今报天龙雨露之恩，酬贤圣扶持之德，更愿依时布雨，克日垂云。

今有乐深村银国宝，谨发恳诚心，舍施青凫二佰两，属买到庙后地一所，于众邑人等祭祀用度。其地东至人行小道，南至龙潭，西至河心，北至渠心。四至在内。人之作善，天必垂祥。若乃为非，神当降祸。缘此众社邑人等合立同心，建立石碣一座，愿祥云布于远汉，甘雨降于平田，虽龙天圣力如状，乃龙王神通如此，今者一犁已足，万物获安，敢忘贺圣之心？特启酬恩之念。邑众等开立于后。

时大元泰定二年仲春二月二日立

金玉府石匠胡信刊

石匠姚进

碑阴

大元大都路涿州房山县怀玉乡乐深五堡众耆老人等立石

施主银国宝、医工提领高社长、赵提领、张得伫、王琼、范春、董甫、刘清、张国用、张资成、董琢、张忠信、刘顺、杨永禄、张彦荣、董从政、王恕□、张得林、谢促仁、谢礼、褚从仁、葛源、高进恭、岳义、董资、杨成、蔡青、李杰、冯政、刘得、刘顺、随社从邑人等、张忠信、刘顺、董从政、董得、赵桂、张得宁、王仲祥、邢资成、宋显、刘清、金通古、张颜荣、王恕、刘荣、刘嗣源、陈世英、马世英、李润、张山、□伯义、王进□。

严陵洞住持大师李宗主　监寺海固施石

碑刻说明

元刻。在天开寺龙王庙。拓片碑通高98厘米，宽68厘米。碑额正书"众邑祭祀之碑"。

碑文考释

龙王庙内曾存金大安元年（1209）经幢，其创建时间不晚于金。

天开寺龙王庙，号青龙潭龙王庙，始建不晚于金代，距今800余年，至少比房山区佛子庄乡黑龙潭龙王庙早140余年，比大石窝镇黄龙潭龙王庙早600余年。

"大元大都路涿州房山县怀玉乡乐深五堡"，点明了元代此地的行政归属。天开寺所在自唐长安二年（702）（《大周故处士张君举墓志铭》）属良乡县金山乡。自唐五代、辽至金大定二十九年（1189），近五百年时间，一直属良乡县金山乡。

金大定二十九年（1189），划归万宁县，属万宁县白玉乡。明昌二年（1191），改万宁县为奉先县，属奉先县白玉乡。大安元年（1212），改奉先县白玉乡为怀玉乡，属奉先县怀玉乡。

碑文记载：泰定帝泰定二年（1325）乐深村银国宝，发恳诚心，施银200两，为龙王庙置办香火地一所，以供众社邑人祭祀用度。地在龙王庙后"东至人行小道，南至龙潭，西至河心，北至渠心"。众社邑人在庙中立碑一座记其事。

"每岁选定仲春二月二日祭祀享赛。"所谓享赛，是赛会的意思，一种民众会集的祭龙仪式，也就是今天的所说的庙会。这是有关房山二月二日庙会最早的记载，而立碑的泰定元年（1324）并非二月二庙会的首年，由此青龙潭龙王庙二月二庙会至少有近700年的历史。

元泰定帝泰定二年（1325），天开青龙潭龙王庙已经有二月二庙会的记载，而此后25年，在佛子庄乡的黑龙潭刚刚起建龙王庙。此后540年，清同治四年（1865）四月，黄龙潭龙王庙始建。

在三大龙潭中，青龙潭是最早的祀雨圣地，开北京西山二月二庙会之先河。

此地山明水秀，东有舍利宝塔，东南有子陵之岩，南有炀帝皇妃古台之景，下有龙潭澄湛湛碧波。潭后有桧柏一株，万年不朽，桧柏之北便是应公重建的龙王庙。

子陵之岩下有严陵洞，相传为严子陵垂钓隐居之所。其实严子陵的隐居地在浙江省桐庐县富春山而非房山县。古房山先贤，见有岩幽绝，有洞高古，有水深澈，便以子陵岩、严陵洞号之。意重子陵之节，足添一方文韵。

炀帝皇妃古台，即隋炀帝妃萧氏避暑之台，古称皇后台，皇后台村即由此得名。皇后台的名称初见于辽代。辽应历十五年（965）王正《重修范阳白带山云居寺碑》："寺主谦讽和尚为门徒之时，会仆自皇后台操觚之暇，被褐来游，论难数宵。"考《隋书·炀帝本纪》："大业七年四月庚午，帝至涿州临朔宫，八年正月辛巳，大军集于涿州，六月幸辽东。七月癸卯班师，九月庚辰至东都。"其间，萧妃随驾年余。唐临所著的《冥报记》记载："幽州沙门智苑精炼有学识。隋大业中，发心造石经藏之，以备法灭。既而于幽州北山，凿石为室，即磨四壁而以写经，又取方石别更磨写，藏储室内。每一室满，即以石塞门，用铁锢之。时隋炀帝幸涿郡，内史侍郎萧瑀，皇后之同母弟也，性笃信佛法，以其事白后。后施绢千匹及余财物以助成之，瑀亦施绢五百匹。朝野闻之，争共舍施，故苑得遂其功。"萧妃避暑或在此时。

○六八　重修龙王祠碑

乐深五堡众耆老人等重修龙王祠堂一所，各人设施钱助缘，衣名各开立。

办缘人维那张忠信、董从政。

张得伫施钞伍拾两，全管石炭岳让，赵璧贰拾伍两，高进成贰拾两，范世英贰拾两，张国用贰拾伍两，王琼贰拾两，陈希孟叁拾两，社长高进恭等七名合施钞壹拾两，冯政、褚从仁、王恕、褚从义、蔡青、马世英、刘顺等各名施钞伍拾两。褚从礼、周敬先、刘嗣源、杨琮、苏成、董伯祥、王义、王良、谢智、岳仁贵等，董彦荣等，张义、谢仲仁、陈杰、王信、刘得、苏用、郭直、郭、刘、张受安、贾显云、周仲礼、张仲仁、范博士、石匠杨二、天开寺常住杨宗主施钞肆拾两，上寺刘宗主贰拾两，中院寺佟宗主拾伍两，西台寺李提点叁拾两，塔位寺李监寺拾伍两，东寺刘提点拾伍两，天清观李提点一十两，次渠陈宗主拾两，次渠李顺甫拾伍两，石匠姚进，画匠张显祖，平家庄垩木匠杨国宝，砌阶基。

岁次己未年戊辰月丙寅日董温、张禄资、范益创碑，岁次丙申元贞二年癸巳月庚寅日社长岳珪、乔甫庆、刘渊、董珍、王琼、李得瑞、葛泽等重修。

时岁次甲戌元统二年己巳月壬午日 金玉府石匠胡信镌

碑刻说明

元刻。在天开寺龙王庙。拓片碑通高47厘米，宽63厘米。

碑文考释

岁次己未年，为元宪宗九年（1259）。

碑文记载乐深五堡张忠信、董从政、张得伫、岳让、赵璧、高进成、范世英、张国用、王琼、陈希孟、高进恭、冯政、褚从仁、王恕、褚从义、蔡青、马世英、刘顺、褚从礼、周敬先、刘嗣源、杨琮、苏成、董伯祥、王义、王良、谢智、岳仁贵、董彦荣、张义、谢仲仁、陈杰、王信、刘得、苏用、郭直、郭、刘、张受安、贾显云、周仲礼、张仲仁、范博士50余人施银重修龙王庙。

除乐深五堡众善，天开寺、上寺、中院寺、西台寺、塔位寺、东寺、天清观等寺观亦施银相助。

当年的天开寺所属寺院，除天开本寺、上方寺、中院寺、栗园延洪寺、龙王庙、娘娘庙外，尚有西台寺、塔位寺、东寺三座寺院。塔位寺应在今天开村北的天开水库东岸一带，这里原是天开寺塔院，僧塔甚众。西台寺、东寺地址不详。

碑末署：

岁次己未年戊辰月丙寅日董温、张禄资、范益创碑。

岁次丙申元贞二年癸巳月庚寅日社长岳珪、乔甫庆、刘渊、董琮、王琼、李得瑞、葛泽等重修。

时岁次甲戌元统二年己巳月壬午日，金玉府石匠胡信镌。

那么，早在元宪宗九年（1259），董温、张禄资、范益3人，便在龙王庙创立石碑，创碑因由，碑文未做记载。元成宗元贞二年（1296）岳珪、乔甫庆、刘渊、董琮、王琼、李得瑞、葛泽曾重修龙王庙。元末顺帝元统二年（1334），金玉府石匠胡信将碑文镌于石碑。

岳珪、乔甫庆、刘渊、董琮、王琼、李得瑞、葛泽曾重修龙王庙，距董温、张禄资、范益创碑37年。胡信镌碑，距创碑75年，距重修38年。

又，《重修龙王祠碑》记载捐银重修龙王庙的姓名，与元泰定二年（1325）《皇后台众创建石碣铭记》碑阴记载的重修龙王庙捐助者姓名有14位是相同的，这14位是：张忠信、董从政、张得伫、张国用、冯政、褚从仁、王恕、蔡青、马世英、刘顺、刘嗣源、刘得、董琮、王琼。两碑相同姓名如此之多，故应是相同的人，而非异代同名。既然两碑记载的两次重修，都有相同的一些人捐助，在时间上应相去不远。

《重修龙王祠碑》记载，元成宗元贞二年（1296），董琮、王琼等7人重修龙王庙。泰定二年（1325）《皇后台众创建石碣铭记》碑阴记载的重修龙王庙捐助者亦有董琮、王琼两人，故疑泰定二年（1325）《皇后台众创建石碣铭记》记载的重修事发生时间，应远远早于泰定帝时，大致在成宗之后的武宗、仁宗时期，只是立碑时间较晚罢了。

〇六九　皇后台重修庙记

春男　范仲杰撰并书

夫大而化之之谓圣，圣而不可知之谓神。龙之灵，固龙潜龙飞。龙大龙小，故且云潜。见飞者，龙之体足以见矣。盖龙飞兴云致雨，润泽枯槁，普济群生。是以率世之人莫不畏而敬之，拜而谢之。昔有里人思欲报神之德，建立龙祠堂，绘塑龙像，每岁二月二日享祭，以其神灵能济世故也。近因兵革，庙宇摧塌，霖沥圣像，当堡李□得、范纲同志各备己物，重修庙宇，补塑圣像，一焕新鲜，冀图永久瞻敬。仍彰助缘之名以记，重后云耳。

正办缘功德主：李□得妻□氏、姪李进，范纲妻陈氏。

助缘耆庶：刘文德。甘池：宋显忠。五侯：崔好德、李岩卿。南张：王敬之。

乐深五堡：张道原、胡□。坟庄：贾义□、高文举、□□□、岳士贤、范海、范琦、□□□、范圹、张成、晋义、晋让、张得林、崔贵成、崔贵玉、崔行辛、张道义、刘亭玉、云天瑞、□文德、蔡德□、马友道、田行岩、王□□、赵禄、赵疆、高□。

天开寺守宗主　月宗主　念宗主

木匠郭成　石匠姚国用

大明洪武柒年岁次甲寅丁丑月建

碑刻说明

明刻。在天开寺龙王庙。拓片高36厘米，宽63厘米。

碑文考释

元末的战争，殃及天开寺龙王庙。明范仲杰《皇后台重修庙记》："近因兵革，庙宇摧塌，霖沥圣像。"明太祖洪武七年（1374），乐深五堡李进之叔、李进、范纲"各备己物，重修庙宇，补塑圣像"。本里刘文德、张道原，甘池村宋显忠，五侯村崔好德，南张村王敬之，坟庄村高文举、岳士贤、范海、范琦、范瑭、张成、晋义、晋让、张得林、崔贵成、崔贵玉、崔行辛、张道义、刘亭玉、云天瑞、马友道、田行岩、赵禄、赵疆等施助。此时，天开寺守宗主、月宗主、念宗主当寺，同年四月立碑记事，三位宗主落款具署。这次重修工程不大，只是把元代的3间龙王庙翻盖了一下，把庙内破损的龙王像补塑完整。

值得一提的是，元至明初龙王庙的修缮施助者，以乐深五堡为主，并有邻村善众，直到洪武七年（1374）这次重修，邻村有坟庄村、甘池村、五侯村等村，还是没出现天开村和皇后台村，照理说，这两村距龙潭最近，最是受益，不施钱修龙王庙不合情理，唯一的理由是这两个村尚未出现。这也进一步佐证了上述两村，是明永乐移民村。

○七○　重修龙兴禅寺碑记

大功德主太保庆云侯周寿

大功德主常宁伯周彧、义官张全

大觉尊出现于世，如杲日以当空，开人天之坦路，破鬼趣之迷途，巍巍乎不可思议者也。自金人入梦，白马经来，兰腾道扬于明帝，僧会德被于孙吴，恩沾华夏，惠泽夷邦，寰宇生民，无不崇奉。绵历于后，时移代隔。呜呼！三武灭僧，一韩摧佛，譬荷锸以平太行，抱石而塞巨浸，其于功也，不亦劳乎？虽弗泯灭，尤咎王臣，兴废迄今，厥有年矣。

洪惟我圣朝启运，日月同明，佛炽重光，法轮振载。於戏！若非无上独尊，安得帝王延佑。粤兹金台之西，三由旬许，有山曰凤凰，寺号华严，一巨刹也。始则破庵禅师，显族涿鹿□氏次子，髫入空门，孜孜在道，冠叩楚山慧灯发朗，次往幽兰、金山印可，犹煅矿以成金，剖砥砆而获玉。成化乙酉，径陟凤岭，独伴松峰，岩居三载，久而道扬，于世遐迩，云臻缁白，确力开山展基，载营载构，日积日新，不数年以成梵刹，俨若给孤祇园。噫！实人杰地灵，岂虚语哉！师乃心行六度，意持三檀，大阐宗风。于今不坠一日，策杖邻境六聘山。维观览圣迹，堪作兰若。其处东临宝塔，西近长流，南附燍台，北依巨岳，中有庙儿，威灵目视，澄潭浸月。严陵洞咫尺清波，天开寺一射陆地。八境潇洒，存形龙兴。兵燹远矣。尔时，禅师命徒德隆，辟荒剪棘，募化栋材，启建正殿一座，左右伽蓝祖堂，僧寮、丈室，悉皆完之。悲夫劳甚，一旦奄终退隐，澄公感激怆恻，亟立碑文，庶几后裔无冥昧耳。复警众曰："非荣一处，三所家山，百尺竿道场，录其始末，谒师功业，今古氇芳。"法侣诺然。遂来谒余，请文诸石。余曰："我释迦尊不立文字，直指人心，见性成佛。夫禅师者达诸佛之阃域，宾主双忘，涅槃妙心，有何论哉？况吾数墨竺坟，微味糟粕，焉能评大圣之玄旨？"固辞弗却，拾遗举似，以偈铭曰：

世尊降诞毗兰园，雪岭堆堆坐六年。演说真诠三百会，七十九岁入泥洹。永平教法流东土，洛国焚经火里莲。梁武达摩单直指，破庵接续祖灯传。远叩楚山心印玄，回登凤岭建精蓝。宗风阐播云临泉，普度群迷上法船。游览燍台观宝塔，重修废寺近龙潭。晨钟夕鼓焚香火，祝愿皇图万亿年。

大明弘治九年岁次丙辰季春月吉日建碑　旧住持德澄　建寺住持德隆　德玉　德信

临济宗第二十五代嗣祖破庵幻住　住持德能　德钦　德祥　德定　德庆

书记德泽写　金台冀永　许增镌　石匠张玉

碑刻说明

明刻。在天开寺龙王庙。拓片碑通高148厘米，宽89厘米。碑额正书"重修龙兴禅寺碑记"。

成化乙酉，成化元年（1465）。

碑文考释

破庵禅师是涿鹿人（今河北省涿鹿县），出身涿鹿显族，是家中次子，幼入空门，成年后南下四川，依楚山绍琦开悟，此后北返，先后参历幽兰、金山。幽兰，今名幽岚山，在房山区在周口店镇黄山店村。金山，即金山岭金山寺，在周口店镇黄院村。在金山寺，破庵得到本师印可。成化元年（1465），破庵飞锡凤凰山，岩居三载，至成化十年（1474），在元代遗刹上建成华严寺。大约成化十一年（1475），他振锡东下，至六聘山，观览圣迹，堪作兰若。其处东临宝塔，西近长流，南附炀台，北依巨岳。中有龙王庙，威灵目视，澄潭浸月。于是命徒德隆，辟荒剪棘，募化栋材，建正殿一座，左右伽蓝、祖堂、僧寮、丈室，无不完备。几年时间，一座小小龙王庙，经破庵师门扩建，成为一座伽蓝宝刹。寺院落成，改寺名为"龙兴禅寺"。

"非荣一处，三所家山，百尺竿道场，录其始末，谒师功业，今古蓥芳。"由此知，破庵所建道场三处，一处在凤凰山北华严寺，一处在天开龙兴寺，一处在百尺竿。百尺竿，今河北省涿州市百尺竿镇百尺竿村。

大功德主太保庆云侯周寿、大功德主常宁伯周域、义官张全书于碑文之首。周域，域《明史》写作彧，周寿、周彧，是明宪宗母周太后之胞弟，宪宗皇帝亲舅舅，孝宗皇帝的舅爷爷。周太后赐破庵为表亲，与周寿、周彧以表兄弟称，算起来是宪宗的表舅，孝宗皇帝表舅爷爷。

破庵率本门僧众在天开龙王庙创龙兴寺，周寿、周彧率先助缘，并允书其名于碑首，大有加持之意。

至弘治九年（1496），龙兴禅寺有执事僧德海、维那圆寿以下僧人45位，全寺住僧不下50位。

碑侧

定兴县侯官营善人：王□安、侯见、卢□、王文、朱英、李□、□□、□□、王□□、芦原、芦芳、张妙敬、张妙能、杜妙果、李妙安、吴妙□、陈善明、徐妙果、楚妙得、华妙真、□□□、□妙全、张妙圆、杨妙惠、沈氏、李妙才、韩妙能、□氏。

内章村善人张祥、韩奉、李妙惠、刘雄、□让、韩一姐、卢会、卢文通、□□、杨氏、杨善能、刘妙□、□玉、杨妙原、□氏、□□□。

小村善人张玘、□妙善、刘安、田妙安、任富、刘氏、任玘、张妙得、赵□才、王善既、刘全、张妙原、赵甫聚。

里村善人杨从仁、杨从政、李妙惠。

西章村善人段普善、刘妙果、刘少清、王普用、李妙原、段平奉、李春、信官、李文、王孝、李潮。

西新庄魏普忠、魏普荣、宋普林、侯普林、范普得、杨文、孙普果、曹普明、张妙果、杨普文、韩二姐。

龙堂营李达、田礼、任礼、李全、□□、王氏、李刚、姜氏、杨氏、李英、侯氏、李呆。

大宫寺王妙惠、张妙果、胡妙香、贾妙全、周园呆、孙妙福、刘惠荣、张妙福、杨妙原、王闰、潘祥、门惠海、戴妙果。

容城县王祥里：刘奎、张氏、刘甫、朱氏。

陕西付平县安□村：陈玉。

碑阴

天开村董刚、刘亨、赵甫友、田敬、赵旺、韩妙成、赵海、郭钦、董升、董玉、□□、安俊、邓全、邓三姐、□福德、张喜、王本妁。

固安县贾家屯信官王福、妙金、潘贵、赵妙成、□□、□惠能、潘□、□□□、苏□□、□增、□□□、韩钟、郭氏、韩钦郭氏、韩□□、李氏、杜氏、龙喜、刘荣、王妙信、张礼、陈昇、张信、□通、张氏、□顺、□妙果、贺□、□云、贾妙通、杨福、陈名。

乐深村王□、□槐、潘浩、潘鼎、韩呆、韩文礼、潘耐、潘惠、王勉、韩妙音、曹妙善、韩□、李氏、韩顺李氏。

皇后台王山、崔□、崔幹、王通、付聪、崔忠信、张杰、李名、高文。

龙门口尹清、尹海、尹宽、刘永、赵海、张友、范名。

韩家庄韩妙贵、李妙安、韩甫玉、韩□、韩得、韩杰、韩孝、韩守增、王□、王腾、潘亮、韩真、何氏、韩□简氏、马忠。

岳家庄张氏、马堂、谢福、李□、谢显、李达、李春、张恺、张远、王氏。

般册寨张德山、李氏、张能、陈氏、尹林、王玘、韩经、杨大川、杨友才、谢真、马荣、韩甫林、□□庆。

上中院韩甫贵、韩甫成、谢兴、谢太、国宗显、韩文聪、王甫才、蔺呆、张本、张景祥。

苇子铺曹玉、李妙海。

胜水峪程刚、程张喜、郭氏。

周家务张管营、□妙□、高普奉、文妙成、李妙□、赵刚、石妙秀、王妙能、石普林、武妙甫、李妙才、潘妙才、王氏、王妙深、九思安。

下中院邓□、胡敬、郭祥、胡全、胡德玉、李聪、邢忠、岳友、□景林、曹敬、董永。

孤山口许□、张冲、许敬、李富、赵林、张成、杨妙云、张坚、房妙增、赵显、张妙成、王妙全、赵宾、赵栾、杨妙柱、□□□、小豹儿、韩华、马氏。

瓦井村信官刘宽、马氏、付仲昇、付仲良、季增、孙甫玉、徐宽。

周家庄张英、刘继、李原、于得水、杨景□、印□□、印成、王妙□、□俊、王氏、王俊、高琏、赵妙贵、石普玉、石普奉、马妙聪、石栾、王妙女、范妙通、高郁。

甘池村郝祥、郝英、郝玉、晋贵、孙雄、刘海、张茂、刘锐。

北务村韩顺、韩亮、韩永、韩俊、李本、李广、张镇、□昇、丁玉、张妙祥、毋付氏、张山、石友成、石呆、李成、李刚、石妙□、王政、王森、杨妙成、王名、□从。

长沟店刘俊、霍太、霍信、霍贤、柳庆、张聪、霍林、王宣、霍道清、蔡原、周芳、刘政、刘妙聪、任能。

坟庄刘享、□氏、牛名、姚纪、姚胜、潘妙祥、马普兴、刘安、王妙原、赵宽、马鏊、李广、妙安、玉安、孙普郁、刘妙果。

新城县晋家营晋札、张兴、杨友、潘成、潘政、信官李封、时敬、时增、张□、吕清、潘见。

王村李杲、李奉、毋赵氏、妙惠、王雄、李妙惠、王景、陈淮、马良、陈妙果、马强、李妙喜、刘兴、马二姐、刘玉、马英、孙原、张惠名。

内渠村王珏、□妙能、张富、刘原、吕氏、高刚、吕章、吕瑢、高岜、王玉、张斌、张铎、李云、李深、赵妙德、高文斌、董才、高忠、石英、妙成、张惠云、赵云、张仲峰、张安、王妙通、石坚、马妙兴、

北阳村晋景祥、齐氏、王伦、苏妙桂、李奉、王妙金。

曲堤村刘妙玉、王廷文、丁妙香、陈妙海、王甫成、张善会、王甫川、何妙贵、袁才、曹名。

靳庄屯张普英、李权、关甫山、毋贾氏、信官高昇、白查、孟妙聪、赵云、刘忠、郭妙玉、李忠、毋王氏、彭纪。

保定县路疃村于普能、□法刚、郭甫山、孙妙善、张普雄、赵□会、于普见、王妙聪、于普鼎、范妙原、杨太、张子芳、董奉、郭莲、顾良、刘甫玉、关钦、关德、关儒、陈山、□□、妙能、王普原。

容城县新庄村信官马英、室人李惠明。

定兴县内章村李能、韩景、何深□。

北照村王钦、刘朝用、庞增、马得山、张原、张景。

元村王贡、张文、王甫、张□、王昇。

淀头村史信、张氏、史玉、苏氏。

马坊村张妙喜、贾妙刚、张普原、陈普见、邢普名、贾妙海、刘妙喜、孟妙顺、张林、邢妙付、信官沈宽、张妙荣、沈源、蔡氏、屠普林、王文义、张妙保。

郝家务马普钦、李妙连、高文能、袁妙□、张□、尤妙贤、郑宣、周□、周□、高□□、张□、王□海、李宽、范妙果、赵名、郑妙荣、张妙□、惠金、陈妙原、沈□、沈祥、秦普兴、王禄、李普进、张妙清、徐妙荣、刘宽、马进、□妙成、□妙全、郑妙得、何妙全、王妙全、□□□。

唐阳村相通、韩顺、刘清、韩敬、母张氏。

河间县坟高头郭氏、王妙真、□□□、郭□□、郭荣、刘氏、郭忠、王妙聪、许祥、郭妙□、许志荣、□□、许惠云、王林、王妙秀。

坊城赵普□、吴□□、□进、柴乐、刘江、刘真、孙福、崔□□、孙妙果、孙奉、赵琦、高峰。

涿州杨肪、刘斌、王福。

韩村魏端、魏仲名、魏成、李选。

栗园庄刘名、柳氏、刘敬、张妙荣、毋王氏、赵氏、信官、刘仲良。

彭村陈桂、张□、□□□、□玉姐。

大新庄杜昇、杜能、□喜、赵能、李刚、李□、梁妙聪、姚昌、

固安县□村张崇。

小店屯李刚、程氏。

永丰村史妙祥、杨大良、毋妙能、朱□、□□、朱惠贤、王贤、杨妙月、杜妙秀、赵妙莲、高妙果、□妙玉、王妙钦、李妙城、刘妙福、崔妙莲。

霸州众善李广、李钦、王妙□、□仁。

河间府晋得屯李松、韩武、冯玉、冯镇、冯□通、李斌、李智、李荣、王得圣、□白、杨景、杨□、王子高、陈□、刘清、刘广、张贵、吴□、杨□、杨□、李□。

尚衣监太监韩文学、兴州中屯卫张玉、塔院寺住持□□、子陵洞院屯德海、德果。

房山县僧会真清、开天寺住持悟极、本山执事僧德海、德胜、德满、德智、德□、德□、德山、德才、德□、德洪、德海、德□、德用、德清、德明、维那圆寿、圆富、圆□、圆昇、圆朗、圆渠、圆□、圆广、圆□、圆惠、圆行、圆绪、圆中、圆瑾、圆义、圆住、圆□、圆□、圆振、圆本、圆□、圆□、圆□、圆□、圆□、圆□、圆□、□□、明□、明□、明□、明□、明□。

碑文考释

本次重修，僧俗702人施助。分别来自本土房山县，及涿州、保定县、定兴县、安新县、容城县、新城县、固安县、霸州、河间府、河间县、乐亭县，天津静海县，陕西富平县等2州、1府、11县40余村。

乐深村（今属岳各庄村）、岳家庄（今岳各庄村）、天开村、皇后台、龙门口、下中院、上中院、苇子铺（今属圣水峪）、胜水峪（今圣水峪）、孤山口、周家庄（今东西周各庄）11村，今属北京市房山区韩村河镇。

长沟店（今长沟村）、坟庄村、甘池村、元村（今沿村）4村，今属北京市

房山区长沟镇。

韩村，今属河北省保定市涿州市松林店镇。北务村，今属河北省保定市涿州市东仙坡镇。涿州杨肪（今秧坊），今属河北省保定市涿州市百尺竿镇。

保定县路疃村，今属河北省保定市。

侯官营，今属河北省保定市定兴县李郁庄乡。西章村、内章村2村，今属河北省保定市定兴县北田乡内章村。

淀头村，今属河属北省保定安新县端村镇。

容城县王祥里（王祥村），今属河北省保定雄县朱各庄乡。容城县新庄村（今新庄窠），今属河属北省保定市容城县小里镇。

内渠村，今属河北省保定高碑店市辛立庄镇内渠村。新城县晋家营，今属河北省保定市高碑店市范庄子乡晋家营村。北阳村（前后北阳村），今属河北省保定市高碑店市辛立庄镇。曲堤村（前后曲堤村），今属河北省保定高碑店市方官镇。

彭村、坊城、马坊村3村，今属河北省廊坊市固安县彭村乡。郝家务村，今属河北省廊坊市固安县柳泉镇。龙堂营，今属河北省廊坊市固安县固安镇。周家务，今属河北省廊坊市固安县渠沟乡。北照村（今北赵村），今属河北省廊坊市固安县宫村镇。永丰村（东西永丰村），今属河北省廊坊市安次区仇庄乡。霸州，今属今河北廊坊市霸州市。

河间县坎高头，今属今河北省沧州市河间市卧佛堂镇。河间府，今属今河北省沧州市河间市。

西新庄村，今属河北省唐山乐亭县庞各庄乡。

陕西付平县安□村，今属陕西省渭南市富平县。

靳官屯，今属天津市静海县唐官屯镇固安县。

贾家屯，今属北京大兴区榆垡镇。

唐阳村、小村、里村、大官寺村、栗园庄、大新庄、韩家庄、般册寨、王村、小店屯10村，不详。

重修龙王庙，据弘治九年（1496）碑，施助村有天开村、皇后台村、龙门口村，而明洪武以前的重修碑刻没有，说明这些村，的确是永乐移民村。

长沟村，该碑载为长沟店，说明长沟村明代以前的村名为长沟店。

兴州中屯卫张玉，祖籍云州（今山西大同）。曾祖张大川，累立军功，升授直隶兴州中屯卫百户，诰封昭信校尉，定居于卫西南30余里坨头村。兴州中屯卫，洪武中置。永乐元年（1403）二月徙治良乡县，直隶后军都督府。据此，卫所在坨头村西北30余里，应是今本区河北镇一带。知张大川于永乐元年（1403）二月，随军迁居坨头村。祖张兴，承曾祖张大川职。父张华，承祖张兴职。张玉为张华长子，承父职任兴州中屯卫百户。〔见明嘉靖六年（1527）《恩荣寿官张公墓志铭》。〕

卫百户，下级武官，统102人，正六品。

○七一　重修龙兴禅寺碑记

鸿胪寺少卿田仲贤撰文

礼科给事中于瑁书丹

盖闻二仪氤氲，三光混沌，道越先前从无始亦无终，那有增而有减？清浊升降，法界含灵，独一心之无厌，历□尘劫，乃方成雨露均沾，阴阳覆载。於戏！天道不言而□□□焉，地道不言而万物生焉。巍巍乎，荡荡乎，不可思议者矣。悲夫！吾释迦尊出现于世，为斯事应病演法。自白马西来，赤乌僧至，三宝初兴，摩腾彰汉。明明佛日，照破昏衢，朗朗慧灯，至今不灭，教之流也。洪惟我天京圣上，佛变金轮，心同日月之明，道合乾坤之大。崇敬空王，寰宇建寺。呜呼！俾八极生民，若风草而归向，势敢□不然。粤兹国门之南，六舍余途，霸台郡北燕家务村，畿内贞民马福山、樊富等，节日暇会，间阎善交，互相□□望曰："吾汝同处火宅，背觉合尘，倏忽四大分张，毕竟各归散灭，亟当缅思，何乐安哉！"言论之际，尔时衲德澄、德能、圆寿仁锡于前，谓曰："凤凰山华严寺，破庵禅师之徒孙募化众缘，起盖招提。"乡侣信人，依命忻诺，即日随往山寺资访。值师宴坐，抚几而曰："□□□□布人履践远劳，仁者一至此乎？""夫雷霆之声，无欲闻人之耳而耳自闻；管乐之音，无欲悦人之心而心自悦。夷齐匿迹于首阳，不欲德称于人而人自称其德。巢许韬光于箕岫，岂为道扬于世而世自扬其道。师之居山寺一类也。惟愿洪慈演说法要，澄吾心尘。""噫，大哉！问也。诸法本空，无法可说，是名说法。"庶一问一答，犹云兴雨施，言言见谛，句句超宗，良由慷慨，豁然惺悟，叹而祖意凌迟。当成化丙午，冬越春暖，回首龙兴，四顾彷徨，山围水绕，塔庙龙潭，罕乎奇哉！真佛祖之道场，实人天之福地。我辈有缘，幸临斯境，就此发心，贫输力，富舍财，智者运谋，巧者献艺，不数年以成梵刹，俨若给孤祇园。晨钟夕鼓，祝延圣寿圆满，精蓝功成，芳名确镌碑记，遂来谒余请文诸石。余曰："文素非工，难述丽句。"再辞哀笃，拾遗敷陈，庶几□□曰功能永贻诸后云耳。

御用监太监李福胜，本寺住持德澄，德玉、德钦、德信、德能、德满、德才、德祥。

房山县知县李玩，霸州义官马甫山、樊富、马栾、何原、樊林、樊昂、马彪、樊宗、何通、赵达、宋旺、姜原、张广。

本县僧会真清，天开寺住持悟极，居士董刚、刘亨、赵甫友、安广。皇后台王山、王通。

临济第二十五代嗣祖幻住破庵，本寺维那圆寿，圆富、圆月、圆惠。

旹大明弘治岁次己未年冬十月十五日建碑　德能　圆寿立石

碑刻说明

明刻。在天开寺龙王庙。拓片碑通高148厘米，宽89厘米。碑额正书"重修龙兴禅寺碑记"。

碑文考释

成化丙午，成化二十二年（1486）。

弘治岁次己未，弘治十二年（1499）。

房山县知县李玩，考民国十七年（1928）《房山县志·卷四·职官》，明代县尹无"李玩"，可知李玩漏载。李玩明弘治二十年（1499）在房山知县任上。

龙兴禅寺东南方向百余里有霸州，霸州城北有个村子叫燕家务村，成化二十二年（1486）春节，马福山、樊富等要好的村民节日闲聚，反省人生，虔心向佛。恰巧龙兴禅寺德澄、德能、圆寿游方到此，对众人说："凤凰山华严寺，是破庵禅师之徒孙募化众缘起建的宝刹，诸位不妨到那儿看看。马福山等众人随德澄、德能、圆寿来到凤凰山,见破庵禅师闲坐殿中,有伯夷、叔齐、巢父、许由之风。不觉心悦诚服,说出心中所虑,求法于破庵,破庵垂目说道:"诸法本空,无法可说,是名说法。"一问一答,犹如兴云布雨,众人豁然醒悟。冬去春来,马福山、樊富来到龙兴禅寺道场,但见山围水绕,塔庙龙潭,真佛祖之道场,实人天之福地。不禁感叹:"我辈有缘,幸临斯境!"就此发心,重修龙兴禅寺。同村人共襄善举,几年之内,工程告竣。龙兴梵刹,俨若给孤祇园。

此次重修,动工不晚于成化二十三年(1487),竣工应在弘治初的几年内。

于瑁,字朝瑞,明天顺五年(1461)生,顺天府霸州人,军籍,进士出身。

〇七二　顺天府房山县天开村娘娘庙重修关圣帝君大殿碑记

本里文生员温景煜撰文

古今来仁圣贤人众矣,当时则荣,没则已焉,畴是直养无害,塞天地间。若汉前将军壮穆侯,生而磊落,没而英灵,有以俾人之心悦诚服,于千万年奉祀不怠,非允文允武乃圣神,孰能当此而无憾者乎?

天开村娘娘庙旧有大殿三间,营构创建,原无碑志,未识傲落于何年。迨嘉庆六年,后配坍塌,偶于泥土之中得一木碣,字迹宛然,细读始知龙门口村有中书王者遴,于顺治十八年输金重修,至乾隆九年,又有伊都立□尔诺、张应登、孙玉柱、孙玉□之先人温璋,庄严圣像,恭造金龛,至今倾圮,理宜则效前人,但一介寒微,既无素号之誉足以动人,又无盈囊之资独成其事,因而恳助同里,乞济异乡,并施资财,共助胜迹。而今大殿、山门、围墙,俱焕然一新,所以斯石之勒,欲以旌表善人,昭兹来许焉耳。

大清嘉庆十一年六月 日建石

监式人温景煜　孙士俊

协办人陈有德　田玉　王国相　温翊　高翔云　张兴嗣

书丹人本里文生温际亨

勒石人王申

住持尚永昌

碑阴

房山城内领袖鹏飞，顾册村领袖王体元，双孝村领袖梁基固，周口店领袖合盛厂，长沟峪领袖张天民，瓦井村领袖张辉翰、田兆龙，周各庄村领袖□明亮、张忠，孤山口村领袖许杰、隗良□，前石门村领袖邢兆麟，丁各庄村领袖范振德。

岳各庄领袖张功臣，丁家庄领袖蒋国梁，南章村领袖曹功，李家庄领袖张允杰，龙门口领袖董跃池、李得俊，县南门领袖吕国福，黄山店领袖许太生、陈昌仁，上中院村领袖国玉，下中院村领袖刘兴，后石门村领袖王伯玉、王伯瑞。

双磨村领袖杨文成，岩上村领袖张连捷，南正村领袖唐天民，东甘池领袖果成云，尚庄领袖胡邦贤，南定村领袖罗凤立，尤家坟领袖吴造成，福兴村领袖僧通悟，支娄村领袖杨士宽，石娄村领袖王廷献。

西甘池领袖王廷瑞，岳各庄舍灰杜贡□，庐子水舍瓦沈亮安。

石窝村助财刘秉瑞、南甘池刘希贤、北务村助财张□、五侯村赵连昇、吉阳村亨泰号、黄山店恒顺厂、东营村大顺□。

张坊村领袖华天德、天开村合村善人等。庙前有□□太禄庞良□。

碑刻说明

清刻。在天开村南娘娘庙。拓片碑通高148厘米，宽63厘米。碑额篆书"流芳千古"。碑阴拓片碑通高138厘米，宽64厘米。碑额正书"永垂不朽"。

碑文考释

观音院何时改称娘娘庙不见相关记载，清代《顺天府房山县天开村娘娘庙重修关圣帝君大殿碑记》称之为娘娘庙。据此碑记载，清代首次重修于顺治十八年（1661），修庙者为龙门口村王者逊，此人官居"中书"。乾隆九年（1744），伊都立、张应登、孙温璋重造金龛，再塑神像。嘉庆六年（1801），后配殿坍塌，后经数年，大殿、山门相继残损。嘉庆十一年（1806），尚永昌住持娘娘庙，温景煜、孙士俊主持重修，陈有德、田玉、王国相、温翊、高翔云、张兴嗣协办。经数月的修缮，当年六月竣工。大殿、山门、围墙焕然一新。

除天开村外，房山城内、顾册村、双孝村、周口店、长沟峪、瓦井村、周各庄、孤山口、前石门村、丁各庄村、岳各庄、南章村、李家庄（今李庄村）、龙门口、县南门、黄山店、上中院村、下中院村、后石门村、双磨村、岩上村、南正村、东甘池、尚庄、南定村、尤家坟、福兴村、支娄村、石娄村、西甘池，以上31村众善施助。以个人名义施助的，也不乏其人。

伊都立，清朝大臣，满洲镶黄旗人，伊尔根觉罗氏，清大学士伊桑阿第三子，康熙三十八年（1699）举人。历任内务府员外郎中，办理内务府总管事务。雍正元年（1723），迁詹事府詹事，充日讲起居注官，历兵部左侍郎、律例馆总裁。二年（1724），充会典副总裁，调刑部左侍郎。三年（1725），署山西巡抚，擢云南总督，旋以总督衔仍留任山西巡抚。奏准遇青黄不接时，碾米减价平粜，秋收补买还仓，救济灾民。又疏言治理洞河之法。五年（1727），以山西巡抚任内办事违例被革职，差往鄂尔坤、图拉处督理种地。七年（1729），奉命办理大将军傅尔丹营粮饷，授额外侍郎。十三年（1735），以侵蚀军粮罪，拟斩，奉旨监候。乾隆七年（1742）获释。乾隆十八（1753）卒。

伊都立父伊桑阿，康熙四十二年（1703）葬皇后台村，天开村娘娘庙南，便是伊桑阿墓所在。伊都立祭扫父墓，常临此地，故有机会临娘娘庙，并施助修缮。

〇七三　顺天府房山县天开村重修戏楼碑记

粤稽土木之役人功或可以辐辏，惟地灵有不可以假借者。天开庙，古庙也。亦胜境也。有山数仞，有水一渠，有古槐数十株，纵横森拱。每岁庙期，适当初夏，四方之游者登临流览，亦足以娱目骋怀。虽无奇观，自饶野趣。自元明以来未之或改。通来庙前戏楼，历年久远，春雨秋霜，檐廊颓裂，村人顾而叹曰："若废此戏楼，是废此庙也。废此庙，是并此佳山水概为之废也。"以数百年胜迹，一旦渐就芜没，是不可不更谋所以新之。于是有辇瓦石者，有输材木者，有供薪米者，有出力役以助者。村小而贫，是以不得不乞助于四方众善。一时善士亦相与乐为助之，越三月而告成焉。从来称斯地之灵，此举实由众善之助。

爰是为之勒石，以垂芳名于不朽，且志为善之最乐也矣。

撰文人附生张寅

书丹人张肇兰

理事人张兴杰　孙作聚　合村协办

大清道光二十五年岁次乙巳仲秋月建石　刻字人刘钧

碑刻说明

清刻。在天开村。拓片碑通高148厘米，宽63厘米。碑额正书"万古流芳"。

碑文考释

天开本寺的最后一次有记载的修缮，在清道光二十五年（1845）。当年的天开寺，古貌依然。寺内寺外，有古槐数十株，纵横森拱。每年初夏，天开寺依例举办庙会，四方之客，齐聚古刹，登临流览，娱目骋怀。自元明以来，历年庙会，寺前戏楼是最热闹的地方。道光年间，戏楼因历年久远，春雨秋霜，檐廊颓裂，戏楼一旦倒塌，情同寺毁。天开村父老共谋修缮，有人出力献役，有的捐出瓦石，有的运来木材，有的供应柴米，又求助于远近村坊。修缮工作由张兴杰、孙作聚主持，前后历时三个月，当年八月告竣。

○七四　天开村重修龙王庙戏楼碑记

夫天开村东南有龙潭，两山夹峙，□水□□□□水山涨发，波涛奔赴，大□□□□□□□□甚□□□夏季抗旱□□□□旧有□□□□□□辄应，是龙□□有□实龙王之有□□□□□□□□□□旧有龙王殿三间□碑辨认系创建于元，重修于明，至清时亦代有重修。特未勒石□□□□风残雨蚀，不少倾圮，癸亥年村人发愿重修，筹款募捐，派人举事，不月竣工。缺者补之□□□□□至西边之戏楼，无不焕然一新，大诸神，放□□□□□正不独昔之乡老碑铭州尊区□□□崇光而□□也。由斯过往，定当风调雨顺。□□善岂即偶有旱□□必□祷内降甘雨□□□□□矣□。特勒石，俾助捐者之为功为德，董事者之劳心劳力，均□神灵而不朽焉。是为□□□□□曰：此地从来庙有三龙王□圣□龙潭□旧殿成斯殿，为颂风和顺惠，甘□□□。

孙□泉、罗志田、崔得玺、崔德裕、赵荣弟、张树德、孙宝海、马春□、孙□卿、马义、郭纯、□才、刘傅、张永、田本池、陈□有、王玉庆、庞振玦。

前清岁贡生孙显卿撰文

本村半痴子王荣甲书丹并碑额篆书

本邑石窝村人张志刊字

大中华民国十三年三月二十三日建石

碑刻说明

民国刻。在天开村龙王庙。拓片碑通高117厘米，宽69厘米。碑额正书"万古流芳"。

碑文考释

癸亥年，民国十二年（1923）。

民国时期，天开诸寺，唯有龙兴寺有修复的记载，此时的龙兴寺已复称龙王庙。

龙王庙经元代重修、明代扩建和修缮，到了清代，历朝时有修缮，只是没立碑记事。到民国年间，由于风残雨蚀，殿宇倾圮，庙前戏楼亦见荒颓。民国十二年（1923），天开村村民发愿重修龙王庙戏楼，筹款募捐，派人主事，不足一月而竣工。

皇后台

在天开村南，龙门口村西，是永乐山西移民村。村东有观音洞，元以前称"严陵洞"，村南有清伊桑阿大学士墓。

皇后台，因隋炀帝萧后于大业年间在此筑台避暑而得名。元泰定二年（1325）《皇后台众创建石碣铭记》："山明水秀，东有舍利宝塔，东南有子陵之岩，南有炀帝皇妃古台之景，下有龙潭澄湛湛碧波。"萧妃筑台避暑，应该在隋炀帝大业七年（609）。考《隋书·炀帝本纪》："大业七年四月庚午，帝至涿州临朔宫，八年正月辛巳，大军集于涿州，六月幸辽东。七月癸卯班师，九月庚辰至东都。"其间，萧妃随驾年余。

皇后台，原为地名，初见于辽代。辽应历十五年（965）王正《重修范阳白带山云居寺碑》："寺主谦讽和尚为门徒之时，会仆自皇后台操觚之暇，被褐来游，论难数宵。"明洪武七年（1374）《皇后台重修庙记》记载，当年翻盖元代的三间龙王庙，补塑庙内破损的龙王像。施助者有乐深五堡、甘池村、五侯村、南张村、坟庄村33人施助。既然皇后台重修龙王庙，怎么反而没有皇后台村人呢？这见证了一个史实，在明永乐以前，"皇后台"均为地名而非村名，地属乐深村（今名岳各庄）。

直到明永乐，山西移民在皇后台落土，皇后台才由地名成为村名。明弘治九年（1496）《重修龙兴禅寺碑记》："皇后台王山、崔口、崔幹、王通、付聪。"这里的皇后台，指皇后台村。

清康熙三年（1664）《房山县志》录载今韩村河镇18村，皇后台村在册："皇后台，县西南二十五里。"民国初，房山县设五区，皇后台村属第三区。民国五年（1916）二月，改设九区，皇后台村属七区。

本卷收录皇后台碑刻3件：清代3件，其中收录碑文3篇。

〇七五　伊桑阿诰封碑

奉天承运，皇帝制曰：翼亮天工，象协三台之列。弘敷帝载，位居庶职之先。惟懋丕绩以酬恩，乃沛新纶而锡爵。尔文华殿大学士兼吏部尚书佐领加二级伊桑阿，凤阁清才，鸾台雅望。典章练达，服勤匪懈于寅恭。器识测凝，顾问时资于靖献。属在论思之地，参机务之殷繁，每抒钦翼之忱，佐经猷于密勿。崇阶番陟，弘奖申加。兹以覃恩，特授尔阶光禄大夫，锡之诰命。於戏！启乃心以沃朕心，尚嘉谟之时告慎厥位，以风有位，期庶续之咸懔，永劭休声，祇膺荣命。

康熙三十五年三月十四日　中宪大夫江西南安府知府海宁陈奕禧谨书

碑刻说明

清刻。在皇后台村。拓片碑通高229厘米，宽113厘米。满汉合璧。

碑文考释

桑阿墓在房山区韩村河镇皇后台村，建于清代康熙四十二年（1703）。墓地面积约7500平方米。原有三合土宝顶三座，毁于20世纪70年代初。墓室未被破坏。墓前有华表、石狮、牌坊、碑记，均保护较好。一对华表用汉白玉雕刻而成，底部须弥座呈八角形，须弥座的上下枋和束腰部位，雕刻着仰覆莲花和云朵。座上置八角形石柱，柱顶蹲坐望天犼，昂首翘尾。华表后面是两座石碑，即伊桑阿墓碑，高4.80米，宽1.20米，螭首龟趺，额篆书"御制"。碑文为满汉合璧，分别是《伊桑阿诰封碑》《伊桑阿谕祭碑》。伊桑阿墓碑与大型雕刻石牌坊之间，有头东尾西的石狮一对。石狮选用上等青白石料，雕刻精湛，气势威严，形体高大。从暴露的根基部分可以了解到清代石狮放置的实际情况。首先挖坑打上很厚的三合土，用青砖加江米汤白灰浆砌上若干层，与地平面接近，

再用厚近30厘米的方石铺基座面。往上是几案式基座石和雕刻有花纹的须弥座。

石牌坊面东背西，采用汉白玉石料，五门六柱，面阔21米。方形通天柱上浮雕层层云朵。牌楼单排多柱，建造精致，斗拱上承正楼、次楼、边楼、夹楼。其造型气派，布局别致。一般的牌楼都是四柱三门，它却有六柱门两影壁。其牌楼的三个门槛上都有栽栏杆的方孔，此牌楼门中原有石栏杆已失。其冲天柱的柱头上刻满了云纹，更使其蒙上了一层神秘的色彩。石牌坊明间横梁上楷书"崇祀贤良"，下侧石垫板楷书"大学士伊文端公之墓"。

伊桑阿，清康熙朝重臣之一。姓伊尔根觉罗氏，满洲正黄旗人。清太宗崇德三年（1638）生，顺治九年进士，授礼部主事，累擢内阁学士。康熙十四年（1675），迁礼部侍郎，擢工部尚书、户部尚书。时三藩叛乱，因吴三桂踞湖南，命他先后赴江南和茶陵督治战舰，为平叛做准备。后俄罗斯犯边，又奉命往宁古塔造船。历兵、礼二部尚书。二十七年（1688），拜文华殿大学士兼吏部尚书，充三朝国史总裁、《平定朔漠方略》总裁。黄河决，又奉令勘视河工。因淮扬水灾，疏请蠲免次年田赋。入阁15年。四十二年（1703）七月卒，年66。七月十八日，赐葬于房山县西南皇后台（今房山区韩村河镇皇后村）。乾隆十二年（1747），同大学士马齐入祀贤良祠。伊桑阿妻乌云珠，又名蕊仙，诰封一品夫人，清代女诗人，著有《绚春堂吟草》，其子伊都立曾任云南总督。

陈奕禧，清书法家、藏书家。字六谦、子文，号香泉，晚号葑叟。浙江海宁人，贡生。康熙三十九年（1700），官户部郎中。康熙帝极为欣赏其书法，召入值南书房。后出任贵州石阡知府、江西南安知府，修学宫、纂府志、兴文教，卒于任内。自幼爱诗和书法，其诗曾得王士禛称赞。他的书法取法晋人，小楷精稳，大字沉著浑融，其书体号称"香泉体"，远近争求其作品。日本天皇曾出重金收购。他的行草书也得到康熙、雍正、乾隆帝的赏识。

○七六　伊桑阿谕祭碑

皇帝谕祭原任文华殿大学士兼吏部尚书加二级致仕谥文端伊桑阿之灵曰：朕惟老成之臣，邦家所重，寄之心膂，用佐谋猷。苟秉德始终而不渝，宜殊恩洊加而未已。生则锡之光宠，殁乃备夫哀荣。尔原任文华殿大学士兼吏部尚书加二级致仕伊桑阿，禀资纯穆，立品端凝。早掇巍科，服勤庶职。旋升卿贰，表率崇班。迨膺密勿之司，益励匪躬之节。公忠内凛，偏党咸消。镇静自持，纷更往事。不絿不竞，佐治化以和平。一德一心，乐君臣之交泰。乃因久劳机务，遂以衰老陈情。朕温慰再三，曾赐扶携于迂陛。尔求退弥切，遂俾安养于林泉。旧老难忘，新恩益渥。闻危疴而赐珍药，加胗视而遣御医。每廑朕怀，时勤使问。尚冀桑榆之未迫，何图薤露之忽歌？览遗表而兴衰，命大臣以致奠。饩终之典，国有彝章。锡谥文端，爰颁谕祭。於戏！十五载之孜孜罔怠，尔劳尚著于丝纶。一个臣之休休有容，朕念常思其风采。灵其来格，歆是椒筵。

碑刻说明

清刻。在皇后台村。拓片碑通高212厘米，宽77厘米。满汉合璧。康熙四十二年（1703）七月十八日立。

○七七　重修观音洞碑记

天开村东南，旧有观音洞古庙一所，正殿三间，两□□□，建于元泰定二年二月二日，传为子陵隐居之所，□无可考，而岁时朔望，村人祈祷常于是焉。逮乎年湮岁久，墙垣或为风雨摧残，树木或为樵人窃伐。村人时欲完□，□初而年岁不登，未敢举事，今合村人等于秋成后重自修整，庶几人和年丰，神其降之福哉。此庙东至河上沟，南至龙口，北至塔坡，西至龙兴寺，向有地亩，南冈顶上一段十二，龙潭东口外北边一段二亩，□粮龙兴寺上纳。

理事人张玉　赵明　刘镜　陈有　张顺　孙作霖　崔廉　李得禄

合村协办

石匠赵起

大清道光二十八年八月初一日立

碑刻说明

清刻。在皇后台村东观音洞。拓片碑通高103厘米,宽55厘米。碑额篆书。

碑文考释

观音洞,在天开寺东南,原名严陵洞,传为严子陵隐居之所。观音洞庙产东至河上沟,南至龙口,北至塔坡,西至龙兴寺。洞内住僧至少可追溯到辽代。洞前有正殿3间。大元泰定二年(1325)二月二日,乐深村银国宝,发恳诚心,施银200两,为龙王庙置办香火地一所,同时在严陵洞前建此殿宇。每逢初一、十五及传统节日,附近村民便纷纷来此上香。至清道光年间,墙垣残破,树木遭人盗伐。由于屡年歉收,村民无力修缮。道光二十八年(1848),秋收有成,村民合力修缮。

此庙东至河上沟,南至龙口,北至塔坡,西至龙兴寺。

当年,观音洞有香火地两段,一段12亩,在南冈顶上;一段2亩,在龙潭东口外北边。

龙门口

在岳各庄村南，五侯村西，西北邻开天诸寺。与皇后台、天开、孤山口、圣水峪诸村同为永乐移民村。明永乐以前，附近龙王庙重修，施助碑刻文字，均无龙门口村。村名最早见于明弘治九年（1496）《重修龙兴禅寺碑记》："龙门口尹清、尹海、尹宽。"自此后，天开寺历年修缮，龙门口门均碑上有名。挟括河水自太湖山发源，经上下中院、孤山口、天开、皇后台，经龙潭而下，左右二岭相峙，状如龙门，该村在"门龙之前"，故称龙门口。民国初，房山县设五区，龙门口村属第二区。民国五年（1916）二月，改设九区，龙门口村属七区。村中有观音庵一座。

本卷收录龙门口村碑刻1件：清代1件，其中收录碑文1篇。

〇七八　重修观音庙碑

盖闻人生莫若为善，为善则可获福也。房邑城南龙门口村，由明旧有观音庙一座，至国朝康熙年间重修。其年悠久，屡经数代住持，只贪衣食，每年造费香资，并无修补之功，自古至今，频经风吹雨洒，无不坍塌，亦是圣神有灵，感动人起善心顾。当年二月十九日，村中耆老拈香，见其庙景，宛然而惊叹曰："先古有修，至今独无！"可惜其古留胜境，而今陨落之像，惟遗古柏七株，枝茸苍翠，百□锦秀。三面山渠，川流不息，千载淋泠。遥瞻旷野，目眖无穷。闲居禅房，能养性灵，真堪隐读之幽境也。乃生于世，宜效古术积德树名，岂安忍轻视而颓顾？以此约合村老幼，同作善念。会首人等，议择善士。处世事之直恕者罗云汉，公派举其经理香资，屡年修补。有住持道人董明远谨守清规，协力助修，焕然一新。村中五道庙一俱重修。

本村董芝元、董跃玉、董正有公施地二亩，座落村北南北陇，南至道，北至□□，东至冯姓，西至罗姓。本庙香火地开列于后。

大清光绪柒年四月廿四日建碑记

碑刻说明

清刻。在龙门口村观音庵。拓片碑通高74厘米，宽56厘米。碑额正书"万古流芳"。无题，题为添加。

碑文考释

龙门口村有观音庙一座。观音庙应创建明代，清康熙年间重修。光绪七年（1881）二月住持道人董明远与村民协力重修，同时修村中五道庙。

本村董芝元、董跃玉、董正有，施地二亩，坐落村北南北陇，南至道，东至冯姓，西至罗姓。

岳各庄

在龙门口村北，天开、皇后台二村东，与五侯、七贤、韩村河均为汉唐古村。古为良乡县金山乡，原名乐深村。金大定二十九年（1189），割良乡、范阳、宛平三县地建万宁县，划归万宁县，属万宁县白玉乡。明昌二年（1191）改奉先县，属奉先县白玉乡。大安元年（1209），改白玉乡为怀玉乡，属奉先县怀玉乡。元世祖至元二十七年（1290）改奉先县为房山县，属房山县怀玉乡。

历史上乐深村岳姓住民居多，辽乾统九年（1109）《造舍利灵塔记》镌该村岳清、岳思、岳诠、岳孝、岳可行、岳津、岳元、岳相、岳运、岳祥、岳可儒、岳文获、岳可崇十几位岳姓善众的名字。到明永乐后，乐深村还叫乐深村，该村岳姓集中的村片儿，便改称岳家庄。明代乐深村和岳家庄一度并存，明弘治九年（1496）《重修龙兴禅寺碑记》："乐深村王□、□槐、潘浩、潘鼎、韩杲、韩文礼、潘耐、潘惠、王勉、韩妙音、曹妙善、韩□、李氏、韩顺李氏……岳家庄张氏、马堂、谢福、李□、谢显、李达、李春、张恉、张远、王氏。"明代晚期到清代，再无乐深村。清康熙三年（1664）《房山县志》唯有岳家庄村在册："岳家庄，县西南二十五里。"

由岳家庄改称岳各庄，在清中期，清嘉庆十一年（1806）《顺天府房山县天开村娘娘庙重修关圣帝君大殿碑记》："岳各庄领袖张功臣。"民国初，房山县设五区，岳各庄村属第二区。民国五年（1916）二月，改设九区，岳各庄村属第六区。

历史上，古乐深村地，西至今天开村、皇后台村。六聘山下的天开寺原属乐深村，明永乐以后，山西移民占据西境地，增天开、皇后台二村，天开寺遂入天开村。岳各庄村有阎王庙和地藏寺。

本卷收录岳各庄村碑刻2件：清代2件，其中收录碑文2篇。

〇七九　阎王庙碑

诰授奉政大夫赐进士出身前知房山县事滇南李汝弼撰文

本邑许凤池书

房邑岳各庄旧有前明建立阎王庙一座，至国朝康熙雍正等年，村人聚料重修，正殿、配殿焕然一新。殿前古柏四株，身高数丈，大近数围，葱隆茂郁，苍翠可观。曾于咸丰七年，经前任高县尊案断，永□命植，毋得伤损。不意高僧罕觏，讼事频兴，古柏为薪，崇檐就废。爰于今岁春间，现任李县尊两次因公至庙，前后瞻仰，意甚惋惜，传集乡耆，询其始末，悉得其详。随命另请住持，整顿修葺。将地亩家具，一切查明，未曾交派，旋即高迁，遂将此案移交新任杨县尊楚断，而杨公更复仁明，恐日后仍起事端，乃命村中立碑，将庙中地亩分拨开清，勒石为记，以戒将来，庶不至有住持盗卖、乡里吞蚀等弊。于是，村人以余之曾宰斯邑，而问记于余。余闻而叹曰："善哉！李侯恐古刹之遂废，为之易其住持以整理于目前。杨侯期胜境之长存，又命勒彼贞珉，以防弊于日后。皆所以深明于神道设教之方，而惩恶成美，曲致其与人为善之心，犹是高侯封殖嘉树之意云耳。夫前事之不忘后事之师也。后之挂锡于斯者，诚能触目惊心，以斯碑为鉴，万不至仍蹈前非，用兹争讼。庶可以随时修补，庙貌日新，起今日之衰颓，复昔时之胜迹，则又余区区之心所厚望于后之众善者也。爰述己意，并村人所告于余者，以为之记。其分拨地亩章程开列于后。

同治元年十月谷旦立。

碑刻说明

清刻。在岳各庄村阎王庙。拓片碑通高112厘米，宽60厘米。无题，题为添加。

碑文考释

"诰授奉政大夫赐进士出身前知房山县事滇南李汝弼",查民国十七年（1928）《房山县志·卷四·职官·清代县伊表》,无李汝弼。此碑可补县志所录清县伊之缺。

大清同治二年（1863）《东良各庄菩萨庙碑记》,署"赐进士出身诰授奉政大夫前知房山县事滇南李汝弼撰文"。

"曾于咸丰七年,经前任高县尊案断",高县尊乃高骧云。国十七年（1928）《房山县志·卷四·职官·清代县伊表》载,"高骧云,咸丰六年"到任。

"爰于今岁春间,现任李县尊两次因公至庙",李县尊应为李识韩。民国十七年《房山县志》有载,但无到职时间。此碑同治元年（1862）十月立,可知李识韩同治元年（1862）春已经在任。

"新任杨县尊",系房山知县杨应枚。国十七年（1928）《房山县志·卷四·职官·清代县伊表》载,"杨应枚,同治元年"到任。县志未载明具体时期,此碑载："随命另请住持,整顿修葺。将地亩家具,一切查明,未曾交派,旋即高迁,遂将此案移交新任杨县尊楚断。"即知李识韩于同治十年（1871）十月升职离任,杨应枚应于十一月接任。

碑文略谓：岳各庄,有明代建阎王庙一座,康熙、雍正等年,村民曾重修,正殿、配殿焕然一新。殿前古柏四株,身高数丈,大近数围。咸丰七年（1857）,时任知县高骧云曾下令,永远不要损伤古柏。没想到,后来因为住僧不良,竟把柏树砍了当柴烧,阎王庵失修坍塌。同治元年（1862）春,知县李识韩,因公务路过,两次走进阎王庙,前后瞻仰,非常愧惜,他把村里上年纪的人叫来,了解到该庙详细情况。随命另请住持,将阎王庙整顿修缮,将地亩、家具,一切查明。李识韩没来得及办理,升职离任,便将此事交继任知县杨应枚断理。杨应枚恐日后仍起事端,乃命村中立碑,将庙中地亩分拨开清,勒石为记,以戒将来,以防有住持盗卖、乡里吞蚀等弊。村民因李汝弼曾任房山知县,故请他撰写碑文。

古今民无小事,一座小小的村庙,竟先后惊动了前后四任知县,各自不同处治,足见为政之异：高骧云可谓勤吏,劳心治境,不失一柏。李识韩可谓能吏,处一庙之弊,井井有条,可惜规而未施,旋即迁离。杨应枚堪称庸吏,虽有萧规在前，而无曹随善后，竟以一碑塞责了事。庸吏误民，实令古今一叹！

○八○　地藏寺建立山门茶棚碑记

盖闻人天路上，修福为先。福缘善庆，福则未有不度结良缘者也。兹以房属岳各庄村之西，距天开庙四五里许，履年四月中旬，东南乡行会进香往来必经此地，里社人咸愿每届会期，施茶水以结善缘，苦于无地坐落。至同治九年三月间，始相度地基，惟寺前形势宽敞，又通南北孔道，可建茶舍三间，且权当山门，出入甚便。遂易向日山门为重门，院宇殊觉森严，观瞻复极壮丽，并将地藏正殿全行彩画十王，配殿揭顶，增修取精，多用物宏。由是群神得所凭依，院落砌墁，墙垣补葺，前后焕然一新，诚义举也。所最难者，村无富户，独力难成，住持道人张元诚同村众公议，将本庙香火地出典百余亩，村人复各努力捐赀，鸠工庀材，不数月而报竣焉。无如功成浩大，费用繁多，托欠债累，无项抵补，是始不得不出外募化。所幸四方之仁人君子自衙署绅衿，以及庄农厂铺，无不相与乐输，共襄善事。其功德为无涯矣。功已成而名不著焉，非所以彰为善也。爰举芳名，并勒诸石，则庶乎其不朽云。

本邑贡生白师曾撰文　增生许凤池书丹

住持道人张元诚　弟子张通法　李通文　沈通泰

经理人杜承训　杜承海　杜承魁　杨文成　梁和　张友才　段秉礼　史成　赵敏　徐尚德　李起旺　王德魁　马祥　王诏魁　王得春　王进魁　张友仁　郑昆　程准　杜珍　杜琏　李坤　李顺

大清同治十二年岁次癸酉五月立

碑刻说明

清刻。在岳各庄村地藏寺。拓片碑通高103厘米，宽73厘米。

碑文考释

岳各庄村西有地藏寺，距天开寺四五里许，每年四月中旬，东南乡行会进香往来必经此地，每到会期，村里人想在此施茶水解过客之劳渴，苦于无地落座。同治九年（1870）三月间，村民见寺前宽敞，又通南北孔道，可建茶舍3间，权当山门，出入又很方便。于是在寺东再建山门一座为重门。并将地藏正殿彩画十王，配殿揭顶，增修取精，院落砌墁，墙垣补葺，前后焕然一新。

经理人杜承训、杜承诲、杜承魁、杨文成、梁和、张友才、段秉礼、史成、赵敏、徐尚德、李起旺、王德魁、马祥、王诏魁、王得春、王进魁、张友仁、郑昆、程准、杜珍、杜琏、李坤、李顺。

二龙岗

在门龙口村南，周各庄村北，因村西南承顺郡王墓而成村。乾隆七年（1742）八月十四日，顺承忠郡王诺罗布第四子锡保薨，没有随其父葬于甘池顺承郡王墓之老府，另辟二龙岗安葬。陵户曹、张、王、孙、汤姓，迁居二龙岗，居耕护墓，繁衍生息，渐成村庄，以地名为二龙岗，村便叫二龙岗。以乾隆七年（1742）为标志，二龙岗建村起始。

清康熙三年（1664）《房山县志》录载今韩村河镇18村，无二龙岗，因当时无此村，该村始建比县志修纂晚80年。民国初，房山县设五区，二龙岗村不在册。民国五年（1916）二月，改设九区，二龙岗村属七区。

本卷收录二龙岗龙碑刻1件：清代1件，其中收录碑文1篇。

〇八一　多罗顺承郡王泰斐英阿碑文

朕惟懿亲笃庆，泽洽本支。属籍承恩，辉流奕世。所以播朝家之隆谊，垂天室之芳声。贻厥方来光于前烈，荣施烂焉。尔多罗顺承郡王泰斐英阿，系出银潢，望崇宝胄。桐圭衍绪，韶龄早誉。英材梓诰，宣猷册府。频膺宠锡，掌宗盟于同姓。惇叙式昭，寄军政于前锋。申严匪懈，沦徂遽告。已当请谥之期，赠恤频颁。肇举易名之典，考彝章于在昔。缅行谊而非遥，谥之曰恭，象其遗迹。呜呼！德彰睦族，屏藩懋麟趾之庥。礼备饰终，琬琰壮螭蚨之色。钦兹嘉命，妥尔幽灵。

乾隆二十一年八月初一日

碑刻说明

清刻。在二龙岗村。碑螭首龟趺，江崖海水底座犹存。通高470厘米，宽142厘米，厚58厘米。碑额篆钦赐。碑身及两侧浮雕纹饰与西甘池村顺承郡王墓的三通墓碑相同。碑文满汉合璧，左满右汉，汉文6行。

碑文考释

二龙岗顺承郡王墓坐西向东，占地50亩。陵首是宫门，宫门两侧各有一角门。陵首墓墙为砖墙，两侧和身后是虎皮石墙，宝顶和地宫均为三合土结构。葬有锡保、锡保第一子顺承恪郡王熙良、熙良第一子顺承恭郡王裴英阿。锡保的宝顶居中，熙良的宝顶在南，泰斐英阿的宝顶在北。

乾隆九年（1744），顺承恪郡王熙良逝世，泰斐英阿承袭顺承郡王爵位，授都统、左宗正之职。乾隆二十一年（1756）逝世。朝廷赐予谥号"恭"。泰斐英阿第四子恒昌承袭爵位。

20世纪六七十年代，墓地的石狮和锡保、熙良两通碑以及宝顶、地宫被砸毁，仅存泰斐英阿碑一通，即《多罗顺承郡王泰斐英阿碑》，此碑立于乾隆二十一年八月初一日。

恒昌卒后未葬此地，又回到西甘池村的顺承郡王家族墓地，另建"北府"于"老府"旁。

韩村河

在曹章村北，赵各庄村南，东与西东村为邻。该村历史悠久，与曹章村同为汉唐古村。西周至战国属燕国地，秦汉以后属良乡县，隋代属燕国良乡县秤邑乡临流里，隋开皇九年（589）《隋韩智墓志》："君讳智，字子哲，燕国良乡县秤邑乡临流里人也。"

唐代属良乡县金山乡，原名韩村。最早见于唐咸通十一年（870）《唐故幽州副将乐安君孙府君夫人太原王氏合祔墓铭并序》："以开成二年四月廿一日归葬于良乡县金山乡韩村管西南三里大茔，礼也。"

五代、辽至金大定二十九年（1189）前，沿袭唐制，属良乡县金山乡。金大定二十九年（1189），割良乡、范阳、宛平三县地建万宁县，划归万宁县，属万宁县白玉乡。金明昌二年（1191）改万宁县为奉先县，属奉先县白玉乡。金大安元年（1209），改白玉乡为怀玉乡，属奉先县怀玉乡。元世祖至元二十七年（1290）改奉先县为房山县，属房山县怀玉乡。明清未变。

明清时期，韩村河仍名韩村。清康熙三年（1664）《房山县志·第二卷·乡村》："韩村，县南三十里。"

民国始称韩村河。民国初房山县改乡为区，设五区，该村属第二区，写作"韩村河"。民国五年（1916）二月，改设九区，属房山六区。民国十七年（1928）《房山县志·卷二·乡村·六区村庄表》："韩村河，西南二五里，七五户，七八四口人。"

本卷收录韩村河碑刻3件：隋代2件、唐代1件，其中收录碑文3篇。

〇八二　隋韩智墓志

君讳智，字子哲，燕国良乡县秤邑乡临流里人也。始祖承天，作周少子额，韩封国，由瑞受廪，因为氏焉。韩倾王之苗胄，渔阳府君子孙者矣。曾祖合，幼怀貔虎，长好干戈。魏帝召授中坚将军、安洛县开国子，南定徐阳，复除洛陵太守，将军、开国如故。在治循整，兽住珠还。祖据，晓古识今，文武俱博，嘱魏道运替，潜志家邦。郡将罗公辟为主簿，赞助尽忠，安上穆下。父琬，性贪恬邃，情思许节，专乐仁智，弗假荣禄，方涉规矩，抑版清河太守。君生即聪敏，心爱琴书，五经通在志学之年，百籍明于加冠之岁。郡主颜公擢任主簿，剖毗有预，声绩上闻。刺史张公用为从事，倍职三思，不殊鲁季。知时睹变，实同卫武。是以外使则官乘佐以徒仆，内侍则公禀坐以重席。至年知命，归心释道。顿舍三毒，专进十善。形维六礼，意念一乘。聊披涅槃，玄解文趣。蹔听华严，义相遥览。和容淹慈，先他后己。慕阐无为于群生，愿扬太空于我我。志质未敷，百六已尽。始年五十有三，薨于燕署之内。邻里断歌相之音，朋亲怀考妣之痛。各云呜呼，无复重睹容模。哀哉良人，何时再来？其词曰：

世德幼通，玄源杜颖。行等金质，言同玉珽。卓尔松生，标然凤举。家国锦镜，番君翅羽。乡里謇謇，朝中翼翼。天不佑善，奄随物极。幽宫朝掩，长居夜台。相看送去，不见迎来。呜呼哀哉！

大隋国开皇九年岁次巳酉十一月庚寅朔廿日己酉

碑刻说明

隋刻。存房山区文物管理所。韩智墓志，隋开皇九年（589）十一月二十日。底盖均长48.5厘米，宽50厘米。盖盝顶式，无纹饰。盖文篆书阳刻"韩君墓志"，底镌志文，四周无线刻框饰。

墓志考释

韩智,字子哲,燕国良乡县秤邑乡临流里人。始祖韩承天,西周官居少子额,受韩封国,以韩为氏,"韩倾王之苗胄,渔阳府君子孙"。

曾祖韩合,大致生活在北魏献文帝至宣武帝时期。授中坚将军,阶从四品,安洛县开国子爵,南定徐阳,拜洛陵太守,将军、开国如故。其入仕,多在孝文帝时期。

祖父韩据,大至出生在北魏宣武帝永平末,卒于东魏末或北齐初。在燕郡守将罗某帐下任主簿之职,是该将属下掌管文书的佐吏。从"嘱魏道运替,潜志家邦"看,其任职时间,应该在东魏时期。

其父韩琬。从韩智的卒年推断,韩琬生于北魏孝明帝时期,历北齐至北周,亦应卒于北周末年。他早年他闲居不仕,墓志说他"专乐仁智,弗假荣禄",韩辅墓志则称"游山玩水,不求世禄"。后来,奉敕出任清河太守,应该是在北齐晚期或北周朝。

"生即聪敏,心爱琴书,五经通在志学之年,百籍明于加冠之岁。"韩智天资聪敏,受到良好的教育,心爱琴书,五经百籍无所不通。

"郡主颜公擢任主簿",韩智开皇九年(589)卒,享年53岁。那么,他应生于东魏孝静帝天平三年(536),以20岁入仕,时在北齐文宣帝天保七年(556)。当年良乡省入蓟县,武平二年(571)才恢复良乡县。时蓟、良乡属燕郡。韩智应在燕郡太守颜某属下充主簿之职。在主簿任上,他"剖毗有预,声绩上闻",颇有作为,声绩为朝廷所闻。此时,应系隋代周时。上应指隋文帝。

"刺史张公用为从事","从事"为刺史属吏。此职应是隋职。在主簿任上,由于表现突出,转在刺史张某属下任从事之职。

"外使则官乘佐以徒仆,内侍则公禀坐以重席。"张刺史对韩智非常器重,委以内外重任。

"至年知命,归心释道。"知命,50岁。《论语·第二章·为政篇》:"子曰:吾十有五而志于学,三十而立,四十而不惑,五十而知天命,六十而耳顺,七十而从心所欲不逾矩。"年至50岁,韩智归心佛法。此时,离他寿终仅3年。

"顿舍三毒,专进十善。"三毒,指的是贪欲、憎恨、愚痴。愚痴是三毒中最根本的一个。人生之所以痛苦,就是因为有贪、嗔、痴三毒的存在,贪让人永不满足，嗔让人产生恶意，痴让人产生错误的认知，错误的认知又会导致贪欲、憎恨、愚痴。佛教中，通常用鸽子、蛇、猪代表贪欲、憎恨、愚痴三毒。十善，一不杀生，二不偷盗，三不邪淫，四不妄言，五不绮语，六不两舌，七不恶口，八不悭贪，九不嗔恚，十不邪见。此中前三名身业，中四名口业，后三名意业。业者，事也，若持而不犯，则为十善。意指韩智尊依佛说，去恶行善。

"形维六礼，意念一乘。"古有冠礼、婚礼、丧礼、祭礼、乡饮酒和乡射礼、相见礼。"六礼"不知是否为此？一乘，佛教语，谓引导教化一切众生成佛的唯一方法或途径。意谓韩智凡事尊礼，一心修佛。

"聊披涅槃，玄解文趣。"涅槃，佛教指清凉寂静，恼烦不现，众苦永寂，具有不生不灭、不垢不净、不增不减，远离一异、生灭、常断，亦即成佛，指经过几年或则几十年的修养，最终达到没有烦恼、超脱生死的境界，也就是无所得、无执着、随缘而不变的圆满境界。玄解文趣，指领悟佛法的奥秘。

"蹔听华严，义相遥览。"华严，指《华严经》，韩智生活的隋开皇，为华严初祖杜顺时期，正是华严宗初兴期。杜顺，北齐天保八年（557）生，18岁出家，法号法顺。师事因圣寺之僧道珍，受习定业，后住于终南山，宣扬华严教纲。其言教多贬抑浮词，彰显正理。贞观十四年（640）于南郊义善寺示寂，世寿84。韩智"蹔听华严，义相遥览"，是称赞他持受《华严经》，能洞明要旨。这和当时社会的华严信仰相吻合。

"和容淹慈，先他后己。"韩智受佛教影响，合和包容，广布慈悲，先人后己。

"慕阐无为于群生，愿扬太空于我我。"阐无为于群生，证得解脱、证涅槃果、大智慧，广度一切众生。太空，佛教谓大乘彻底之空，既不执有，亦不执空。意即韩智向往证得解脱、证涅槃果、大智慧，广度一切众生，想要达到大彻大悟的境界。

"志质未敷，百六已尽。"百六，古代以为厄运，意即心愿尚未实现，厄运降临。

"始年五十有三，薨于燕署之内。"韩智53岁卒于供职的燕国官署内。

○八三　隋良乡县司功韩君墓志

　　君讳辅，字仲卿，燕国良乡人也。先受天符就国，后因韩侯作氏。周王之胄，渔阳子孙也。高祖合，才堪导士，智能消难。魏授中坚将军、乐陵郡守、安乐县开国子。曾祖据，郡守罗公辟为主簿。寻举入京，授长平县令，恩致遮辕，惠招宜竹。祖琬，游山玩水，不求世禄，敕使抑版清河太守。父子哲，交比仲平，思同文子，郡将李公擢任主簿，刺史张公用为从事。言成珠玉，行当物表。君幼闲礼德，长明世务。萧明府、王明府、李明府，以君超儁如松、卓朗如玉，相传三政，并任司功。奉上以剖腹为轻，接下慕竹马之重。县令端坐，安机垂幰，时风时雨，不谢徐君。息暴息蟥，无愧密合。周既统□，□□削旧，明府韦忻，押作主簿。韦宗明府，复任司功，赞奉理务，□着声绩。总管金水公用为典，引接阶庭，谋论帏幄。总管张□公举当三贡员，有卢祖君为上宾，厕英紫阙，拜圣龙庭。实欲□己励节，奉国忘身薨。大人谓君曰："来从无为来，早终无为路。"言讫悟觉，忽然意解，更心易志，慕求大道。舍己珍物，劝导乡亲，为造一切经，并作经藏，常持五戒，日修六礼，奉香谶，除三毒，投□愿，归十善。真理未周，刀风缠己。以仁寿元年岁次辛酉四月十八日，卒于昌乐乡临治里之地，年五十六。其年十一月辛巳朔四日甲申，窆于秤邑乡临流里。□恐世代推迁，山倾海覆，镌石陈志，传古来今，其词曰：

　　□□□华，弱冠□美。身为世□，□成仁□。职赞□□，□□□□。□□□□，□语含香。年及知命，□心一乘。体□□□，□□□□。□□□□，谢玉响崩。摧人□断，□□□承。埃□□□，□□□□。

碑刻说明

　　隋刻。存于房山区文物管理所。韩辅墓志年代，隋仁寿元年（601）十一月四日。志长54厘米，宽54厘米。志底断裂四块，左上、下角残缺。盖长59厘米，宽59厘米，盝顶式，有斧斫痕，无纹饰，盖文正书"韩君墓志"，周双丝栏，志文首题"隋国良乡县司功韩君墓志"。底镌志文，四周无线刻框饰，而字间有方丝栏。

墓志考释

君辅，字仲卿，燕国良乡人也。高祖韩合，北魏授中坚将军、乐陵郡守、安乐县开国子。乐陵，今属山东省德州乐陵市。曾祖韩据，郡守罗公辟为主簿。不久，被举荐到北魏都城洛阳，授长平县令。长平县，治所在今河南西华县东。

祖父韩琬，敕使抑版清河太守。清河，清河郡，治今河北清河县。父韩子哲，先为郡主簿，后在刺史张某属下任从事之职。

韩辅，北齐时期在良乡县任司功参军，北周朝，先任主簿，后任司功参军。入隋，为总管金某佐吏，后被总管张某举荐给朝廷。

"大人谓君曰：'来从无为来，早终无为路。'言讫悟觉，忽然意解，更心易志，慕求大道。舍己珍物，劝导乡亲，为造一切经，并作经藏，常持五戒，日修六礼，奉香讖，除三毒，投□愿，归十善。"韩辅仕途正好，听到长者的一番话，忽然醒悟，一心向佛。他辞官归里，劝导乡亲，造一切经置于寺内，并施钱造经奉藏于秘阁，按照佛教教义修持。

韩智、韩辅父子晚年向佛，并非孤立现象，有其社会原因，和隋建立后大力提倡佛教有关：

《隋书·卷三十五·志第三十·经籍四》："开皇元年，普诏天下，任其出家，仍计口出钱，营造经像。而京师及并州、相州、洛州等诸大都邑之处，并官写一切经置于寺内；而又别写，藏于秘阁。天下之人，从风而靡，竞相景慕，民间佛经，多于六经数十百倍。"韩氏父子受到社会影响，一个在官修佛，一个干脆辞官归里，一心向佛。韩辅"劝导乡亲，为造一切经，并作经藏"，正是响应隋文帝的诏令。

"以仁寿元年岁次辛酉四月十八日，卒于昌乐乡临治里之地，年五十六。"韩辅仁寿元年（601）四月十八去世，享年56岁。据此，他应生于东魏孝静帝武定三年（545）。

"卒于昌乐乡临治里之地"，隋代，燕国良乡县在今房山区窦店镇，"临治里"应为今窦村一带，而今包括窦店村在内的窦店镇，隋属昌乐乡。韩辅为良乡县司功参军，故居昌乐乡临治里，并终于此地。

"其年十一月辛巳朔四日甲申，窆于秤邑乡临流里。"韩辅于仁寿元年（601）十一月四日，葬于秤邑乡临流里。

韩智墓志载："君讳智，字子哲，燕国良乡县秤邑乡临流里人也。"两方墓地均出土于韩村河村，故知今韩村河村，隋属燕良乡县秤邑乡临流里。

韩村河，原名韩村，当是与韩姓始居此地有关，因韩姓而得名。自汉代以来，至辽金，燕地韩姓，多官居显位，故疑韩村河为古燕京地区韩姓世居地。

该村临挟括河，适合远古依水而居，故该村历史应相当久远。韩村河村南有曹章村，曹章村内尚存汉代古井一眼，知此村形成不晚于汉，或早至战国。韩村河村抑或同时。

该河段，早年因在韩村，故称韩村河，河以村得名，渐成地名，后世韩村又因地名，称韩村河村。

〇八四　唐故幽州副将乐安君孙府君夫人太原王氏合祔墓铭并序

府君讳英，其先乐安人也。系自仙宗而称氏焉，后绵绵瓜瓞，锡土九州，源流玉叶繁茂。远祖因官至燕，遂为涿郡范阳人也。府君公推忠烈，誉振骁雄，整士伍而草偃秋风，剪凶渠而刀摧劲竹。岂期天不愁遗，大祸倏至，以开成二年四月廿一日归葬于良乡县金山乡韩村管西南三里大茔，礼也。可谓月落珠浦，香消桂林。夫人王氏，妇容早彰，坤德柔顺。移天结发，克妃贞良。鹊巢始成，贞松先折。凌空失翼，涉水无梁。孀居岁淹，绩麻一十五，十有曹蔡之规，□著钟郝之范。松竹齐寿，霜凋倏摧。春秋九十七，以咸通八年二月廿一日权窆于丘园，礼也。以咸通十一年十月十六日龟筮祔于府君旧茔，礼也。有子二人：长曰孝晟，荆岫琳琅，珠江杞梓。守礼风古，微犹得新。锐气干乎九霄，武略明乎七德。昭玉择才，署为器仗官兼马步军头。次曰士林，充幽州副将。赳赳勇士，秀质堂堂。弱冠从军，边陲霜历。著顾牧之功，分忧尽节。才余耳顺，养性丘园。重义亲朋，宇寰稀也。有孙男二：长曰自丰，充幽州器仗官。次曰克绍，文武忠孝，纳士招贤。州县知名，乡中行著。代父之忧何啻？不幸短命，今也则亡，以咸通十一年三月十四日卒于私舍。其年十月十六日，卜兆于涿州范阳县弘化乡白带管中庄西一里创茔龙岗原，礼也。孙女一人，适天水赵氏，蘬花纷芳，霜兰忽折。孙男克绍新妇，清河张氏，四德耳彰，内和中积。二八竿年，归于孙公。松萝始构，不祜一榷。菟丝无依，号天棘首。毁瘠羸形，望孤坟而悄悄。独守空闺，夜久茕茕，可谓孤鸾失伴。事舅姑不亏晨夕，过于莱妇，誓不非道，守率百龄，如存巾栉。副将孙公，擗踊哭泣，号素穹旻，庶几厚葬。生事之以礼，死葬之以礼，孝子之事亲终矣。虑桑田迁渝，乃勒贞珉。词曰：

卓哉府君，挺秀风秀。开略赳赳，尽节军门。珠沉逝水，月落西崤。孤坟悄悄，松柏昏昏。桑田虑变，勒石徒存。孔悝立志，显德名勋。封植千祀，万古犹闻。玄堂闻后，余庆子孙。

碑刻说明

唐刻。存于房山区文物管理所。方形，长宽均46厘米，厚5厘米。正书27行，行31字不等。1992年4月于韩村河镇韩村河村砖厂发现。

墓志考释

房山区张坊镇广禄庄村，立有唐光启四年（888）孙英次子孙士林神道碑即，《唐幽州内衙副将中散大夫试殿中监乐安郡孙府君神道碑并序》（以下简称《孙士林碑》），现存于云居寺，与《唐故幽州副将乐安君孙府君夫人太原王氏合祔墓铭并序》（以下简称《孙英墓志》）两件碑刻参照，可弄清孙氏的世系及家族情况。

《孙英墓志》载道："先乐安人也。……远祖因官至燕，遂为涿郡范阳人也。……公（孙英）推忠烈，誉振骁雄，整士伍而草偃秋风，剪凶渠而刀摧劲竹。岂期天不慭遗，大祸倏至，以开成二年四月廿一日归葬于良乡县金山乡韩村管西南三里大茔，礼也。"

《孙士林碑》记述了孙氏世谱和里居："府君讳士林，字茂卿，其先乐安人也……齐宣王将膑、魏将涓战于马陵，房魏太子名逮，护子孙遂居齐乐安矣。其裔孙会宗，汉安定太守。曾祖讳闰，字泽，平军大使银青光禄大夫检校国子祭酒兼御史中丞。祖讳进。烈考讳英，幽州内衙副将。"

综合两件石刻记载：

孙英，乐安人。乐安，今属山东省滨州市惠民县。战国时，齐孙膑在马陵战胜魏将庞涓，定居在齐国乐安。孙膑的后裔孙会宗，汉代安定太守，是为孙英远祖。安定，即安定郡，西汉元鼎三年（前114）置，治所在高平县（今宁夏固原市）。辖境相当今甘肃景泰、靖远、会宁、平凉、泾川、镇原及宁夏中宁、中卫、同心、固原、彭阳等县地。孙英的祖先因为在燕地为官，故成为涿郡范阳人。涿州范阳，今为河北省涿州市。孙英曾祖父孙闰，字泽，授平军大使银青光禄大夫检校国子祭酒兼御史中丞。父孙进，似无官职。孙英，任幽州内衙副将。

《孙英墓志》载孙英"有子二人，长曰孝晟……署为器仗官兼马步都军头。次曰士林，充幽州副将。……有孙男二：长曰自丰，充幽州器仗官。次曰克绍，文武忠孝，纳士招贤。……不幸短命，今也则亡。"

《孙士林碑》："烈考讳英，幽州内衙副将。……兄曰孝晟，幽州马步都军头、游击将军、□□卫中郎将。有男二人，长曰克绍，早卒。次男克纯，未仕。……有侄一人，曰自丰，幽州器仗官□校尉□率府中郎将。"

前者说孙英有两个儿子，长子孙孝晟，次子孙士林。两个孙子，长孙叫孙自丰，次孙叫孙克绍（早亡）。后者说孙士林的父亲名叫孙英，有个哥哥叫孙孝晟，孙士林有两个儿子：长子孙克绍早亡，次子孙克纯。两件石刻的记载吻合，只是《孙英墓志》未载孙克纯。

综上所述：孙英有二子。长子孙孝晟，幽州器仗官马步都军头、游击将军、□□卫中郎将。次子孙士林，充幽州副将。

有孙二，长孙孙自丰，幽州器仗官。次孙孙克绍，早卒。孙自丰，应为孝晟子，故《孙士林碑》称其为"侄"。孙克绍为孙士林长子。

《孙英墓志》没有提到孙士林第二子孙克纯，因为当时克纯还没有出生。孙克绍"咸通十一年三月十四日卒于私舍。其年十月十六日，卜兆于涿州范阳县弘化乡白带管中庄西一里创茔龙岗原"（《孙英墓志》）。孙士林母亲太原王氏则早于"咸通八年二月廿一日权窆于丘园……以咸通十一年十月十六日龟筮祔于府君旧茔"。"副将孙公，擗踊哭泣，号素穹旻，庶几厚葬。"副将孙公，显然是孙士林。孙士林之所以于十一年十月十六日这一天，将"权窆于丘园"的母亲祔葬于韩村父亲孙英墓，因是年三月十四日，痛失爱子孙克绍，当年要安葬，故选择同一日，在韩村祔葬生母，在白带村安葬爱子。据《孙士林碑》：孙士林

"中和四年十月染疾，终于涿州弘化乡白带村私舍，春秋七十九"。由此推算，孙士林出生于唐顺宗永贞元年（805），爱子孙克绍卒时，孙士林已经65岁。他的第二个儿子孙克纯，是孙士林65岁丧子之后再生，故《孙英墓志》未载。

"开成二年四月廿一日归葬于良乡县金山乡韩村管西南三里大茔。"《孙英墓志》出土地韩村河村，故知当年韩村河村隶属良乡县金山乡，村名"韩村"。即言归葬，那么孙英是良乡县金山乡韩村人。

韩村河村先后出土隋、唐墓志，墓主均世代为官，家世显赫，故知韩村河村历史悠久，为历史名村，该村的韩、孙家族，与中国北方韩氏、孙氏家族的关系，有必要深入研究。

赵各庄

在韩村河村北，西营村南。该村地处平原，生活条件优越，一般来说成村时间应较早。相邻的韩村河村、曹章村、七贤村、大次洛村，均历史悠久，故应属于房山境内的早期村庄。该村有三官庙、关帝庙、泰山娘娘行宫等十几座庙宇。民国晚期，是房山中部重要商镇。

赵各庄原名赵家庄，清康熙三年（1664）《房山县志·第二卷·乡村》："赵家庄，县南二十里。"

民国始称赵各庄。民国初房山县改乡为区，设五区，该区属二属，写作"赵各庄"。民国五年（1916）二月，改设九区，属房山六区。民国十七年（1928）《房山县志·卷二·乡村·六区村庄表》："赵各庄，西南二〇里，五〇户，六四六口人。"

本卷收录赵各庄村碑刻5件：明代1件、民国4件，其中收录碑文5篇、碑阴题1则。

〇八五　创建三官庙碑记

京□丙卯科进士□□□撰文

郡庠贡生□□□书丹

邑庠后学□□□碑额篆书

涿之属邑房山县南赵家庄，民居□□□然，一胜地也。邑人耆故纪代祯□□□□实谨欲表□村□□，时和年丰，民康物阜，□□□□□族侄□荣□□其□长子朝阳、次仲贤、次仲美、次仲义曰："吾夙□□□三官神祇凡□乾水□□之□恐非神则□也至诚之格实神□之休也。适今□□□既□妇子□□□□□□□□而□□重修之诚。"诸子□曰："□此千古□□□"。□地鸠工，起建□祠，计其□□三，内塑神像，而出入从卫之，□□绘诸，壁之左为□□□□以□□□□□□□二栋，厥工□□，将以牲□□□神而安之，遣荣驰□□□记于予，按祭统：法施于民则祀之，能御大灾则祀之，能捍大患则祀之。今所祀三官神者考诸外传，谓其父、媲陈氏名子椿，尝观王之三去，久有其子，长曰上元九炁天官，次曰中元七炁地官，季曰下元五炁水官，各主其民功过，生平以救灾恤患为德。既没，并著灵异，有利于民。以予言之，似近于荒诞不经，但其生也救灾恤患，其没也赫显灵异，诚为可肃。况其世代虽无可征，而其为人所崇奉久而不替者，亦必有所自也。兹祠宇既完，厥工落成，神栖堂宇之静幽，亨乡邑之肃祗，吾不知果有施法于民，而能救大灾捍大患乎否也？敬鬼神而远之，是固建祠之大意。若夫灵异之善，善有福，淫有祸，则神也夫，岂人之所逆料而预期之哉！

大明嘉靖三年岁次甲申春月吉日立　住持王崇真　范阳郡许增镌经

碑刻说明

明刻。在赵各庄三官庙旧址。通高139.5厘米。碑首高45厘米，宽59.5厘米，厚14厘米。碑身高94.5厘米，宽57厘米，厚13厘米。方首圆角，浮雕朵云、如意云。碑额篆书，双勾题"创建三官庙记"。

碑文考释

该碑因年代久远，字迹泯灭，故不知创建三官庙首倡者之名，幸有民国碑补叙其事。

民国二十四年（1935）《整立三官庙旧碑记》："房山县南赵家庄村西有三官庙一座，创于明代嘉靖三年，有村中耆士纪代祯讳凤者，凤怀此愿，输赀倡议，因嘱其子朝阳、仲贤、仲美、仲义等克承厥志，于是协助本寺住持王崇真道人，四方劝募，鸠工庀材，卜告经营，卒使殿宇完成，名标石表。"

参照此记载，可知明嘉靖三年（1524）创建三官庙的大致情况：赵家庄村本村人纪凤，字代祯，施钱首倡创建三官庙，与四子纪朝阳、纪仲贤、纪仲美、纪仲义商议，获得赞同，创建正殿3间，内塑三官神像，殿壁左右各绘神像。

"涿之属邑房山县南赵家庄"，可知明代该村村名"赵家庄"。

〇八六　京兆房山县城南乡赵各庄重修关帝庙碑记

且古人称神，多因保民。后□□□所以众思敬则为神也。伏耶广以慰民，关帝庙神也。□庙□□。当年创修关帝庙之□□□□如□□□□廊□□□□青□□□□□□□□□□□□□。铭曰：

帝庙□神，□□伏□。先人感德，殿宇嵯峨。□湮代远，雨雷风波。廊楹残缺，砖瓦消磨。村人感触，大众□□。更新气象，重整规模。神威复振，水却民瘼。立斯碑碣，恐后传□。

涿州前清恩贡生鸿胪寺候选教谕冯传谱撰文并书丹

民国己未年仲夏月合村公立

良乡县平各庄谭金声勒石

碑阴

发起人赵玉明、王裕泰。

经理人王全忠、崔昆、崔荣。

赞成人王贵、王全孝。

运料赵玉春、纪修。

监工王维声、崔振邦。

一切花费告白分明，暗室亏心神目如电。北庄村瓦匠人卢永安、东营村木匠人秦泰恒、李家庄石匠人梁焕、本村画匠人崔振纲。

本庙住持僧止蓬。

碑刻说明

民国刻。原在赵各庄村关帝庙旧址，今移到村委会后院。碑无座，断为两段。通高158厘米。碑首高62厘米，宽68厘米，厚18.5厘米。碑身高96厘米，宽65.5厘米，厚16厘米。方碑首抹角，正面浮雕卷草，碑额正书"勒碑刻石"。碑阴浮雕两面民国早期国旗交叉，左为五色旗，右为五色旗中央一朵梅花。碑额"永垂不朽"。

1911年至1927年中华民国国旗，由红、黄、蓝、白、黑五色横列组成，表示汉、满、蒙、回、藏五族共和。

碑文考释

己未年，为民国八年（1919）。

赵各庄关帝庙，创建年代不详。村中有一明碑，字迹漫漶。碑首篆"重修关王庙碑记"尚清晰可辨。

关羽封号，自蜀汉景耀三年（260），后主刘禅追谥关羽为壮缪侯为始，此后宋朝历封忠惠公、武安王，元代封义勇武安英济王，明太祖恢复原封"寿亭侯"，世宗仍称汉将军寿亭侯，直到神宗万历十年（1582），封协天大帝。从"关王庙"之称看，赵各庄村关帝庙创建时间，不会晚于元代。

从明碑碑首形制看，亦是明中早期风格。因此，大至可以得到这样的判断：赵各庄村关帝庙，始建于元或元以前，明中早期曾经重修。

民国己未年碑，即民国八年（1919）碑，记载了当年村民重修一事。发起人赵玉明、王裕泰。经理人王全忠、崔昆、崔荣。赞成人王贵、王全孝。运料赵玉春、纪修。监工王维声、崔振邦。北庄村瓦匠人卢永安，东营村木匠人秦泰恒，李家庄（今李庄村）石匠人梁焕、本村画匠人崔振纲。本庙住持僧人止蓬。

撰文并书碑人，涿州前清恩贡生鸿胪寺候选教谕冯传谱，勒石人良乡县平各庄（今房山区琉璃河镇平各庄）谭金声。

这是该村关帝庙最后一次重修。

〇八七　整立三官庙旧碑记

阴骘篇曰："修因种于来世，积德遗与子孙。善行者定获福报，恶念者终遭祸殃，因果循环丝毫不爽。自古祸因恶积，福缘善庆。善恶二途，惟人自召。"其言不吾欺也。房山县南赵家庄村西，有三官庙一座，创于明代嘉靖三年，有村中耆士纪代祯讳风者，夙怀此愿，输赀倡议，因嘱其子朝阳、仲贤、仲美、仲义等克承厥志，于是协助本寺住持王崇真道人，四方劝募，鸠工庀材，卜告经营，卒使殿宇完成，名标石表。斯举也，功德最者，首推纪室，故代祯之夫人周氏、子媳李氏、陈氏、刘氏、蔡氏暨孙永猷、永宁等，芳名均列诸表末。凡香烟之绵远，久而不替，功皆出自纪氏不惜储囊、乐善好施之功也。惜其时不知涉及何嫌，碑刊未立，至使暴露雨淋，遗憾千秋。村人必触目伤情，久抱惭愧先人之感。适于民国乙亥春，又重修泰山行宫，故因之便，用敢发此保存古物之心，谨将原创旧碑依式树于殿前，不敢云酬神报功之举，实为尽后人之微衷，以不泯灭前辈之功德也云尔。

偿愿提议人：乡长赵纲、乡副赵经、乡董王维翰、王维声、赵玉祥、纪修、赵玉春、王维宾、王重□等。

直隶省立保定中学校卒业生赵经撰文

房山县立师范讲习所卒业生赵毓俊书丹

民国二十四年岁次乙亥季夏月谷旦敬立　匠人杨景星勒石

碑刻说明

民国刻。在赵各庄三官庙旧址。通高139.5厘米。碑首高45厘米，宽59.5厘米，厚14厘米。碑身高94.5厘米，宽57厘米，厚13厘米。方首圆角，浮雕朵云、如意云。碑额正书"因果不昧"。

碑文考释

碑载，房山县南赵家庄村西有三官庙一座，创于明代嘉靖三年（1524）。有村中耆士纪凤，字代祯，早有创建三庙官的想法，施财倡议，吩咐其子纪朝阳、纪仲贤、纪仲美、纪仲义，着力承办，协助本寺住持道人王崇真，四方劝募，鸠工庀材，卜告经营，终使殿宇完成。参与创庙的除纪凤与四子外，还有纪凤其他家人：夫人周氏，子媳李氏、陈氏、刘氏、蔡氏，孙纪永猷、纪永宁等，芳名均列于碑末。此即明嘉靖三年（1524）《创建三官庙碑》。只是不知道出于什么原因，当年碑已刻好，没有立起来，以至风吹雨淋411年之久。

民国乙亥春，即民国二十四（1935）年春，赵各庄村民重修泰山行宫，经乡长赵纲、乡副赵经，乡董王维翰，乡董王维声、赵玉祥、纪修、赵玉春、王维宾、王重□等提议，顺便将原创旧碑依式树于三官庙殿前，并镌《整立三官庙旧碑记》于明嘉靖三年（1524）《创建三官庙碑》阴以记其事。

〇八八　河北省房山县城南赵家庄村重修泰山行宫记

夫人莫不欲免祸而得福，亦莫不欲避危而求安。然福幸至安非自得也，于是崇□□□□□祷之事兴焉。自古神道设教敕建神祠，专为禳祷也。然不有创其先者，则其善不彰。不有继其后者，而其传不久焉。房山县南二十里赵家庄村北，有古庙一座，名曰泰山行宫。创于明代末年，众善所建正殿三楹，中央为三霄圣母，两端为十殿阎君。前殿三楹为协天大帝，南北禅房与四周群墙一时之装修完美，粲然可观。惜其无碑可记，终属憾事。迨其年柴月，久经风雨摧残，庙颓朽，亦几乎鞠为茂草矣。村人虽触目伤心，其翻修无力，徒呼负负。于清咸丰二年，适有游道慧仙者住锡此院，目不忍睹，遂叩祈本村众善□事，请助捐募化，誓愿重修。于是东奔西走，募十方甚至摩顶放踵，不遗余力，卒能鸠工庀料，一体翻新。惜其功成圆满，激流湧退，后闻竟□□于河东，能不使人悒悒而兴伤感乎？厥后雨洒风吹，丹青遗落，木石倾圮，殿宇坍颓，村民目击感伤，虑善事之就湮，既难报于神明，尤惭对于先辈。遂于民国乙亥春正，经首善发起，召开阖村会议表决，协力捐资重整庙堂。于二月朔开始兴修，首倡人鸠工庀材，赞襄人布料兴工，依旧式重建维新，越两阅月工程告竣。计修正殿五楹，重建殿顶四壁，南房三间倒基翻新，群墙与前殿北房依式绸缪，焕然一新。此乃废而复兴，否极泰来。香烟绵远，流芳万古。其功不亦伟哉？欲勒石而嘱记于余，余质鲁不善于文，将何以记？亦惟详其地，纪其时，载其人，录其功，俾开创者功德常昭而继其后者因果不昧，以不没人为善之深心也云尔。是为记。

直隶省立保定中学校卒业生赵经撰文
房山县立师范讲习所卒业生赵毓俊书丹
匠人杨景星勒石
民国二十四年岁次乙亥季夏月谷旦敬立

碑刻说明

民国刻。在赵各庄村北泰山行宫旧址。通高162厘米。碑首高59厘米，宽65厘米，厚19厘米。碑身高103厘米，宽63.5厘米，厚18.5厘米。方首圆角，浮雕二龙戏珠。碑额正书，双勾题"青山不改"，阴额"绿水常流"。

碑文考释

赵家庄村北泰山行宫，创于明代末年，正殿3间，正位奉三霄圣母，即云霄圣母、琼霄圣母、碧霄圣母，两端为十殿阎君。十殿阎君分别是：第一殿秦广王蒋、第二殿楚江王历、第三殿宋帝王余、第四殿五官王吕、第五殿阎罗天子包、第六殿卞城王毕、第七殿泰山王董、第八殿都市王黄、第九殿平等王陆、第十殿转轮王薛。前殿3间奉协天大帝。南北禅房、四周院墙一应完备，粲然可观。久经风雨，殿宇颓朽。清咸丰二年（1852）七月，云游道士慧仙来到赵各庄村，在泰山行宫住下，目不忍睹，恳请本村众善，请助捐募化重修。东奔西走，募化十方，不遗余力，鸠工庀材，将泰山行宫修缮一新。功德圆满，慧仙急流勇退，终老于河东。

时至民国，泰山行宫丹青遗落，木石倾圮，殿宇坍颓，村民目击感伤，于民国二十四年（1935）春，阖村会议表决，协力捐资，重整殿宇。本年二月初一兴工，依旧式重建，历时两个月工程告竣。修正殿5间，重建殿顶、四壁，南房3间倒基翻新，院墙、前殿、北房，依式重建，焕然一新。

〇八九　河北省房山县城南赵各庄村子孙圣会碑记

我村向有娘娘行宫也，历年元宵节八月朔日，请驾遍巡邻村，接受香火。沿至清光绪三十年，全村人张槐、赵永贵等多人，以行驾游巡，殊觉简陋，对于先神实多怠慢，以故提倡集资，创建盖舆，以壮观瞻而报神庥。并募捐邻村如东营、西营、次渠等村众大善士，兴修宫殿，置备銮驾，联合同志，执役金刚。斯时也，接顶迎神，香烟鼎盛，较前实胜百倍。于是子孙会成焉，内分金刚会兴尔，继并以发起人为会首。彼时以事在草创，暂立木牌以作纪念。虽自创修以来，我圣母时显灵异，惠我群黎者恒河沙数。以故村民虔诚联合东营、西营、次渠、襄驸马庄等村善男信女，报献万民衣伞，藉以酬答神功。会首等以人寡力微，复又增加干事以谋扩大会务，只以时遭变迁，出人料外，数年以遂未允请驾游巡矣，实为人谓之何哉！会众等诚恐原有木牌日久虫蚀，无从务考，特立此碑，以昭永久云尔。

保定直隶省立中学毕业生赵经撰文

房山县立师范讲习所毕业生赵毓俊书丹

子孙会发起人胡忠　陈荣　张槐　赵永贵　成永平　王兴

贷人王兴林　赵显　赵纶　李櫏　王木　姚祥　赵俊　王世魁　徐万清　胡保金

金刚会刘禄　胡进□　纪泰　王天旺　王竹林　纪连仲　王怀志　王全义　王瑞林　王全珍　王全恒　李明泰

助理人东营村郭魏氏　孙史氏　石石氏　□段氏　胡张氏　张刘氏　张李氏

白郑氏

本村胡王氏　纪成氏　王王氏　李李氏　小次渠王吴氏　李王氏

民国二十九年夏历仲冬谷旦敬立　勒石人杨景星

碑刻说明

民国刻。在赵各庄村北泰山行宫旧址。通高145厘米。碑首高44厘米，宽63厘米，厚15厘米。碑身高96.5厘米，宽62.5厘米，厚14.5厘米。方碑首，浮雕云纹。碑额正书"永垂不朽"，阴额正书，双勾题"万古流芳"。

碑文考释

本村娘娘行宫（即泰山行宫），历年元宵节、八月初一，请出三霄圣母法驾，由众人抬行，遍巡邻近各村，接受大众香火。至清光绪三十年（1904），本村人张槐、赵永贵等人，觉得这样巡游，未免太过简陋，怠慢神灵，提议集资，创建盖舆。同时，募捐相邻的东营、西营、次洛等村，兴修宫殿，置备銮驾，联合志同道合的人，手执金刚杵护驾。当时，接顶迎神，香烟鼎盛，与从前相比，要庄严隆重得多。于是子孙会成立，内分金刚会，以发起人为会首。事在草创阶段，故暂立木牌以记事。

此后，村民联合东营、西营、次洛、襄驸马庄等村善男信女，报献万民衣伞，酬答三霄圣母，人手显然不够用了，又增加干事，以备会务扩大之需。此时，"七七事变"爆发，房山为日本侵占，社会动荡，日伪政权禁止请驾巡游，百姓十分无奈。会众等诚恐原有木牌日久虫蚀，无从凭考，于民国二十九年（1940）十一月，特立此碑。

子孙会发起人胡忠、陈荣、张槐、赵永贵、成永平、王兴，贷人王兴林、赵显、赵纶、李懔、王木、姚祥、赵俊、王世魁、徐万清、胡保金。金刚会刘渌、胡进□、纪泰、王天旺、王竹林、纪连仲、王怀志、王全义、王瑞林、王全珍、王全恒、李明泰。助理人东营村郭魏氏、孙史氏、石石氏、□段氏、胡张氏、张刘氏、张李氏、白郑氏，本村胡王氏、纪成氏、王王氏、李李氏，小次渠王吴氏、李王氏。

"以时遭变迁，出人料外，数年以遂未允请驾游巡矣，实为人谓之何哉！"

由于日伪严酷统治,村民只有这样委婉表达。"实为人谓之何哉!"这一无奈悲叹,表达了村民对日伪统治的愤怒。民国二十九年(1940),是"七七事变"爆发后的第三个年头,赵各庄村民为子孙会立石碑,表现了房山人民顽强的生存意志,同时是对日本侵略者统治的无声反抗。

房山碑刻通志

石楼镇

在房山区中部，东距西周古燕都15里，20世纪70年代曾出土窖藏战国刀币百余公斤，境内大次洛村有大面积汉墓出土。出土文物表明，石楼镇为历史文化古镇，3000多年前，为燕国邦畿之地，战国至汉，这里村陌相望。

自汉代属良乡县。

唐代石楼镇西境属良乡县金山乡，东境属良乡县尚义乡。

唐长安二年（702）《大周故处士张君举墓志铭》："以长安二年岁次壬寅□□己巳朔五日癸酉，迁之窆于固节县西北廿里金山乡之平原"（武周时期良乡县一度名固节县）。此墓志出土于石楼镇西境。

唐建中四年（783）《大唐开府仪同三司试太常卿兼左金吾卫大将军上柱国刘公墓志铭并序》："四年春二月戊申朔廿五日壬申，葬于良乡县西南尚义乡之原。"此墓志出土于石楼镇东境吉阳村。

历辽至金，石楼镇西境仍属良乡县金山乡支卢里。支楼村金大定二十一年（1181）《大金国中都良乡县弘业寺诠公灵塔记》："师讳省诠，兹乃当县金山乡支卢里人也。"

金大定二十九年（1189），割良乡、范阳、宛平三县地建万宁县，划归万宁县。金明昌二年（1191）改万宁县为奉先县。元世祖至元二十七年（1290）改奉先县为房山县。明清未变。

据清康熙三年（1664）《房山县志》，石楼镇在册12个村：石楼村、支楼村、梨园店、夏村、小营（今双孝村）、坨头、杨驸马庄、襄府庄（襄驸马庄）、二站村、继阳村（今吉羊村）、次乐（今大次洛）、双柳树。

民国初房山县改乡为区，设五区，今石楼镇在册12村。梨园店、双柳树、夏村3村属第一区；石楼村、吉阳村、二站村、坨头村、双孝村、大次洛、支娄、杨驸马庄、襄驸马庄9村属第二区。

民国五年（1916）二月，改设九区，今石楼镇在册12村。梨园店、双柳树、夏村属第一区；石楼村、吉阳村、二站村、坨头村、双孝村属第二区；大次洛、支楼、庄儿上（杨驸马庄）、南庄儿（襄驸马庄）属第六区。

1949年10月，属河北省房山县。1956年为房山县石楼管理区，1958年属北京市周口店区，1960年属北京市房山县。1961年房山县设立石楼人民公社，1984年改石楼人民公社为房山县石楼乡。1987年1月，正式撤销原房山县和燕山区，成立房山区，为房山区石楼乡。1990年改房山区石楼镇，镇域辖12村：吉羊村、二站村、石楼村、双孝村、支楼村、杨驸马庄、襄驸马庄、大次洛村、坨头村、双柳树、梨园店、夏村。

本卷收录石楼镇碑刻33件，分布于杨驸马庄、支楼村等10村，其中：杨驸马庄3件、支楼村5件、大次洛5件、吉羊村2件、二站村7件、石楼村2件、坨头村4件、双孝村2件、梨园店1件、夏村2件。

收录碑文30篇、诗2首、寺题1则、碑阴题2则。

杨驸马庄

在襄驸马庄村北,支楼村西南。明代皇帝赐驸马杨梅庄园于此,故名杨驸马庄。杨梅,《明史》无载。民国十七年(1928)《房山县志》卷三陵墓:"明驸马杨梅墓,杨驸马庄北,有万历年碑。"

明代,杨驸马庄属顺天府房山县,清代亦属顺天府。民国初,房山县设五区,杨驸马庄属第二区。民国五年(1916)二月,改设九区,属六区。今属房山区石楼镇。

本卷收录杨驸马庄3件:清代3件,其中收录碑文3篇。

〇九〇　重修福寿寺碑记

福寿寺者，因旧制而易其名者也。房山县正南十八里杨驸马庄，旧有娘娘庙一座，自康熙三年重修，迄今百有余岁，久经风雨，栋宇倾颓。邑人绳公名大忠，祖居是乡，复矢愿重修，以继前人之志。因命子长准、次淳，分治其事。至辛巳春，有山西榆次县赵福亮、太谷县王居清暨本村李文清、王明，皆愿协力，共成此事。乃求助于众善人，众善人愿捐资相助。于是鸠工庀材，后殿三楹，功仍旧贯，前殿、中殿，力与新修，以及禅堂、山门、群墙，悉为之整理。复延僧人，以奉香火，置地亩以供养赡。功程虽巨，数月告成，亦足以见其志愿之诚而经营之善矣。夫以事之克端，厥始也必有人焉为之先。事之克成，厥终也亦必有人焉继于后。如斯庙之功，非绳公之矢愿，何以致王、赵诸公之协力？非诸公之协力，何以感众善人之捐资？非众善人之捐资，更何以遂绳公之初志？志始一人，功成众力，此固理之不易者也。至论为善，则神锡之以福，益之以寿，特世人之见耳。然因世人之见，以求成厥功，尤易以兴其好善之心，则又智者之为也，斯庙之所以易名为福寿也。予寅辰岁闲游此寺，见屋宇墙垣摧残实甚，不觉为之流连慨叹，今则佛殿森严，非复前之瓦砾堆积也。禅房幽静，非复向之草莱荒芜也。结构惟坚，规模甚整，虽华靡不事而焕然一新，殊足肃观瞻以申妥侑，予固乐斯功之有成也。适绳公索文于予，欲泐诸贞珉以示后。予虽未能敦善行而不怠，而与人以为善，窃尝有□忠而未始忘焉。因历叙其事之原委，俾永垂不朽，庶诸公为善之实与众人好善之心，不至湮没无闻焉耳。

房山县廪生刘启琨篆文　附生许凤池敬书　经理人郭奇谟　田进财

大清道光四年岁在甲申孟冬谷旦

王树本勒石

碑刻说明

清刻。在杨驸马庄福寿寺。拓片碑通高128厘米,宽69厘米。碑额正书"万古流芳"。

碑文考释

辛巳春,即道光元年(1821)。

"房山县正南十八里杨驸马庄,旧有娘娘庙一座,自康熙三年重修,迄今百有余岁。"据此,娘娘庙应创于明代,清初的康熙三年(1664)重修,到嘉庆末,又历100余年,其间"久经风雨,栋宇倾颓"。绳大忠世居该村,发愿重修,命二子绳准、绳淳,分理重修工程。至辛巳春,即道光元年(1821)春山西榆次县赵福亮、太谷县王居清,本村李文清、王明,都愿协力共成此事,又募化众善人,于是鸠工庀材,修复后殿3间,重建前殿、中殿,禅堂、山门、群墙,一概重修,历时数月告竣。延请僧人入住,置香火地,以为焚修之资。重修后,改名福寿寺。

〇九一　重修福寿寺碑记

谨记斯役成功之端末,并补叙当年易名之原由。

杨驸马庄之有娘娘庙也,创建何时,无碑可考。粤稽《广舆记·房山志》载记有村无庙,□□易名福寿寺。碑云康熙三年重修,延访乡耆从何而知,据曰:"旧春拆下一砖,上镌如此。"然则经始难稽。嗣后,缉熙谅必无已,乃自康熙甲辰至嘉庆庚辰,百五十载未遇一修,庙圮基存,黍离致慨。夫否极则泰来,天工须人代。村有绳公名大忠,励志续修,且见神之最灵者惟关帝与菩萨,愿建祠供奉。揣独力难成,故会同劝捐,而人皆乐助,于道光辛巳春缮修娘娘殿,因旧基也。殿前添建关帝殿,后添建菩萨殿,皆创造也,挨次序为三层。二功竣,遂易名为福寿寺。名虽自改,默有神通,此福寿寺所由昉也。福如东海,寿比南山,福寿之时义大矣哉!旌德行,兴善心,阐著幽微,耸动闻见,优优与山海同传,第庙历久而弥彰,工积年而有敝。自道光至同治癸酉五十余年，风雨摧残，亟宜修理。住持语人曰：殿瓦有破碎者，墙垣有闪塌者，神像有落彩者，簷廊有缺油者，并栋梁、门窗有糟朽残缺者，处处宜整，不有人工奚自作？且坚种种需材，不有银钱奚自购且运？若再因循，前工尽弃，欲另兴作，措备惟艰，惟请首事聚议良图，乃能葳事。奈何工巨费繁，众论汲深绠短，重任难担。正瞻顾彷徨，适大忠公之裔孙名天叙来会商，则曰："事无论难易，有志者竟成，功不在大小，敦行者无怠。"于是，命子绎帮助首事人王成功、赵□、赵振□、赵振□、赵振山、马海、赵□宗协同劝捐，集腋成裘，于甲戌春鸠工庀材，诹吉经营，破碎者揭换之，闪塌者积累之，且落彩者塑画之，缺油者丹漆之，以及糟朽残缺者更之补之，又从而润色之。巍峨乎其有成功也，焕乎其有光辉。人第见功成之美也，抑知要其终，皆成于众善之捐施不吝，原其始实成于为首者之志愿维虔。于乎！福寿寺何幸而若此？谓寺之福寿也，可即谓修寺者之福寿也亦宜而修寺者初不计及也。亦惟求庙固有以永妥神灵，即无负前人之始志耳，奚暇求福寿欤？然而，福缘善庆，寿自仁增，有不期然而然者。是则当年名之曰福寿不深切乎？功成众力，总由首善勇为，宜树丽牲之碑，永传遹骏之誉。首事绳绎索文于予，予追思虞帝扬善，孔圣乐道，乃叹人之善，非文以道之，其善焉扬，何必以老耄荒疏为辞耶？爰切问近思，聊成俚句，以勒贞珉，不敢参圣贤注书之奥旨，庶几得益者三乐之一乐云尔。记作在临时，工程垂后世，予虽不能乐善不倦，而好德之心不亦与众善人共立福林、同登寿域哉！至继志述事，好善乐施，尚望后之仁人信士。

诰授奉政大夫道光乙酉拔贡己丑教习同知衔前江西万年县知县邢肇霈现年八十一岁撰文

房山县附生王贵辅书丹

经理人韩永 住持道纳张坐成 石工李永顺 门秀 住房邑李家□

大清同治十三年岁在阏逢阉茂阳月谷旦立

碑刻说明

清刻。在杨驸马庄福寿寺。拓片碑通高102厘米，宽63厘米。碑额正书"万世永赖"。

碑文考释

阏逢阉茂，即"甲戌"年。阏逢，十干中"甲"的别称。阉茂，地支中"戌"的别称。

康熙甲辰，即康熙三年（1664）。

嘉庆庚辰，即嘉庆二十五（1820）。

道光辛巳，即道光元年（1821）。

同治癸酉，即同治十二年（1873）。

甲戌，即同治十三年（1874）。

杨驸马庄娘娘庙，创建时间无碑可考。《广舆记·房山志》载记有村无庙，重修改名福寿寺，碑云康熙三年（1664）重修。走访村中老人，据说重修时，拆下一块砖，上镌康熙三年（1664）重修。自康熙三年（1664），至嘉庆二十五（1820），时隔150余年，未曾修缮，庙圮基存。本村绳大忠，励志重修，揣独力难成，故会同劝捐，于道光元年（1821）春，因旧基修缮娘娘殿，殿前增建关帝殿，后增建菩萨殿，规制由原来的一座殿，改为前后三座殿，工竣改名福寿寺。

自道光至同治十二年（1873）五十余年，风雨摧残，亟城修缮。殿瓦破碎，墙垣闪塌，神像落彩，栋梁、门窗糟朽残缺。寺中住持道人为张坐成。绳大忠裔孙绳天叙命子绳绎，帮助首事人王成功、赵振山、马海等协同劝捐，于同治十三年（1874）春，由韩永经理重修，补换残瓦，修筑围墙，塑画神像，油饰檐廊，糟朽残缺，悉加修缮。石工李永顺、门秀。

撰文者邢肇需，字霖皋，本地前石门村人。邢天锡次子。生于乾隆六十年（1795）四月二十九日巳时，道光乙酉（1825）科拔贡，己丑（1829）科考取汉军八旗教习，差满以知县任用，任江西万年县知县，归部铨选授钦加同知衔。邢肇需81岁时，撰《重修福寿寺碑记》。光绪五年（1879）九月十八日丑时卒，享年84岁。娶新城孙氏、良各庄常氏，又娶王氏，子邢景耀、邢景垩、邢景彬。

邢肇需所撰碑文尚有：

石窝村，清道光十年（1830）《重修火神庙碑记》，房邑己酉科拔贡邢肇需撰。

石窝村，清道光十二年（1832）《五圣庙碑记》，候补八旗官学汉教习官己酉科拔贡邢肇需撰文并书丹。

南尚乐，清道光二十八年《重修虫王庙增财神龙王像设因改祠名曰美报祠碑序》，钦用知县乙酉拔贡前充正黄旗官学汉教习邢肇需撰文并书。

○九二　阁村公议善士之碑记

且今人继先人之业，后世效前世之规，宇宙皆然。乃自我国家庚子年后，虑及文事虽善，而武备亦不可无。欲令文该武备，武兼文事，故变旧章而颁新政，法良意美，可以去孱弱而图富强。不知颁一新政则多一款项，况此后国家新章有加无已，若不早为之计，将临时不免束手之虞。即历年按户现摊，不过暂时之计，其势难以持久。本村绅董不忍坐视，由此未事绸缪，欲筹久长之款，以成一劳永逸之规。故公同会义合村人等，按地每亩资助制钱贰百文，共合洋圆三百五十五圆，除年前费用一百八十圆，下余洋圆一百七十五圆。事虽邻于苛派，不知实属一费百省之为。然预算偶不敷一岁之用，众绅董复创为义举，多则虽善，少亦至诚，又各资助洋圆共六百二十五圆，合计两项共洋圆八百圆。以此两项生息，敌屡年一切费用，庶鲜临时支绌之虞矣。并议众绅董按年输流经理，并著载账簿，恐代远年湮，事难稽考，故勒诸贞珉，垂永久耳。

翰林院待诏王维翰撰文

赞礼生赵鹤龄书丹

经理人张永盛　王维翰　马允成　李辰元　绳绅　杨永顺　绳联第　武立根赵熙　赵文魁　绳琇　赵万龄

地保李万春　勒石人门秀

大清宣统元年岁次己酉仲秋月中浣 谷旦

碑刻说明

清刻。在杨驸马庄福寿寺。拓片碑通高96厘米，宽55厘米。碑额正书"流芳百代"。

碑文考释

庚子，清光绪二十六年（1900）。

这是一则有关杨驸马庄村公益集资的乡规民约。碑文记载，庚子年后，"变旧章而颁新政……颁一新政则多一款项，况此后国家新章有加无已，若不早为之计，将临时不免束手之虞。即历年按户现摊，不过暂时之计，其势难以持久。"

苛捐杂税，民不堪重负。本村绅董筹久长计，以缓民之忧，召集全民人共同商议，每年按地每亩资助制钱贰百文，合洋圆355圆，除年前费用180圆，下余洋圆175圆，用作交一年杂赋之资。预算有时不敷一岁之用，绅董再创义举，又各资助洋圆，共625圆，合计两项共洋圆800圆。以此两项生息，抵屡年一切费用。并议绅董按年输流经理，并著载账簿。当年，本村地保是李万春，经理人张永盛、王维翰、马允成、李辰元、绳绅、杨永顺、绳联第、武立根、赵熙、赵文魁、绳琇、赵万龄。

宣统元年（1909），杨驸马庄村将此乡规民约镌在碑上。

这件碑刻，真实反映了清末房山人民的生活状况：庚子事变以后，清政府借武备强国、变革新政，巧立名目，苛赋频仍，百姓不堪重负，不得已寻自救之计，聊以度日。

支楼村

古支卢所在。在石楼村西，杨驸马庄村北。该村依水而居，具有早期古村的生存条件，与大次洛同为石楼镇古村，原属古良乡县。

原名支卢村，最早见于辽乾统十年（1110）《严灵洞再建塔舍利匣序》："支卢村张十公。"金大定二十一年（1181）《大金国中都良乡县弘业寺诠公灵塔记》："师讳省诠，兹乃当县金山乡支卢里人也。"可见，金代属良乡县金山乡支卢里。

村内有古刹弘业寺，始建年代不晚于辽。金大定十六年（1176）《大金国中都良乡县弘业寺莹公塔铭》："德莹原系本县西北房仙乡紫草务久居民也。俗姓邢氏，父讳进，妣丘氏。……自七岁父母许令出家，礼当县弘业寺传菩萨戒净因大师为师，乾统元年遇恩受具……俗年八十有二，僧夏七十四。"按乾统元年（1101）遇恩受具，他示寂于金大定十五年（1175），其出生在辽大安九年（1093），七岁出家在弘业，时在辽昌寿六年（1100）。房山辽代古刹多始建于唐，甚至更早，由此看来，弘业寺历史悠久。而弘业大所在的支娄村，在辽以前亦有走过漫长的历史。

金大定二十九年（1189），割良乡、范阳、宛平三县地建万宁县，该村划归万宁县。金明昌二年（1191），改万宁县为奉先县。元世祖至元二十七年（1290）改奉先县为房山县，明、清、民国未变。

清康熙三年（1664）《房山县志》石楼镇在册12个村，其中有支楼村；民国初房山县改乡为区，设五区，支楼村属第二区，写作"支娄"；民国五年（1916）二月，改设九区，支楼村仍属第六区。

本卷收录支楼村碑刻5件：唐代1件、金代2件、明代1件、清代1件，其中收录碑文5篇。

〇九三　大周故处士张君举墓志铭

君讳举，字仲邈。其先南□□□河□□□□源阳郡守，子孙播越，故今为固节县生□□□□□黄神据□。迹基锡□及□利建之封，构绪开府华著推贤之修。遂得居韩作相，代历□恶入汉昇荣时史七叶，衣裘委地，祥鸠之盛烈不泯，槊戟□天坠鹊之遗尘浊在，详诸简素，可略言焉。曾祖仁，周范阳令。祖文，隋易州司马。考善，唐檀州燕乐县令。并自贲颖神黄，中蕴粹琦，外或纪腾茂躅。于鸾翔仪范克传，挹芳规于鳌壑。君即燕乐令之第三子也。幼好贤隐，长怀恬然。阴梧荣桂，性乐山泉。横琴引酌，志留风区，尝以良田广宅，无虑□社之中，遁俗逃谷，何必青关之水。五府交辟，称疾不行。自得闲旷忘忧，坐啸故时，至器之号为贞隐也。每欲翘心物外，逮迹赤松，岂期殒魄至间，终伤绿蕙，以大周大足元年六月廿四日卒于里和第，春秋七十有二，即以长安二年岁次壬寅正月己巳朔五日癸酉迁之窆于固节县西北廿里金山乡之平原，礼也。长子思义，前任易州安义府别将。次子思俭，良乡府队正。并瑾辟其体，椒兰其性。霜朝茹慕，攀陇柏以崩□。露夕□悲，俯陔兰而绝足。犹恕原田芜没，不存悬剑之茔。封隧摧□，慕纪藏书之迹。呜呼哀哉！乃为词曰：

□□我君，澄澄雅□。忘气孤耸，风神独王。诗礼取逸，琴樽自□。闲隐狎于，□中□遁。高于向上，贞欲芜没。林泉悽怆，□□□之。或迁庶工，□而可望。

碑刻说明

唐刻。在石楼镇西部。墓志拓片长60厘米，宽6厘米。

墓志考释

"大周",武则天称帝,改国号周。

张举,字仲邈。曾祖张仁,北周范阳县(治今河北省涿州市)令。祖张文,隋易州(治今河北省易县)司马。父张善,唐檀州燕乐县(治今北京市密云区东北燕乐庄)令。张举为张善第三子,幼好贤隐,长怀恬然。性乐山泉,横琴引酌,是个文雅之士。大周大足元年(701)六月二十四日卒于家,享年72岁。长安二年(702)迁葬于固节县西北20里金山乡之平原。长子张思义,前任易州安义府别将。次子张思俭,良乡府队正。

"即以长安二年岁次壬寅正月己巳朔五日癸酉迁之窆于固节县西北廿里金山乡之平原,礼也。"固节县,县治在今北京市房山区窦店村西一里。本良乡县,唐武则天圣历元年(698),改名为固节县,中宗神龙元年(705),复名良乡县。《新唐书·志第二十九·地理三》:"良乡,望。圣历元年曰固节,神龙元年复故名。"

长安二年(702)即有"金山乡",此为迄今良乡县金山乡最早的记载。金山乡始立或更早,是否可能在唐初,有待新的证据支撑。

〇九四　大金国中都良乡县弘业寺莹公塔铭

乡贡进士田履信撰

或以释门之子,高止为宗。即绝攀缘,□俗淡薄。遂乃□生中国□相空内出万丈□火,□□千重之羁□。□□中狱,似鸟开笼,当布金积善之场,住七宝除□□之抱。德莹,原系本县西北房仙乡紫草务久居民也。俗姓邢氏,父讳进,妣丘氏。所生四男,一兄二弟皆承父道,惟德莹自七岁父母许令出家,礼当县弘业寺传菩萨戒净因大师为师,乾统元年遇恩受具。自后躬勤佛礼,志慎堂规,四时不息。常谨事于先师,年二十七云游听习,三十三启《大华严经》、菩萨戒,诵数席。至年五十有三众请□□□□□寺官和□公,始终无犯,人所共□,□□□□普贤行愿品以为常务,未尝有阙。俗年八十有二,僧夏七十四。门徒六人,唯存者有五焉。悲哉!继后恐其弗□□自愿造石塔□□

安置本寺之□坟□以礼矣□□□自日命履信志其行实录于塔焉。履信既为僧智相□□乎日常荷礼□之厚□□敢辞□不撰陋拙敬而为之铭曰：

邢氏之家，源流□遐。□生公者，□出其家。

幼年受具，亦孔之嘉。性有慈惠，思无乱邪。

时为僧首，远蔚声哗。久无愆过，如玉绝瑕。

穷通任分，谁闻足蹉。以斯达者，言难诘邪。

□资人参禅沙门晓□　晓昭　□□奴　王□奴　□□奴　行者张□

金大定十六年二月十七日建

碑刻说明

金刻。在支楼村。八面刻，分拓两纸，均高64厘米，通宽55厘米。正书，经为梵文。六面记，两面经，先经后记。第一纸从右至左，依次为第七、八、一、二面，第二纸从右至左，依次为三、四、五、六面。

幢文考释

德莹，良乡县西北房仙乡紫草务村（今属房山区阎村镇紫草坞村）人。俗姓邢，父亲邢进，母亲丘氏。德莹兄弟四人，德莹行二。他7岁出家，礼本县弘业寺传菩萨戒净因大师为师，乾统元年（1101）遇恩受具，从此躬勤佛礼，志慎堂规，四时不怠，谨事于师尊。27岁，云游听习。33岁，启《大华严经》、菩萨戒，诵数席。53岁，弘业寺僧众，请他归寺住持。82岁示寂于本院，僧夏74。门徒6人，唯存5人，于金大定十六年（1176）二月十七日建造石塔，安置本寺之侧。

"僧夏七十四"，以乾统元年（1101）遇恩受具计，德莹示寂于金大定十五年（1175），"俗年八十有二"，其出生在辽大安九年（1093）；7岁出家在弘业，时在辽昌寿六年（1100）；"二十七云游听习"，时在辽天庆十年（1120）；"至年五十有三"，众请住持弘业寺，时在金皇统六年（1146）。

从时间上看，德莹离寺云游，正是辽末乱世。他离开弘业寺，似是避乱有关。

辽保大二年（1122），辽中京、南京先后失陷。其间，北宋在辽南京设立燕山府。金天会三年（1125），良乡县所在的燕京地区被金国统治。金皇统六年（1146），燕京地区相对稳定下来，德莹结束动荡生活，归弘业本寺主事，经海陵王天德、贞元、正隆，直到大定十五年（1175）年化去。

德莹生活在辽代晚期至金大定时期。他的经历，不仅对研究支楼村史、辽金时期弘业寺史极为重要，今人甚至可以透过德莹的生活轨迹，窥见辽金之际七八十年间社会状态之一斑。

"德莹原系本县西北房仙乡紫草务久居民也"，可知今房山区阎村镇，金代为良乡县房仙乡，结合德莹出生年，而今紫草坞村，辽代已有此村，原作"紫草务"。

"德莹自七岁父母许令出家，礼当县弘业寺传菩萨戒净因大师为师。"7岁出家在弘业寺，时在辽昌寿六年（1100），当寺有净因大师，是迄今为止，支楼村弘业寺可知的最早的僧人。"大师"，是辽代皇帝给予高僧的封号，净因有大师的封号，足见净因非一般僧人可比，弘业寺在辽代也非寻常村寺。

○九五　大金国中都良乡县弘业寺诠公灵塔记

师讳省诠，兹乃当县金山乡支卢里人也。俗姓张氏，父从、母阿蔡生三男，师之次焉，至年十有五岁，道落发于本寺，礼俗薁达为师，待勤之假十余有载，遇恩坛而受具足戒。迨后寺麼碍，以参习兴宗可录，奈河风灯易灭，草露难停。至于大定廿年岁次庚子仲春初六日，因病终于本院，俗年六十四，为夏三十八。以其月初七日具僧礼□□于寺之□火耶，遗之有□□□□□□□□□□□□灵塔以之瘗耳。

法兄二人省弼　省佶　弟子一名圆明

父讳从偕　男三人　□师□□□□□

旹大定二十一年辛丑三月十三日建

碑刻说明

金刻。在支楼村。八面刻，分拓两纸，均高59厘米，通宽57厘米。记正书，经梵文。先经后记。

幢文考释

省诠，良乡县金山乡支卢里人。俗姓张，父张从，母阿蔡，生3男，省诠为次子，15岁落发于本村弘业寺，礼蒬达为师，10余载，遇恩坛而受具足戒。大定二十年（1180）二月初六日，终于本院，俗年64，为夏38。法兄2人，省弼、省佶，弟子一名圆明。大定二十一年（1181）三月十三日建塔。

大定二十年（1180），省诠64岁寿终，他出生于辽天庆六年（1116）。25岁出家，时在金天会九年（1131）。10余年后受具，应在金皇统年间。其受具足戒前后，德莹任弘业寺住持，在他住持下，省诠与德莹历皇统末、天德、贞元、正隆，直到大定十五年（1175），在弘业寺同处20年左右时间。德莹辞世5年后，省诠亦终于本院。

"师讳省诠，兹乃当县金山乡支卢里人也，俗姓张氏。"知今支楼村金代名支卢村，属中都良乡县支卢里。张氏，为今支楼村土著，在该村至少有800余年居住史。省诠，弘业寺所在的支卢里支卢村人，也就是今支楼本村先民。

"年十有五岁，道落发于本寺，礼俗蒬达为师"，"俗"，疑"僧"字之误。那么，蒬达是金代天会年间弘业寺僧人。

〇九六　重修洪叶禅寺碑记

征仕郎中书舍人直文华殿凤阳杜昌撰文

嘉议大夫太常寺卿直文华殿嘉禾凌中书丹

中宪大夫太常寺卿直文华殿瑞安任道逊碑额篆书

房山县治南十里许，地名枝楼村，有精舍曰洪叶，自故老相传为古刹。其地冈原缭绕，河流映带。历岁既久，殿宇倾毁。邑人刘温，击于目感于心，因谋诸宗族，告诸乡人，首施其家赀若干缗，为重修之计。一时远迩之人，咸喜捐乐助，乃购材木，陶砖瓦，市丹垩金碧之料，鸠集工作，仍其旧基，前盖天王殿，左右为伽蓝、祖师堂，中盖观音殿，侍以韦驮、善财，后盖毗卢佛殿，侍以香花菩萨，左右为斋堂、僧堂。钟鼓有楼，周匝有廊，方丈有室，幡幢供具，悉皆完美。方广十余亩，缭以重垣，内植蔬圃、果木，遂复丛林之伟观，以成一境祝釐之所。事既竟，复虑主席乏人，礼聘敕赐广教寺大苾刍福贵住持之。故事宜有石以志岁月、题名氏，爰因锦衣户侯李君嘱记于予，说者谓佛之道，妙知妙见，诚不二之沙门，无等无伦，肇真元之佳境，巍巍莫及，荡荡难名，放慈光，现瑞气。大哀旷济，拔滞溺之沈流；一极悲心，拯昏迷之失性。大哉神化，非山川社稷之拟。凡沐至仁，莫不尊亲。肆其教入中国以来，历代崇尚，仰惟天佑。我国家列圣相承，皇上以圣德至仁，甄陶天下二纪于兹，九有万姓，举登寿域。尤恐民不得所，物不安生，于凡可以利民之术，无不奖重。至于佛如来之教，崇尚之典，超隆往古，天下之人亦靡不感激之至，期臻至善，以图报称也。刘温氏以一乡善士，幸遂仰事，俯育于帝力。何有之天？能挥金不吝，首为善举，知其厥后一邑之祈禳，晨昏之读诵。上赞皇图于悠久，祝延圣寿于无疆，下而一邑一家，咸沾福祉于来裔矣。今而龙额之全，龟趺之备焉。原委于无穷，垂芳名于万古，是固可书。想必敦行，盖□□遵皇化，崇礼义，以谨公赋者焉，是亦可书。不惟其昆季室家子姓族人，赞助于内，而乡邑之人亦翕然景从，以卒成其志，盖有倡斯有和，古今所同，是又可书。公字勉和，世为邑之著姓。其室为顾氏、郑氏、王氏，其兄为斌，嫂为高氏，男为达，侄为通、为璟，皆同心合志。兴工于成化庚子三月十五日，讫工于成化丙午七月初玖，记作于成化丙午三月既望云。若诸助缘者姓氏列于碑阴，兹不复赘，非敢言文，固不愧西子之耻，故塞请。记者，时大明成化贰拾贰年岁次丙午柒月初玖日，住山比丘福贵立石。

碑刻说明

明刻。在支楼村。拓片碑通高180厘米，宽83厘米。碑额篆书"重修洪叶禅寺碑记"。

碑文考释

成化庚子，即成化十六年（1480）。

成化丙午，即成化二十二年（1486）。

碑载，枝楼村，有精舍名洪叶寺，历岁既久，殿宇倾毁。本县人刘温，首施家财，善众乐助，成化十六年（1480）三月十五日兴工，历时六年，成化二十二年（1486）七月初七告竣。

按照原来基址，前为天王殿，左为伽蓝，右为祖师堂，二进观音殿，侍以韦陀、善财，三进毗卢佛殿，侍以香花菩萨，左为斋堂，右为僧堂。钟楼、鼓楼、丈室、幡幢、供具齐备。寺院占地十余亩，四周缭以重垣，寺内有菜园、果木。寺院落成，礼请敕赐广教寺大比丘福贵住持。

刘温，字勉和，世为房山巨族。妻顾氏、郑氏、王氏，兄刘斌，嫂高氏，子刘达，侄刘通、刘璟，同心合力，襄赞助成。

明成化重修后，弘业寺改为洪叶寺，堪称一方巨刹。此碑详细记述了当年洪叶寺规制。

〇九七　重修支楼村洪叶寺碑记

房山县迤南十里许支楼村，原有洪叶寺一座，溯厥源流，不知创造何年。询之父老，佥云无碑可□，莫知其始。相沿日久，门墙倾圮，佛像雕残，虽仅存基址，其如修葺乏人何？幸有大法禅师讳圆智，其为人也，性秉智慧，行备醇朴，遂结茅茨，暂蔽风雨，而住持于斯焉。不仅朝夕梵修，晨昏讽诵，且苦心发愿，立意重修。爰是募化十方檀越，共捐青蚨五百余贯，其间有施粟米者输砖瓦者，与夫出灰而助工者更供摊悉纳。未几而前殿垂成焉，未几而后殿告竣焉，又未几而山门垣堵为之焕然改观焉。此虽诸佛之拥护，施舍之有人，良由住持者发愿重修之力居多也。是役既成，倘不镌石以志，今后之道斯地者，何以仰观而企慕之乎？故泐石以为后人永思尔。是为记。

旹顺治十四年岁在丁酉孟夏谷旦阖村信士杨奇芳　刘芳登　张守礼　曹文科　杨桂芳等同立

内官监太监杨彩

房山县生员马名奇撰文

碑刻说明

清刻。在支楼村。拓片碑通高116厘米,宽67厘米。碑额正书"万古留芳"。

碑文考释

支楼村洪叶寺,相沿日久,门墙倾圮,佛像雕残,仅存基址。顺治十四年(1657),圆智禅师云游至此,结茅而居,立意重修。募化十方,获钱五百余贯,善众或施米粮,施砖瓦,施灰,助工,前殿、后殿、山门、垣墙,依次重修。当年四月,支楼村杨奇芳、刘芳登、张守礼、曹文科、杨桂芳立碑为记。

支楼村4件碑刻,记载了有本村寺院的变迁:

该寺创建年代不详,辽金时期名弘业寺,明代改称弘叶寺,请代改称洪叶寺。该寺留下法号的僧人有辽代净因大师,金代夔达、德莹、省弼、省佶、省诠、圆明,明代福贵,清代圆智。

大次洛

在襄驸马庄村西,为石楼镇古村。村域有大面积汉代墓葬,其中出土一尊汉代石虎。有古刹云盖寺,残碑载始建于西晋,曾发现唐代细绳纹砖。文献记载,唐代诗人贾岛在此出家。明嘉靖三年(1524)《顺天府涿州房山县贤侯乡赵家庄里大次乐重修古刹云盖寺碑记》:"夫断碑之有曰:'其云盖寺□□□之设也,乃贾岛修习之处,师家乐道之居。'"

大次洛村,原名次乐庄、次乐。辽清宁二年(1056)《涿州超化寺诵〈法华经〉沙门法慈修建实录》:"次乐庄村人刘守璘、刘守道。"辽乾统十年(1110)《严灵洞再建塔舍利匣序》:"次乐村王永、王嗣融。"清代始称次洛村。清道光二十一年(1841)《重修天仙殿禅房茶棚碑记》:"房邑西南次洛村,旧有观音庙一座。"民国初,因小茨尾村改名小次洛,次洛村始称大次洛。

大次洛村,为古良乡县地,隋属良乡县秤邑乡临流里,唐、五代、辽属良乡县金山乡,金属良乡县金山乡支卢里。金大定二十九年(1189),割良乡、范阳、宛平三县地建万宁县,该村划归万宁县。金明昌二年(1191)改属奉先县。元世祖至元二十七年(1290),改奉先县为房山县。明、清、民国未变。

清康熙三年(1664)《房山县志》,"大次洛村"写作"次乐"。民国初房山县改乡为区,设五区,大次洛属第二区。民国五年(1916)二月,改设九区,大次洛属第六区。

本卷收录大次洛碑刻5件:明代2件、清代3件,其中收录碑文4篇、额题1则。

○九八　云盖寺匾额

云盖禅寺

弘治九年壬辰月

碑刻说明

明刻。在大次洛云盖禅寺。匾额青石质，高23厘米，宽87厘米，厚12厘米。

碑文考释

云盖寺，在大次洛村。民国十七年（1928）《房山县志·卷六人物》："贾岛，唐人，字浪仙，初祝发云盖寺，从浮屠。"

据清人李咸一所著《大椿庵随笔》，云盖寺始建于西晋太康十年（289）。2004年，笔者任房山区文化文物局文物科长，曾在云盖寺内发现唐代细绳纹砖，知此寺唐时存在，实为古刹。

明弘治九年（1496）所立"云盖禅寺"，为该寺遗存最早的石刻，弥足珍贵。

○九九　顺天府涿州房山县贤侯乡赵家庄里大次乐重修古刹云盖寺碑记

顺天府涿州后学刘旺撰文

锦衣卫銮御隐士杨禄天爵书丹

粤黄道未勿而无动而亦无静，洪浓已判亦有声而亦有色。二仪剖则三才明，朱机分而□□化。甚矣哉！人为万物之灵，惟善者最贵而已矣。自分兵农，善恶并立。诗曰：善者可以感发人之善心，恶者可以惩创人之逸志。正谓是矣。且夫世分三教，其理则一。嘉设九流，莫过□□□□事。昔夫如来立法慈善，周行教化，济众博施，昭然有是矣。及夫断碑之有曰：其云盖寺□□□之设也，乃贾岛修习之处，师家乐道之居。□□至今，颓补烦繁，未不一也。洪惟我朝成化以来，殿宇复损。以故不获，如是者然。□公名能，不忍斯损焉，持愿重修□□□□□□殿、伽蓝、祖师殿、钟楼、三门俱一座，铸造钟磬，修栽松柏，方丈廿间，蔬圃□井皆□□□□□□耆孙云、徐林、刘通、胡成、焦文美、王浩、李俊、牛继宗、李玺、徐□、刘绍、□□等于寺焚香，□□□□□□遗迹，共施白金造碑一□，欲题芳名为记者。予本范阳后学□□□□□□□□□□不□于文，但绎其德而矣。夫能公之修持，且勿论矣，而以□□之□□□□□□□□□□曰甘澹虀，非思欲佳馐之味，著篦衣与师弟同寒暑眠□□□□□□□□□是□□□□□□□乎德之有余矣，其公之行也。若曰遇寒者施于与衣□□□□□□□与□□□□□□思欲与济济之，是谓行而又行，种种乎行之有余矣。是则公□□□□开造□□□□□□□颓。施德行，甘澹虀。凡事存心，靡为不善意乎。公之平□之□□有□□□□□□□□□□是为记。

眚嘉靖叁年孟冬□□□□钟□

碑刻说明

明刻。在大次洛村。拓片碑通高152厘米，宽80厘米。碑额正书"重修云盖寺碑"。此碑明确记载云盖寺为"贾岛修习之处"，对贾岛生平研究有重要意义。

碑文考释

虀（jī）：古同"齑"。宋代释慧远《偈颂一百零二首其九十八》："年年腊月三十日，家家门首钉桃符。苦菜澹虀随分有，残杯冷炙阿谁无。"

据碑文，有断碑记载，云盖寺乃贾岛修习之处、师家乐道之居，成化以来，殿宇颓损。嘉靖三年（1524），村人□能，发起重修释迦殿、伽蓝、祖师殿、钟楼、三门各一座，连同丈室等共20间。又铸造钟磬，修栽松柏，治圃，凿井。乡中耆老孙云、徐林、刘通、胡成、焦文美、王浩、李俊、牛继宗、李玺、刘绍等于寺焚香，共施白金造碑一具。

一〇〇　重修云盖寺三义庙观音庵七圣庙碑

　　盖闻事人事神，幽明原为一理。善成善作，后先要自同功。故梵舍□炉，曾壮乡邑文色，殿宇圮废，殊贻里闲。盖世君子触目兴怀，善念能无感发乎？兹房山县迤南次乐村，有云盖寺、三义庙、观音庵、七圣庙古刹四所，其建立已久，修补亦不知凡几矣。第历年既深，摧残日甚。且禅室有有无之殊，地亩有多寡之异，其香火亦未为均平也。有本村信士刘琰、李玉、王凤鸣、王凤岐、徐文德等倡始重修，捐资募化。于乾隆四十二年将云盖寺大殿、三门、配殿、群墙，内外尽为整理。次年于三义庙大殿高造，新建南禅房三间。又次年于七圣庙补葺丹腰焉。至五十三年于三义庙新置香火地贰拾贰亩，于观音庵新置香火地拾柒亩，而香火庶得均平矣。至今五十四年，又于观音庙重建山门，增修堦岸，而厥功遂成。夫竭众心□勤苦积十载之经营，乃使合村庙貌焕然一新，□之始创夫岂有异乎哉？余不敏，不善于文，谨原实事以志之，特□善功永垂于不朽云尔。

　　房山县岁贡生宋成业撰文
　　房山县邑庠生宋弘沧书丹

　　计开各庙香火地庙数段落：
　　云盖寺原香火地肆拾肆亩□□园墙地一段叁拾亩：一段拾肆亩，坐落村东南；菜园地一块。
　　三义庙原香火地捌亩，坐落庙南；新置香火地贰拾贰亩：一段贰拾亩伍分，一段一亩半，□村北。本庙住持僧□云自置香火地陆亩，坐落村西。住持梁本立自置香火地捌亩，坐落村东南。
　　观音庵原香火地贰拾壹亩：一段拾捌亩，坐落村北；一段二亩，坐落村北沟；一段一亩，坐落何家坟。新置香火地拾柒亩：一段拾贰亩，坐落村北；一段伍亩，坐落叶家坟北。

七圣庙有土房三间，属观音庵管理，旧有死柏树一株，变价置买香火地陆亩，坐村北。又本庵自置庄窠地基一块，坐落本庵对过，东至道，西至王，南至街，北至濠。又本庵有死柏树一株求价□拾千，本村信士刘□□施钱肆拾千，置香火地拾贰亩。

大清乾隆伍拾肆年岁次己酉仲夏谷旦立

碑刻说明

清刻。在大次洛村。拓片碑通高100厘米，宽60厘米。碑额正书，双勾题"永垂不朽"。

碑文考释

次乐村有云盖寺、三义庙、观音庵、七圣庙古刹四所，历年既深，摧残日甚。有本村信士刘琰、李玉、王凤鸣、王凤岐、徐文德等首倡重修，捐资募化，于乾隆四十二年（1777）修缮云盖寺大殿、三门、配殿、群墙，上下内外，尽为整理。乾隆四十三年（1778），将三义庙大殿重建增高，新建南禅房3间。乾隆四十四年（1779），修补七圣庙油漆彩绘。

乾隆五十三年（1788），三义庙新置香火地22亩，观音庵新置香火地17亩。

乾隆五十四年（1789），重建观音庙山门，增修阶岸。前后十几年经营，使全村庙貌一新。

各庙香火地庙数段落：

云盖寺原香火地44亩：园墙地一段30亩；一段14亩，坐落村东南；菜园地一块。

三义庙原香火地8亩，坐落庙南；新置香火地22亩，一段20亩5分，一段1亩半，在村北。本庙住持僧自置香火地6亩，坐落村西。住持梁本立自置香火地8亩，坐落村东南。

观音庵原香火地21亩：一段18亩，坐落村北；一段2亩，坐落村北沟；一段1亩，坐落何家坟。新置香火地17亩：一段12亩，坐落村北；一段5亩，坐落叶家坟北。

七圣庙有土房3间，属观音庵管理，旧有死柏树一株，变价置买香火地6亩，坐落村北。又本庵自置庄窠地基一块，坐落本庵对过，东至道，西至王，南至街，北至濠。又本庵有死柏树一株求价□拾千，本村信士刘□□施钱40千，置香火地12亩。

一〇一　重修天仙殿禅房茶棚碑记

盖闻建功初非要誉，因有感于虔心。作善虽云降祥，实听命于帝。房邑西南次洛村，旧有观音庙一座，创自前明崇祯壬午，至国朝康熙戊子重修，续又建天仙殿三间、禅房三间、茶棚三间，盖先后数十年而后成厥式廊庙。古人云：有志者事竟成，不其然乎？但历年久远，风雨摧残，天仙殿禅房均已倾圮，茶棚亦就脱落。村人触目兴怀，本欲重修，奈工程繁浩，独力难成，住持僧祥林目击心伤，因会请本村道善刘玉昆等公同募化。今天仙殿禅房及茶棚殿宇庙貌焕然一新，爰勒石以识冀垂永久，庶人人有所观感，以兴其好善之心云。

房山县岁贡生杨瑞撰文

房山县岁贡生刘玉晖书丹

本村首善刘玉昆、王鉴、刘玉华、刘廷佐、刘士俊、王镕、王镜、马德纯、王德、苏瑞、王钰、王铭、马德馨、马天龙。

本庙住持僧人祥林，徒辽彻、悟彻。

本村众善，永合盛、刘士杰、丁绍文、金世文、王美、豹大、马万有、王宾、王才、王汉贵、蔡思聪、王义、姜世贤、李秀芳、赵廷栋、李志宽、李秀林、杨二、马月宾、王浩、王斌、陈良、刘佩、皮元禄、孟世杰、胡广大、陈世荣、张永祥、王振、王钧、任得福、张永贞、王殿魁、王鉴、苏璘、孟恺、刘永泰、李福荣、陈通、刘继汉、王玉、凌泰、宋金城、胡文治、王殿忠、刘金城、卢璧、刘进才、李芝新、刘玉和、王宽、马鸿远、马宽、孟福、刘永成、邢瑞、刘成、王立志、王祥、屈江、王二、王进才、尹贵、陈柱、邓大、李宗敖、高福贵、高永贵、刘玉、张汝增、马二。

大清道光贰拾壹年岁次辛丑十月谷旦仝立

碑刻说明

清刻。在大次洛村。拓片碑通高102厘米，宽69厘米。碑额正书，双勾题"万古流芳"。

碑文考释

崇祯壬午，崇祯十五年（1642）。

康熙戊子，康熙四十七年（1708）。

次洛村有观音庙一座，创建于明崇祯十五年（1642），清康熙四十七年（1708）重修，增建天仙殿3间，禅房3间，茶棚3间。至道光年间，天仙殿、禅房倾圮，茶棚屋顶脱落。道光二十一年（1841），住持僧祥林会请本村刘玉昆等共同募化重修，仙殿、禅房、茶棚，面貌一新。道光二十一年（1841）十月立碑。

一〇二　京都顺天府房山县城西南大次乐村同益会碑记

盖闻善作者不必善成，善始者不必善终。非作易而成难，始易而终难也。其或志有所沮，与事有所挠，则欲成志败，欲终而事坏，有不得不中止者，徒贻人闻之而增叹惜耳。非然者，则匪特济一事，且因之以济数事。苟行之不已而犹且贻利于无空。如房邑城南大次乐村经理人刘玉孚等，见村中屡年办理差务颇有不公，且村运亦觉凌夷，因此合村义立同益会，按地出粮，每亩半升，将此粮粜卖置地贰十余亩，屡年得粮有余积，即陆续置地。其初盖虑有饿馁之费也，幸未遇事，年中得有余积，可以增置地亩。自咸丰七年起至同治十二年，共积钱一千四百卅六吊，此钱共置地一顷有余。所典地如有回赎者，此钱仍为置地，令所计得之粮可以备办差务，无烦现时散取矣。欲以无起之事，而耗费有用之财，或经行借使不归，以致迁延漫散，将已成之事而竟以终败也，其足惜已。因此合村共议立碑一记，日后如有人搅扰合村会议，按立罚约盖□过，欲令此事久而不败，可贻无穷之利也。

房山县岁贡生王茂林撰文

房山县邑庠生刘炳庚书丹

石匠王邦昌

大清同治十贰年闰六月谷旦建立

碑刻说明

清刻。在大次洛村。拓片碑通高100厘米,宽62厘米。碑额正书,双勾题"万古流芳"。

碑文考释

这是清末一则村民互助的乡规民约。

大次乐村刘玉孚等,见村中屡年办理差务颇有不公,且村势衰落,与全村人商议,建立"同益会",按地出粮,每亩半升,将此粮卖出,置地20余亩,屡年得粮余积,陆续置地。当初考虑灾年,用来救济饥饿,所幸未遇,年中余积,增置地亩。自咸丰七年(1857)起,至同治十二年(1873),共积钱1436吊,此钱共置地一顷有余。所典地如有回赎者,此钱仍用来置地,用所得之粮,备办差务,免得临时挨户收取,增加村民负担。

吉羊村

在石楼镇最南端,北邻二站村,东面、南面为琉璃河镇,西为韩村河镇。该村临大石河,土地肥沃,水源充沛,易居易耕,又近西周燕都,为历史悠久之古村。这一带古属良乡县,唐代属良乡县尚义乡修教里,村名继阳。唐仪凤二年(677)《唐故左领军良乡旅帅吕府君墓志铭并序》载:"改窆公于良乡县尚义乡修教里继阳村西之茔也。"故知吉羊村成村不晚于唐代,原名继阳村。

金大定二十九年(1189),割良乡、范阳、宛平三县地建万宁县,吉羊村由良乡县划入万宁县,金明昌二年(1191)改万宁县为奉先县。元世祖至元二十七年(1290)改奉先县为房山县,明、清未变。

清康熙三年(1664)《房山县志》,石楼镇吉羊村等12个村在册,吉羊村写作"继阳村"。民国初房山县改乡为区,设五区。吉羊村属第二区,写作"吉阳村"。

民国五年(1916)二月,改设九区,吉羊村仍属第二区,亦为"吉阳"。1949年后,始称吉羊。

本卷收录吉羊村碑刻2件:唐代2件,其中收录碑文2篇。

一〇三　唐故左领军良乡府旅帅吕府君墓志铭并序

公讳君字赟，单父人也。其先赤羽祥周，应玉璜而编九府；彤云瑞汉，协银钩而光五纬。戚叶若显，四王见拜于刘朝；权相必称，千金获鬻于秦市。魏晋以降，支庶挺生，梁宋而縣桃并立。公乘流委输，特禀川灵。谈天辩日之年方模七德，蝉冕鹖冠之岁声震六奇。属隋历龙飞，齐郊鹿轶，天花列字，地剑呈氛，金散鸡亡，玉分羊灭，承甿头会，无所息肩。肇我唐家，拯斯涂炭。公乃执殳驰道，荷戟辕门。引旌骑以前驱，监羽林而后警。以之将略褒赏锡功，以武德三年六月日，奉敕以公为安抚大使，诏授仪同。四年破逆贼高开道，授公上开府。五年破窦建德兼授上仪同三司。贞观三年补左领军良乡府队副，五年二月便任队正。十四年破洺州逆党刘黑闼，授公上骑都尉。十九年从驾辽左，兼授上轻车都尉，其年即任旅帅，余并如故。公韬名晦迹，谢职辞荣。推击剑于齐功，退飞书于鲁赏。大唐上元三年十一月，遘疾卒于故第，春秋八十有二。粤以四年太岁景子二月己巳朔十六日，改窆公于良乡县尚义乡修教里继阳村西之茔也。其地则右列仙山助马鬣而翔孝翼，左临圣水指龙尾以跃慈鳞。易滨涿浦俯其南，燕宫枌木峙其北。胜占玄隧，用处黄肠，俾陵谷贸迁，同金玉而长洁，灰渝土变与荪兰而永馥。乃为铭曰：

汤汤洪祚，巍峨崇陵。单父之苗，临淄之胤。承相金声，将军玉振。隋历龙飞，齐郊鹿散。惟公佐时，爰拘输鱼。晦迹履真，韬光兰金。兴善无征，方人椿化。薤歌总断，灵辂辍驾。梁木虽摧，兰芳岂谢。

碑刻说明

唐刻。现存房山区文物管理所。石楼镇吉羊村在烧砖用土时发现。墓志青石质、方形，墓志长、宽均60米，厚8厘米。年代，唐高宗仪凤二年（677）。

墓志考释

"公讳君字赞,单父人也。"墓主吕姓,名君,字赞。单父,单父县。秦置。治今山东单县。属砀郡。西汉属山阳郡,为都尉治。东汉为侯国,属济阴郡。魏、晋改为县。东晋废。隋开皇六年(586)复置单父县。大业中属济阴郡。唐代,单父县属宋州。由此,吕君为唐代宋州单父县(今山东省单县)人。

"其先赤羽祥周,应玉璜而编九府"。"其先"以下,追述吕姓先人。赤羽祥周,取凤鸣岐山的典故,指周朝兴起。相传,周朝兴起前,岐山有凤凰栖息鸣叫,人们认为凤凰是由于周文王的德政才来的,是周兴盛的吉兆。应玉璜,意指应玉璜之验,取钓璜的典故。《尚书大传》卷二:"周文王至磻溪,见吕望,文王拜之。尚父:'望钓得玉璜,刻曰:周受命,吕佐检德合,于今昌来提。'"大意是,周文王姬昌来到磻溪,见吕望在溪边垂钓,文王拜见他,吕望说:"我钓到了一个玉璜,上面刻着文字:'周受命于天,会得到吕姓人辅佐,如今天地德合,姬昌会前来取。'"九府,周代掌管财政的机构。指掌管财政的九个官署,即大府、王府、内府、外府、泉府、天府、职内、职金、职币。此句是说,周朝兴起,有吕望辅佐。

"彤云瑞汉,协银钩而光五纬。"彤云瑞汉,指彩云昭示汉朝兴盛的祥瑞,取鸿门宴的典故。司马迁史记《史记·项羽本纪》:"吾令人望其气,皆为龙虎,成五采,此天子气也。"意思是,我叫人观望他(指刘邦)那里的云气,都是龙虎的形状,呈现五彩的颜色,这是天子的气象。银钩,喻指月亮。古称天子为日,帝后为月。五纬,亦称五星,即金木水火土星。五星与日、月合称七曜。此句说,西汉立国之初,吕雉为后。吕雉,吕文之女,汉高祖刘邦皇后。吕后,恰巧和吕君是同乡,也是单父人。

"戚叶若显,四王见拜于刘朝。"戚,外戚。戚叶即后族,此亦指西汉吕后家族,刘邦去世后,吕后渐控朝政,吕氏家族一时荣显发达。四王见拜于刘朝,汉惠帝崩,太子立为皇帝,年幼,太后吕雉临朝称制,大赦天下。封兄子吕台为吕王、吕产为梁王、吕禄为赵王、吕通为燕王。

"权相必称,千金获鬻于秦市。"权相,有权势的国相。千金获鬻于秦市,花费千金从秦国买得。吕不韦以千金,助秦公子异人即秦王位,获封秦国丞相,权倾一时。

206

"魏晋以降，支庶挺生，梁宋而縣桃并立。"意云，魏晋南北朝时期，吕姓枝蔓繁盛。

"公乘流委输，特禀川灵。"大意是赞吕君才华超群，禀赋灵异。

"谈天辩日之年方模七德，蝉冕鹖冠之岁声震六奇。"谈天辩日之年，取两小儿辩日典故，指童年。方模七德，以七德为范。七德，指文武七德。武功的七种德行，《左传·宣公十二年》："夫武，禁暴、戢兵、保大、定功、安民、和众、丰财者也。故使子孙无忘其章……武有七德，我无一焉，何以示子孙？"文治的七种德行，《国语·周语中》："尊贵、明贤、庸勋、长老、爱亲、礼新、亲旧……若七德离判，民乃携贰。"蝉冕，即蝉冠。汉代侍从官所戴的冠，上有蝉饰故名。鹖冠，以鹖羽为饰之冠，武官之冠。《后汉书·舆服志下》："武冠，俗谓之大冠，环缨无蕤，以青系为绲，加双鹖尾，竖左右，为鹖冠云。五官、左右虎贲、羽林、五中郎将、羽林左右监皆冠鹖冠，纱縠单衣。"六奇，西汉陈平曾为高祖刘邦六次出奇谋。后遂以"六奇"指出奇制胜的谋略。此句说，吕君童年不凡，以文武七德为范。壮年效力行武，颇富出奇制胜的谋略。

"属隋历龙飞，齐郊鹿轶，天花列宇，地剑呈氛，金散鸡亡，王分羊灭，承盱头会，无所息肩。"随历龙飞，后文作"隋历龙飞"，即隋朝建立。龙飞，帝王兴起。以上诸句言，隋朝建立后，天下纷乱，民不聊生。

"肇我唐家，拯斯涂炭。"李唐兴起，拯生民于涂炭。

"公乃执殳驰道，荷戟辕门。引旌骑以前驱，监羽林而后警。"在隋末，吕君随李唐起兵征战。"以之将略褒赏锡功"，既以"将略褒赏锡功"，吕君非普通士兵，而是军中将领。

"以武德三年六月日，奉敕以公为安抚大使，诏授仪同。"安抚大使，为地方军事长官。隋代以安抚大使为行军主帅的兼职。唐代前期派大臣巡视经过战乱或受灾的地区，以安定社会秩序，称安抚大使。仪同，仪同三司，正五品。看来，吕君深受李渊信赖，武德三年（620）六月，曾奉敕领安抚大使之职、授仪同三司。

"四年破逆贼高开道，授公上开府。"高开道，字开道，渤海蓨县（今河北省景县）人。出身盐户，矫捷勇武。隋末跟随格谦发动河间起义，署为将军。格谦战死后，聚集旧部，发展力量。武德元年(618)，攻取渔阳郡，建立燕国，年号始兴，定都蓟县，兼并大乘皇帝高昙晟部众。武德三年（620），奉表唐朝，授蔚州总管，上柱国、北平郡王。四年（621），起兵反叛，复称燕王，年号天成。武德六年（623），带领突厥和奚族两次攻幽州。武德七年（624），遭到部将张金树反叛，兵败自杀。吕君参加了武德四年（621）唐王朝平叛高开道战事，吕君获胜，授上开府。上开府，上开府仪同三司，从三品。

"五年破窦建德兼授上仪同三司。"窦建德，字建德，贝州漳南（河北省故城县）人。出身扶风窦氏，世代务农，重信然诺，出任里长。崇尚豪侠，为乡里敬重。大业七年（611），隋炀帝募兵征高句丽之时，担任二百人长，目睹兵民困苦，义愤不平，遂抗拒东征。带领孙安祖进入高鸡泊，举兵反叛，全家坐罪遇害。率部归顺东海公高士达，先后击败魏刀儿、宇文化及、孟海公等，自称夏王，建立夏国，雄踞河北，虎视中原。武德四年（621）二月，窦建德救援王世充，带兵攻打虎牢关，五月为秦王李世民所败被俘，押往长安，七月被李世民处死。从墓志记载看，虎牢关灭窦建德之役，吕君亦参战有功，兼授上仪同三司。兼授，兼授他职，上仪同三司，从四品。吕君，由上开府仪同三司从三品官，兼从四品的上仪同三司，应是对他军功的奖励。

仪同三司，上仪同三司，上开府仪同三司，本是隋文帝时因袭北周旧制设立的勋官。唐高祖武德初，杂用隋制。武德至七年颁令，定用上柱国、柱国、上大将军、大将军、上轻车都尉、轻车都尉、上骑都尉，不再有上述勋职。

"贞观三年补左领军良乡府队副，五年二月便任队正。十四年破洺州逆党刘黑闼，授公上骑都尉。十九年从驾辽左，兼授上轻车都尉，其年即任旅帅。"

唐朝实行府兵制。武德七年（624）设统军府，贞观十年（636），改名折冲都尉府。天下10道，置634府，通称折冲都尉府。贞观三年（629），吕君为良乡统军府队副；贞观五年（631）二月，升为良乡统军府队正。府兵的基本单位是"火"，一火10人，5火为一队，一队50人。吕君先为良乡统军府队副，从九品下；再升良乡统军府队正，正九品下。为统领50人的下级武官。

勋级六转为上骑都尉，比正五品。八转为上轻车都尉，比正四品。旅帅，从八品上，为府兵校尉官的下一级、队正的上一级武官，统两队100人。可见，到贞观十九年（645），吕君从太宗李世民征辽左高句丽，以军功授勋官上轻车都尉，勋阶正四品；实官升为良乡折冲府旅帅，从八品上。

"公韬名晦迹，谢职辞荣。"就此，吕君挂冠解甲，归隐乡里。墓志记载了吕君自李唐起兵至贞观十九年（645），20余年的征战经历。从武德到贞观，吕君命运可起伏跌宕。武德时，勋级已达从三品的上开府仪同三司，到贞观时，不升反降，最终以正四品的上轻车都尉结束。而实官，从极微的从九品下的良乡府队副补任，再升正九品下的队正，即使是从驾征战辽左高句丽，也只是官升一级，只授良乡府旅帅之职，不过从八品上，且以此终了。

"大唐上元三年十一月，遘疾卒于故第，春秋八十有二。"吕君于唐高宗上元三年（676）十一月，82岁寿终。那么他应生于隋文帝开皇十四年（594），隋亡入唐，吕君24岁，正值壮年。他顺应天下大势，投身李唐大军，至贞观十九年（645），唐有天下27年，吕君奋身沙场，亲历了唐军破高开道、窦建德、刘黑闼诸大战，直至贞观十九年（645）随李世民出征高句丽。当年，51岁辞官身退。吕君的经历，见证了唐初的重要历史事件，故《唐故左领军良乡府旅帅吕府君墓志铭并序》是一方十分珍贵的唐代早期墓志。

"粤以四年太岁景子二月已巳朔十六日，改窆公于良乡县尚义乡修教里继阳村西之茔也。"墓志说上元四年二月十六日，在吕君辞世翌年二月十六日，迁葬良乡县尚义乡修教里继阳村西。吕君迁葬于良乡县尚义乡，应是其在良乡府任职的缘故。记载表明，今房山区石楼镇吉羊村成村不晚于唐仪凤二年（677），当年村名继阳，属良乡县尚义乡修教里。

吕君辞世的上元三年（676）十一月，恰逢改元仪凤，故自十一月改元后，为仪凤元年（676）。翌年，非上元四年，而是仪凤二年（677）。何以错误续用上元年号？是幽州地处偏远，一般人未及时得知改元消息？

墓志说"（贞观）十四年破洺州逆党刘黑闼"令人费解。

刘黑闼，贝州漳南县（今河北故城东北）人。贝州漳南县（今河北省故城县东北）人。少时与窦建德为知己好友。隋末从郝孝德参加瓦岗军，李密败后，为王世充俘虏。后逃回河北，依附窦建德，封汉东郡公，以骁勇多谋著称。窦建德死后，刘黑闼召集窦建德旧部起兵。武德五年（622）正月，刘黑闼据洺州，僭称汉东王，建元天造，都于洺州。二月，秦王李世民率军讨伐刘黑闼，三月败刘黑闼于洺水。武德六年（623）二月，李建成斩刘黑闼于饶阳（今河北省衡水市饶阳县）。

武德六（623）年刘黑闼败亡，墓志载为贞观十四年（640），事件整整迟记了17年。或因破刘黑闼有年，吕君又官微身轻，述事者草率，撰志者不辨实情，以至误书？有人抑或因此对墓志的真伪存疑。

一〇四　大唐开府仪同三司试太常卿兼左金吾卫大将军上柱国刘公墓志铭并序

伊唐季复兴，大君雍王立礼乐，征伐自诸侯出。大冀王南面听政，除恶务本，辑宁邦家，匡卫社稷，削平天下。戎马生郊，龙战于野。则燕之大将刘公，沛水派苗，彭城族望。曾祖讳高，祖讳亮，父曰晖。将军字如泉，解褐王府典军，雄雄猛毅，堂堂伟才，有力如虎，讨逆从顺，静乱济时，生擒将首，凡数十级。天恩命入，扬对阙庭，特授开府仪同试太常卿上柱国。元戎股肱，权变心腹，充左随使将。大冀王宠锡，犒勤牛酒。输忠尽节，闻鼍鼓忘命，见勇波爱死。建中三年六月卅日，于魏国峡山，两军相犄，彼众我寡，当百阵亡。是日，气散风云，名流海内。丈夫奇特，事君尽节也。卫霍为俦，孙吴比策。大王为之抆血，卿士为之泣涟。赗赠百金，棺椁三轨。四年春二月戊申朔廿五日壬申，葬于良乡县西南尚义乡之原，礼也。呜呼！大将春秋卅有八，不幸寿终。孀华二颜，哀嗣一子曰少华。卿大夫礼窆，官注威仪，魂归故里。助绋茔兆，魆色飘飖。白云贵贱，绌分黄土。于时，崆峒寡色，苍茫夕烟。府县群寮，临埏致祭。亲宾哽咽，泣血涟洏。松扃永闭，乃为铭曰：

噫欤飞将，猛毅刚克。大汉留苗，利用王国。允兹崇武，寔为令德。身殁名存，幽明不忒。元戎振威，万夫雄长。太白精黄，钺杖弯弓。扶桑倚剑天壤，骓不利兮壮气冲上，貔虎爪牙鸢帜长往。一绝英声，千载倾仰。

碑刻说明

唐刻。现存房山区文物管理所。1992年10月13日，石楼镇吉羊村在烧砖用土时发现。墓室已被铲平，仅存唐建中四年（783）墓志一合。墓志青石质、方形。墓志长、宽均47厘米，厚6厘米，盖呈覆斗形，中间篆书"大唐大将军刘公墓志",四坡刻十二生肖,每面三个,人身兽首。四角卷刹处雕刻莲花纹。

墓志考释

刘如泉,幽州卢龙节度使朱滔部将。建中三年(782),朱滔自称大冀王。刘如泉曾祖刘高,祖刘亮,父刘晖。初为典军,以军功特授开府仪同试太常卿上柱国。"元戎股肱,权变心腹,充左随使将。大冀王宠锡,犒勤牛酒。"足见朱滔对他的宠信,及其在朱滔军中的地位。建中三年(782)六月三十日,在峡山之役阵亡,时年38岁。建中四年(783)二月二十五日,葬于良乡县西南尚义乡(在今吉羊村西)之原。"官注威仪,魂归故里。"刘如泉,应为良乡县尚义乡人。即称归故里,那么,他应是吉羊村唐代先民。"赗赠百金,棺椁三轨。"实属厚葬。"孀华二颜,哀嗣一子曰少华。"刘如泉二妻一子送葬,子名刘少华。"府县群寮,临埏致祭。"幽州府和良乡县官员参加葬礼,举行了隆重的致祭仪式。

峡山之役是幽州等四藩镇和唐中央政权的一次战事。

建中初,藩镇割据问题严重,时逢成德节度使李宝臣之子李惟岳、淄青节度使李正己之子李纳要求世袭节度使,德宗决意削藩,拒绝其请。建中二年(781)五月,魏博节度使田悦及李惟岳、李纳以及山南东道节度使梁崇义相继叛乱。六月初六,德宗下诏平叛。中路战场,马燧、李抱真、李晟;北路朱滔;南路李希烈。平叛进展顺利,建中三年(782)黄河以北大致平定,只剩下田悦困守魏州孤城,而黄河以南的政府军则猛攻濮州(今山东鄄城县)的李纳。李纳势穷力蹙,基本上败局已定。由于对朝廷封赏感到不满,王武俊、朱滔与田悦勾结,联合叛乱。朱滔、王武俊联合,先以部分兵力包围赵州的康日知,然后二人亲率主力驰援魏州的田悦。形势突然间发生重大逆转,德宗紧急征调朔方节度使李怀光率朔方军及神策军共15000步骑开赴前线支援马燧。

建中三年(782)六月底,魏州城下出现了戏剧性的一幕,双方援军在同一天抵达战场。田悦守军置酒宰牛犒劳朱、王援军,欢呼声震天同地。马燧亦摆出盛大军容迎接李怀光部。李怀光求胜心切,打算趁叛军立足未稳发起进攻,马燧劝阻,李怀光不听,六月三十日,率部向峡山(河北大名县北12公里处)西面的朱滔部展开攻击。朱滔猝不及防,被杀1000多人,其中就有刘如泉。

"四年春二月戊申朔廿五日壬申,葬于良乡县西南尚义乡之原,礼也。"证明,当年吉羊村一带属于良乡县尚义乡。

二站村

在吉羊村北，石楼村南，清代之前未有村。明正德十一年（1516）《唐贾岛墓》碑载："贾浪仙墓，旧志在房山县南十里。监察御史卢君雍访得之于石楼村。"贾岛墓在二站村南，此碑不说二站村，而说"得之于石楼村"，可见正德十一年（1516）地属石楼村，尚无二站村。

二站，因明代在此设置驿站而得名。琉璃河镇庄头村明弘治十六年（1503）《大功德寺碑》："宣德七年四月内钦传宣宗皇帝圣旨：改拨园户当蒙□□□信乎本差人送去南八里庄，着后其余杂派科差水马、二站等役□□□优免。"可见明初此地已设"二站"。

清康熙三年（1664）《房山县志》石楼镇在册12个村，已有二站村。二站成村似在清初。明亡，驿站废弃，依故驿而成村。民国初房山县改乡为区，设五区，民国五年（1916）二月改设九区，二站村均属第二区。今属房山区石楼镇。

本卷收录二站村碑刻7件：明代1件、清代6件，其中收录碑文5篇、诗2首、碑阴题1则。

一〇五　唐贾岛墓

百里桑干绕帝京，浪仙曾此寄浮生。葬来诗骨青山瘦，望尽荒原白草平。无地椒盘供庙祀，有人骢马问村名。穹碑四尺标题在，词赋风余万古情。

贾浪仙墓，旧志在房山县南十里。监察御史卢君雍访得之于石楼村，乃知为郑氏庄户，郑之南君绅割地三亩，辟为墓。邑卢君实请题旧赋一律，以寄吊古之意。西崖李东阳。

正德丙子年　知县曹俊立

碑刻说明

明刻。在二站村贾岛墓，已佚。拓片碑通高124厘米，宽70厘米。

碑文考释

正德丙子年，即明正德十一年（1516）。

元（后）至元三年（1337）《元故房山贾君墓碣铭并序》："岛墓今在县境，君岂其苗裔耶？"这是元国子祭酒苏天爵为抱玉里（今房山区张坊镇北白带村）人贾和撰写的墓碑。故知元代时，房山县就有贾岛墓。这是迄今关于房山二站贾岛墓最早的记载。

民国十七年（1928）《房山县志·卷三·陵墓》："明《一统志》：'贾岛墓在县南一十里（十五里之误）。'……《帝京景物略》：'弘治中，御史卢某访唐诗人贾岛墓，得断碑于石楼村（今在二站村南，岂当日二站属石楼耶），乃辟地植碑，大学士李东阳别树一碑记焉。'清知县罗在公为之建祠于墓南。"

正德丙子（1516）《唐贾岛墓》碑载："贾浪仙墓，旧志在房山县南十里。监察御史卢君雍访得之于石楼村。"故知《帝京景物略》所云"卢某"，即卢雍。

正德丙子，明正德十一年（1516）。

卢雍，字师邵，江苏吴县（今江苏省苏州市吴中区和相城区）人。明武宗正德六年（1511）进士，授监察御史。正德十三年（1518）以监察御史巡抚四川，有惠政。后迁四川提学副使，未到任卒，著有《古园集》。

卢雍于正德六年（1511）登进士第，同年授监察御史，他应是在明正德中，来房山，访得贾岛墓，而非《帝京景物略》所云"弘治中"。从正德丙子（1516）《唐贾岛墓》碑所记看，卢雍来房山县访贾岛墓，与李东阳"题旧赋一律"、房山知县立碑，似在同一年，即正德丙子，亦即正德十一年（1516）。故知《帝京景物略》所载有误，以至县志误引。

依正德丙子（1516）《唐贾岛墓》碑记载，当年监察御史卢雍到房山县，在石楼村访得贾岛墓，得知此地为郑之南的庄户地，郑之南割地三亩辟为贾岛墓。房山人卢实请李东阳将旧诗一律题在贾岛墓碑上，李东阳应允，并在诗后记载下事情的来龙去脉。由房山知县曹俊，立在修葺后的贾岛墓前。

李东阳，字宾之，号西涯。祖籍湖广长沙府茶陵，因家族世代为行伍出身，入京师戍守，属金吾左卫籍。李东阳生于正统十二（1447）年六月九日，八岁时以神童入顺天府学，天顺六年中举，天顺八年举二甲进士第一，授庶吉士，官编修，累迁侍讲学士，充东宫讲官，弘治八年以礼部右侍郎、侍读学士入直文渊阁，预机务。立朝50年，柄国18载，清节不渝。官至特进、光禄大夫、左柱国、少师兼太子太师、吏部尚书、华盖殿大学士。正德十一年（1516）七月二十日卒，赠太师，谥文正。

房山知县曹俊，民国十七年（1928）《房山县志·卷四·职官·明代县尹表》："曹俊，临清，监生。"临清，今山东省临清市。监生，监生是国子监监生员的简称。国子监是明最高学府。

一○六 创建贾公祠碑记

诰封奉直大夫知房山县加四级丁酉举人蜀营山县罗在公撰文

吏部候选县堂宛平李昑书丹

候补内阁中书甲子科举人宛平薄有德碑额篆书

士之立名节垂不朽者，或以德，或以功，或以言，苟产于其地，其地之人固宜若神明，然家祀户户以为法而守于其土者，尤当推而崇之，使民有所观感而兴起于善，此风化之大端，未可以为不急而漠然置之也。余少时读唐浪仙贾公诗，与其高旷之致雅慕其人，其仕吾蜀也，长江之人至今享祀不衰，岂非以其德与功在民而其言足歌咏哉？夫公房人也，房山如公者不多见，亦宜祠而祀之，则而像之与吾蜀等，不宜落寞而已矣。考邑乘，墓在县西南十五里，明大学士李东阳题咏存焉。乃余莅任初即访诸众，俱茫然不知其所。复亲至西南，求不得叹曰："志存迹亡，不亦悲乎？"迨康熙丙子仲冬，余以公事至琉璃河归，维时水涸草枯，马蹄轻快。由旷野取捷至二站村南，见残碣高三尺余，碑额篆书为"唐贾岛墓"云。余惊喜下拜，视其方则县之东南也。观其地广不盈丈，睹其冢高不过尺，践踏已甚也。读其碑字虽模糊，犹隐隐知为东阳公题咏也。视其年为正德丙子知县曹俊侯所立也。余既喜得之无意，而以萧条芜没为悲，归而思曰："及此不图，后将安存？"第其地为旗人所占已久奈何？爰因皇庄黄君麟图转恳之慨，施地六亩，复募金钱于有力者，靡不竭力赞襄而争先。于是建祠堂三楹于墓前，昭其像也。又建佛殿于祠堂前，从公志也。又建禅房六间于祠东西，募僧居之，期可久也。又清出顺治初年户部留存香火地二十五亩，为焚献、资崇，明湮也，事不烦而成功速。呜呼，非公有灵不克显其迹，非余与公有深缘不克有此举，非众人好善之诚不克成其美，夫岂偶然哉？或曰："公宦于长江，卒葬安岳。公无子，虽扶榇归葬乎！"余曰："不然，余重其人非重其墓也。虽其所经历犹将式之，况故里乎？且《帝京景物略》纪弘治中，御史云雍得断碑于石楼村，为辟地置碑，大学士李别记之，旧碑所载亦然。今石楼去二站不远，夫使断碑无据，云、李二公肯为乎之？虽唐苏绛撰墓志谓，夫人刘氏遵遗旨葬安岳矣。不又曰权妥礼乎？既曰权，安知不归耶？故余愿以好善之诚附云、李二公后，其他何论焉？"工既竣，率绅士而谒之，佥曰："美哉，彬彬乎！敝邑文运自此兴矣。公曷记之？"余虽不文，若其始末所深悉也，因书以志，又为歌以呆之。其词曰：

大房崚秀，实产先生。天性和茂，风骨澄清。始悟梦幻，托迹缁流。念持金偈，且吟且修。骑驴得句，手作推敲。赫赫京兆，以兹定交。高才不遇，旁若无人。长街自话，可泣鬼神。飞语中起，行道悲伤。放逐适性，烛鹤翱翔。夺卷睨帝，虽命之遭。君王大度，短薄实迁。煌煌后命，已作参军。天更爱才，遽遣修文。我吏仙里，景慕高风。西瞻山峪，名以君崇。念兹一坏，心焉郁陶。偶然相值，如引如招。呜呼先生，与数为仇。孟郊北邙，先生石楼。爰建斯室，以作君庐。非善何亲，非缘亦疏。贱子无文，感怀千古。敬陈俚词，班门弄斧。

大清康熙三十七年岁次戊寅七月吉日立

碑刻说明

清刻。在二站村贾岛墓，已佚。拓片碑通高163厘米，宽89厘米。

碑文考释

此碑为房山知县罗在公所撰，民国十七年（1928）《房山县志·卷四·职官·明代县尹表》："罗在公，四川营山，举人，康熙三十年到任。"

碑中，罗在公首先记述其在四川家乡时，对贾岛的认知："余少时读唐浪仙贾公诗，与其高旷之致雅慕其人，其仕吾蜀也，长江之人至今享祀不衰，岂非以其德与功在民而其言足歌咏哉？"罗在是自幼读书时知道贾岛的，当年读到贾岛诗"高旷之致雅"，而慕其为人。贾岛曾在四川为官，一直到清康熙年间，任所长江县百姓奉祀不衰。罗感慨，贾岛功德在民，而诗歌又足以歌咏，以至于此。

"夫公房人也，房山如公者不多见，亦宜祠而祀之，则而像之与吾蜀等，不宜落寞而已矣。"

罗知道贾岛是房山人，房山像贾岛这样的先贤不多，以为房山人更应该为他建祠奉祀，像四川那样，不应该任其落寞。

"考邑乘，墓在县西南十五里，明大学士李东阳题咏存焉。"

罗在公所说的邑乘，是康熙三年（1664）佟有年《房山县志·卷三·陵墓》："贾岛墓，县西南十五里。明大学士李东阳亲笔题咏存焉。"

贾岛墓本在县东南15里，佟志一字之误，错了方向。

"乃余莅任初即访诸众，俱茫然不知其所。复亲至西南，求不得叹曰：'志存迹亡，不亦悲乎？'"

康熙三十年（1691）罗在公到任之初，向众人询问贾岛墓之所在，"俱茫然不知其所"，这让他非常失望。无奈之下，按照佟志记载，亲自到西南15里访查，仍然没有找到。他原以为贾岛墓已经不存在了，故发出"志存迹亡"之悲叹。

没想到，康熙丙子仲冬，即康熙三十五年（1696）冬，他因公事到琉璃河，返回途中，由旷野取近路而归，到二站村南，见一通三尺多高残碑立在那里，碑额篆书"唐贾岛墓"。

罗在公喜出望外，下马礼拜，视其方位，在县治之东南，而不是如佟志所载的西南。看看这块墓地，不足一丈见方，茔冢高不过尺，往来践踏得不成模样了。

细读碑字迹，虽然模糊不清，还能隐约看出是明大学士李东阳的题咏诗句。落款所署年月，为正德丙子知县曹俊侯所立。

罗在公苦寻不得，一朝无意遇到，自然一番欣喜，见茔冢萧条芜没，又不免悲从中来。回到县署，仔细思量："如不及时抢修，只怕日后就没了。"此地已为旗人圈占，好在经罗在公恳请，皇庄黄麟图施地6亩。罗在公又向有钱人募捐，作为整饬经费。

于是在贾岛墓前建祠堂3间，内奉贾岛遗像。因贾岛早年为僧，又在祠堂前建佛殿一座。祠堂东西，建禅房6间，募僧住持，期可长久。这就是清代罗在公所建贾公祠。

贾公祠落成后，查出顺治初年圈地时，户部留存贾岛庵香火地25亩，划归贾公祠所有。

书丹者李昕，宛平人，吏部候选县堂。生平无考。

碑额篆书者薄有德，字聿修，号勺庭。顺天大兴人。生于顺治十七年（1660），卒年不详。康熙二十三年（1684）甲子科举人，康熙四十二年（1703）癸未科进士。选庶吉士，散馆授编修。康熙五十年（1711）出任辛卯科乡试浙江考官，五十一年（1712）以编修任湖广提督通省学院，五十二年（1713）迁左春坊左赞善兼翰林院检讨，不久擢修撰，五十七年（1718）以侍讲学士充日讲起居注官。

一〇七　宪批碑

　　房山县为恳恩转详，以扬先贤，以杜后患事：本年三月初十日蒙守道高宪票内开，二月二十九日蒙部院李批：该本道议覆前事，查得唐时诗人贾岛公者，乃房邑乡贤也。该县旧有贾公庵三楹，当年蒙户部圈占时念系乡贤，留祀地二十五亩，向为僧人休实所私。今该邑士民既在贾公墓侧改庵为祠，则祀地应归祠内无疑。但僧非善类，日后恐起争端，该房山县具详宪台请示，蒙批，前因仰见。宪台俯顺舆情，追崇先贤之至意也，自应檄令该县择选有德耆老，责成典守，每岁地租备办祭祀，余剩者留作修祠之费，一并勒石以垂永久。至僧人休实既属无行，应饬县驱逐，缘蒙批查事理拟合详覆。宪台裁示尊行等因蒙批如详，檄令该县遵行缴蒙此拟合行，为此仰县官吏查照票内院批事理，即将贾公祀地归入贾公祠内，遴选有德耆老，责成典守，其每岁地租除备办祭祀，余剩者留作修祠之用，勒石祠中，备具遵行，缘由同勒石，碑文申报以凭查考，并详院存案，毋为等因，蒙此合行镌碑建立，以垂永久！

　　康熙三十九年三月初四日行

　　房山县知县罗在公遵奉勒石

碑刻说明

清刻。在二站村贾岛墓。

碑文考释

　　清顺治初，户部圈地时顾念贾岛为房山乡贤，特留祀地 25 亩，后来一向被僧人休实据为己有。康熙三十五年（1696）贾公祠落成后，被罗在公清查出来，于是房山县具详"守道"，请示将祀地收归贾公祠所有。"守道"上呈"部院"，经查核属实，准许将祀地收归贾公祠，并令房山县将休实驱逐出境，为 25 亩祀地选择有德耆老，责成典守，每年地租除备办祭祀外，其余留作修祠之费。事在康熙三十九年（1700），即创建贾公祠两年后。同年，知县罗在公为此事勒碑祠中。

一〇八　于役易州道中谒唐人贾阆仙祠有作

早悟禅机晚赋诗，诗名虚被九重知。（阆仙尝遇唐宣宗微行，有久闻诗名之语，惜未辨识，竟至谪授。）推敲句每从韩定，寒瘦评惟比孟宜。千古青山埋傲骨，七言黄阁表穹碑。（祠后有墓，墓前有明李相西涯七律一首石刻。）荒祠愧乏溪毛荐，月下池边系所思。

定圃德保

碑刻说明

清刻。此碑原嵌于贾公祠内壁，后贾公祠倾圮，存于二站村小学校。拓片高 32 厘米，宽 40 厘米。

碑文考释

"于役易州道中谒唐人贾阆仙祠有作"，从诗题知：诗的作者德保，因公务前往易州，途中经过二站贾公祠，入祠拜谒贾岛，因赋此诗。

"早悟禅机晚赋诗，诗名虚被九重知。"贾岛早年为僧，三十几岁到长安举进士不第，以诗歌著称。

"阆仙尝遇唐宣宗微行，有久闻诗名之语，惜未辨识，竟至谪授。"是德保自己解释"诗名虚被九重知"一句。

贾岛遇唐宣宗微行事见《鉴戒录》："（贾岛）入京，投蜀僧悟达国师院中，潜于钟楼安下。宣宗微行，聆钟楼有吟咏声，遂登楼，于岛案上取吟次诗欲看。岛不识帝，攘臂睨帝，遽于帝手夺之，曰：'郎君何会耶？'帝惭赧下楼。岛寻追悔，欲投钟楼，帝惜其才，亟诏释罪，谓岛曰：'方知卿薄命矣！'遂御札黑制除岛为长江主簿。"

"推敲句每从韩定"，是贾岛吟"僧敲月下门"诗，推敲未定，骑驴冲撞了京兆尹韩愈，因此与韩愈成布衣交的典故。

"寒瘦评惟比孟宜"，是说贾岛的诗与孟郊齐名，素有"郊寒岛瘦"之称。

"千古青山埋傲骨"，赞贾岛高风亮节，为千古景仰。

"七言黄阁表穹碑"，德保自释："祠后有墓，墓前有明李相西涯七律一首石刻。"在贾公祠后、贾岛墓前，有一座碑亭，亭内立着明大学士李东阳的七律一首，此碑即明德丙子房山知县曹俊所立。这句是写实。

"荒祠愧乏溪毛荐。"溪毛，溪边野菜。语出《左传·隐公三年》："苟有明信，涧溪沼沚之毛……可荐于鬼神，可羞于王公。"杜预 注："溪，亦涧也。毛，草也。"宋代辛弃疾《鹧鸪天·睡起即事》词："呼玉友，荐溪毛，殷勤野老苦相邀。"此句诗的意思是，置身荒祠之中，愧无祭献之物。一个"荒"字，点出了当年贾公祠的落寞凄凉景象。

"月下池边系所思"取贾岛"鸟宿池边树，僧敲月下门"意，表达对贾岛的追思。

定圃德保，姓索绰络氏，名德保，字仲容，一字润亭，号定圃，康熙五十八年（1719）生，满洲正白旗人。曾祖父布舒库，内务府司库。祖父都图，曾在康熙朝做过内务府郎中。

德保为乾隆二年（1737）丁巳恩科三甲进士，改庶吉士，散馆授翰林院检讨。乾隆九年（1744）任日讲起居注官，次年值南书房。乾隆十一年（1746）升侍讲，次年提督山西学政，升侍读。乾隆十五年（1750）提督山东学政，升侍讲学士。乾隆十七年（1752）任工部侍郎。乾隆二十六年（1761）充经筵讲官。乾隆三十四年（1769）升翰林院掌院学士，同年出任广东巡抚。乾隆三十六年（1771）署两广总督。乾隆四十一年（1776）代理福建巡抚、漕运总督，次年兼署江南河道总督。乾隆四十三年（1778）署闽浙总督，同年任礼部尚书。乾隆五十四年（1789）卒，谥文庄。纂有《音韵述微》，纂办《日下旧闻考》。子英和，官至军机大臣、协办大学士。

《于役易州道中谒唐人贾阆仙祠有作》，从德保是生平看，此诗创作时间，约在乾隆二年（1737）至乾隆十一年（1746），或乾隆十七年（1752）至乾隆三十四年（1769），其间在京就职，有可能因公务去易州（今河北县易）。其他时间，分别在山西、山东、广东、福建、河南、闽浙等地任职。

一〇九　重修贾公祠碑记

顺天府良乡县甲子科举人拣选知县孙锦撰文

贾浪仙墓，表自明李相国之碑，而其祠则创自我朝康熙戊寅岁，前此未有祠也。考《唐书》，先生为范阳人，始为浮屠，后遇韩文公赏其诗，始教以文举进士，累举不第，文宗时坐飞谤出为长江簿。夫亦牢落不偶，蹉跎一世者欤。然其傲骨崚嶒，不谐于俗，在中唐时极意苦吟，自成一体。房山邑乘列为乡贤，其为此方之宜祀无疑矣。何以历数百年而墓始显于西涯相国之碑，又百余年始得祀于罗邑侯莅官之日？且罗邑侯之得碑而建祠也，极力求之不获，后以无意遇之。毋亦显晦有时，先生之英灵有以启之耶？岁丙子秋，余与二三同志来谒，见其前则三教殿，入后屋三楹，先生之遗像在焉，满壁琳琅题咏甚众，惟是栋宇倾圮，不足以肃观瞻。而申妥侑，未尝不为先生叹。于丁丑春住持道人贾元明者办募众善，重为修整，鸠工庀材，数月而毕。敝者易之，旧者新之。虽地基如故，而堂宇焕然改观。盖罗公所建之时又百年矣。道人曰："诸君子醵金之力、与人为善之心不可泯也，将勒诸石以垂后。"而索文于余，余拙而不能辞，爰即其墓与祠之由来以叙之。夫亦景仰前贤之微意云尔。

汉军正黄旗人黄景曾书丹

时大清嘉庆贰拾叁年岁次戊寅陆月吉旦立

碑刻说明

清刻。在二站村贾岛墓。拓片碑通高87厘米，宽64厘米。碑额正书双勾题"永垂不朽"。阴额"万善同归"。

碑文考释

"岁丙子秋，余与二三同志来谒，见其前则三教殿，入后屋三楹，先生之遗像在焉，满壁琳琅题咏甚众，惟是栋宇倾圮，不足以肃观瞻。"

丙子，嘉庆二十一年（1816）。文中记述嘉庆二十一年秋，良乡县甲子科举人孙锦和几个友人拜谒二站贾公祠，见前殿为三教殿。所谓三教殿，指"儒释道"三教，当年罗在公创建贾公祠时，前殿只是单一的佛殿，此时已经由佛殿改为三教殿，增加的儒、道的成分，住持也由僧易道。应该是道士入住，把道教的祖师老子纳入奉祀。如果单单把道教祖师纳入，似不合典礼，故依三教合一的理念，再增奉先圣孔子，故成三教殿。三教殿后，仍是3间祠堂，内奉贾岛尊像，墙壁上题着很多的诗作。这是嘉庆二十一年大致情景。"惟是栋宇倾圮，不足以肃观瞻。"自康熙三十五年（1696）肇建到此，整整两个甲子，一百二十年，贾公祠房屋破败，急需修缮。嘉庆二十二年（1817）春，住持道人贾元明募化重修，数月告竣。请良乡举人孙锦撰文，嘉庆二十三年（1818）立碑于祠内。

孙锦，良乡人，嘉庆九年（1804）甲子举人，拥有拣选知县头衔。

"顺天府良乡县甲子科举人拣选知县"，今北京清代为顺天府，房山区清代为两县，东为良乡县，西为房山县，孙锦为良乡县人。甲子，为嘉庆九年（1804）。甲子科举人，即嘉庆九年举人。拣选知县，清初之制，举人会试三科，准其拣选知县，意即有担任知县的资格，候补任用。到了乾隆以后，拣选知县完全成了荣誉虚衔。

碑阴

京都蒙古正白护军校富宁阿代施钱三千文，护军参领兼钥长苏兴阿施钱一千文，护军参领兼委同钥长世卓施钱一千文，副护军参领存保领施钱一千文，护军保安施钱一千文，副护军参领贵德施钱一千文，监军长穆金泰施钱一千文，委护军参领忠明施钱一千文，护军参领塔克泰施钱一千文，护军阿察施钱一千，护军药王保施钱一千，护军图他布施钱一千，护军善福施钱一千，护军万少施钱一千，护军郭兴施钱一千。

怡泰茶业店施钱一千，王制代化文银捌两，富德安施文银三两，吉祥当施文银一两，聚盛窑施文银一两，丰盛厂施文银四千文，白孝全施钱一千文，徐鲲施钱千一文，房山县县丞韩邦俊施钱二十千文，房山县典史苏耀璋代化施钱二十千文，大弘寺村常文会施钱拾千文，小南长沟高罗礼施钱拾千文，子窑商人吴玉魁施钱伍千文，人和当施钱二千五，通祥号施钱贰千，大庆局施钱一千五，金山店施钱一千五，永元岱记施钱壹千，顺兴号施钱一千，全义盐店施钱二千，万顺局施钱一千，恒深义施钱一千代化，六盛号施钱一千五，来兴号施钱一千，顺内店施钱二千，德昌号施钱二千，元古当施钱二千五，世德堂施碑一座代化。

涞水镇石亭村崔成施钱二千，顺隆店施钱叁千，源顺号施钱一千，义聚号施钱一千五，盐店施钱壹千五，永丰局施钱壹千五，宝兴当施钱三千，同春居施钱一千五，庆生号施钱一千，公盛号施钱一千，尹泰施钱一千。

保安屯李铎施钱六千，李杰施钱五千，祖芝施钱五千，王荣施钱二千。

杨胡屯杨福全施钱二千，胡永熙施钱二千，胡永玉施钱一千伍，张信施钱千五，丁世魁施钱二千。

杨驸马庄绳大忠施钱一千，义利号施钱一千，永聚号施钱一千，殷结施钱一千，穆添霜施钱二千。

吉阳村增盛号施钱拾千，亨春德施钱八千，东亨春施钱伍千，西亨春施钱八千，恒春堂施钱一千，丰裕号施钱三千，永盛号施钱三千，泰甫铺施钱伍千，六合永施钱六千，赵文宪施钱拾伍千，高垣施钱伍千，黄光腾施钱伍千，黄永祯施钱伍千，曾理施钱二千，史宽施钱捌千，张永誉施钱伍千，赵正定施钱一千，王立施钱二千，张约宗施钱二千，张福施钱一千，王宁施钱一千，全景文施钱一千，苗成荣施钱一千，何鹿头村顺施钱三千，段顾册村理施钱一千，王□□施钱□千，王□□施钱□千，高天□施钱□千。

高石委村王□□施钱□千。

二站村天成庄施钱八千文，杨宽施钱拾千文，贾进成施钱拾千文，李代施钱伍千文，李化施钱任千文，孔儒施钱二千文，闫德施钱伍千文，李秋施钱伍千，梁魁施钱二千文，师祥施钱二千文，赵举施钱二千文，李明施钱二千文，张廷瑢施钱一千文。

瓦作宋喜施钱一千，木作于顺施钱一千，画作□杰施钱一千，石作胡斌施钱一千。

本祠住持道人贾元明　孙元玉　徒祁通顺　杨通和

碑文考释

碑阴镌刻施助者名号。

京都，即北京，施钱者13人：蒙古正白护军校富宁阿代、护军参领兼钥长苏兴阿、护军参领兼委同钥长世卓、副护军参领存保、护军保安、副护军参领贵德、监军长穆金泰、委护军参领忠明、护军参领塔克泰、护军阿察、护军药王保、护军图他布、护军善福、护军万少、护军郭兴。4家商号：怡泰茶业店、吉祥当、聚盛窑、丰盛厂。

施钱者中有房山县县丞韩邦俊、房山县典史苏耀璋。考民国十七年（1928）《房山县志·卷四·职官》，"清代县丞表"和"清史典史"，嘉庆年间均缺载。此碑补县志之遗。

大弘寺村，今洪寺村，属今房山区城关街道。

小南长沟，今属长沟村，属今房山区长沟镇。

房山城内施钱的商号11家：子窑、人和当、通祥号、大庆局、金山店、永元岱记、顺兴号、全义盐店、万顺局、元古当、世德堂

涞水镇石亭村，今属河北保定市涞水县石亭镇。涞水县除石亭村外，有9家商号施钱：顺隆店、源顺号、义聚号、盐店、永丰局、宝兴当、同春居、庆生号、公盛号。

保安屯，今河北省保定市涿州市保安庄村。

杨胡屯，今属河北省涿州市东仙坡镇。该村杨福全施钱二千。杨福全，笔者二世叔祖。笔者一世祖杨和亮，原籍直隶保定府定兴县黄家府村（今河北省保定市高碑店市方家务村）。嘉庆六年（1801），直隶发生严重水灾，一世祖杨和亮与妻关氏，偕杨福禄、杨福寿、杨福全三子背井离乡，投奔杨胡屯关姓岳父家。杨福禄居长，为笔者二世祖。至嘉庆二十二年（1817）重修贾公祠，杨氏在杨胡屯定居已16年，二世祖兄弟三人已经长大成人，家境显然好转，故重修贾公祠时，为杨胡屯5位施钱者之一。其他4位施钱者："胡永熙施钱二千，胡永玉施钱一千五，张信施钱一千五，丁世魁施钱二千。"

如今，杨胡屯村无胡姓村民，村人对杨胡屯之名百思不得其解。此碑证实，村里原有胡姓先民，所以村名以"杨""胡"两姓而得，后世胡姓绝户无传，故今无胡姓。

笔者二世叔祖杨福全列杨、胡户五位施钱者之首，因为出身旗籍，身份高贵。在清代，住民分旗籍、民籍两种。旗籍，分满、蒙、汉八旗，先祖为汉军正黄旗军人，属正三旗之列。先祖居杨胡屯村东，清末，杨胡屯村东的杨姓、王姓刘姓的八户人家与杨胡屯村分开，另立一村，村名杨户屯，属房山县，今

属北京市房山区琉璃河镇。

杨驸马庄绳大忠施钱一千。考杨驸马庄清道光四年（1824）《重修福寿寺碑记》，清嘉庆二十五年（1810），绳大忠曾发起重修杨驸马庄观音庵，改名福寿寺。该村施钱者还有义利号、永聚号2家商号。

吉阳村，在二站村南，今名吉羊村。该村施钱商号9家：增盛号、亨春德、东亨春、西亨春、恒春堂、丰裕号、永盛号、泰甫铺、六合永。清代，吉羊村在石楼地区最为繁华，商业最为发达。

高石委村，今属不详。

贾公祠所在的二站村，有天成庄1家商号施钱。

重修的匠作分别是：瓦作宋喜、木作于顺、画作□杰、石作胡斌。

贾公祠重修后，有道士四人：住持道人贾元明，道士孙元玉。贾元明弟子祁通顺、杨通和。

一一〇　大清国京都顺天府房山县邑南二站村观音庵住持僧辉山自置施香火地亩碑记

尝闻佛居鹫岭，尚有恭参之需。僧住梵刹，岂无香火之赖？我辉山住锡此庵，梵行精严，用备有度，数十之年，殿宇禅堂，灼一有光。园场树株，丛一有茂，无非大师苦心之所持也。念佛前香火不绝，苦无恒产，适岁有正黄旗三甲喇伯领德佐领下苏拉八林阿居士，于乾隆八年闰九月二十三日，借观音庵纹银三佰四十八两，因年历已多，不能借置，自知于理难容，于心弗安，于乾隆二十三年十二月十八日，同乡亲各将本身老圈白地一顷三十一亩一段，坐落二站村西南；荒废地六十亩，东至黄姓，西至黄姓，南至道，北至道；又一段，坐落二站村东北东下坡，南北地二十七亩，东至百家地头，西至道，南至郑姓，北至韩姓；又一段坐落村东北，杨家园东头下坡，东西地一段四十四亩，东至道，西至道，南至董姓，北至百家北头。情愿将此地施于观音庵，永为香火。八林阿居士尝有言曰：若此者非为有作福之想，惟欲于心理有顺而已，自自舍之后，又虑子孙亲族有悔，年深日久无凭，故刻铭于石，永垂不朽云尔。

峕龙飞乾隆二十四年岁次己卯丁卯月初一日新建造石碑　谷旦立

碑刻说明

清刻。原在二站村。2019 年 8 月 4 日，二站村村民宁学维挖房屋散水发现。碑高 140 厘米，宽 61 厘米，厚 12 厘米。现存于房山区文物管理所。

碑文考释

此碑记载二站村观音庵住持辉山自置香火地事。

乾隆八年（1743）闰九月二十三日，正黄旗三甲喇伯领德佐领下苏拉八林阿居士，借观音庵纹银 348 两，多年未还，乾隆二十三年（1758）十二月十八日，情愿将本身圈占的 1 顷 31 亩地一段（坐落二站村西南）、荒废地 60 亩（东至黄姓，西至黄姓，南至道，北至道）、另一段地 27 亩（东至百家地头，西至道，南至郑姓，北至韩姓）、又一段 44 亩（坐落地村东北，杨家园东头下坡东西地一段，东至道，西至道，南至董姓，北至百家北头），施予观音庵，永为香火。

名为施，实际上是苏拉八林阿久欠观音庵银，不能偿还，以地抵债。银是住持辉山出借，苏拉八林阿以地抵债，故碑名称辉山自置香火地。乾隆二十四年（1759），辉山立碑为据。

一一一　大清国京都顺天府房山县重修二站村九神庙碑记

盖闻修寺建庙创自汉唐。自白马西来摩腾彰汉，是以洪迹圣教派法，三乘大开，方能普济群迷，登菩提之彼岸。佛慈广大导引众生，为般若之慈航，故劝善多方，终归一辙，修因种于来世，积德□与子孙。自古□因□□□□□□善□□□性心自造，志士达人，择西行之，则求仁慕义焉。兹者房邑城南二站村有九圣神祠□□□□□一□廿有□年，内无住持，是以香火缺断，无人照管。风雨摧残，□□□坏。本村□□□□□不□□□□□本□众善知识，诚捐赀财，共成善事。时有本村信士弟子李化香、□□二人□□□□□□□□□□□聚材□料，立刻兴工。至四月朔日工程告竣。佛堂三间，东□□□□□□□□□□□□□内装□□之，前后泊岸三处，一切完备，焕然一新。此□□□□□□□□□天之云□共仰日月之光。草香烟缔□皆由儒士弟子李化香、□□二人□□□□□□□□力，万年不朽，则功德无量矣。

  顺天府房山县□贡生王廷献撰文

  信士弟子共施银陆佰陆拾千文

  贾枢自施柳树椅子十张

  信士弟子李□施共□□□铜磬一口 铜铁钟二口 琉璃海灯一个 殿鼓一面 □工理事人李福 赵福 杨义 师祥 杨永泰

  募修南庵住持戒纳僧绪□

  本庙住持戒纳僧如□

  大清光绪四年孟秋望日 □□勒石 木作匠人赵镇 瓦作匠人王彦 石作匠人吴□□

碑刻说明

清刻。在二站村。拓片碑身高97厘米，宽59厘米。碑额正书"因果不昧"。

碑文考释

二站村南有九圣神祠一座，20多年，内无住持，香火缺断，无人照管，风雨摧残。清光绪四年（1878），本村众善李化香等，诚捐赀财，共成善事，立刻兴工，至四月朔日工程告竣。佛堂3间，东西禅堂各3间，内奉神像，前后泊岸3处，一切完备，焕然一新。

善众共施银660千文，贾枢自施柳树椅子10张，李某施铜磬1口、铜铁钟2口、琉璃海灯1个、殿鼓1面。理事人李福、赵福、杨义、师祥、杨永泰。

石楼村

在二站村北，为石楼镇古村之一。古为燕国之郊，20世纪村中曾出土战国燕刀币一窖，数百公斤，故知聚落形成不晚于战国。秦汉以来属良乡县。金大定二十九年（1189），割良乡、范阳、宛平三县地建万宁县，划归万宁县。金明昌二年（1191），改万宁县为奉先县，属奉先县。元世祖至元二十七年（1290），改奉先县为房山县，属房山县。明清未变。清康熙三年（1664）《房山县志》石楼镇在册12个村，其中有石楼村。民国初房山县改乡为区，设五区，民国五年（1916）二月改设九区，石楼村均属第二区。今属房山区石楼镇。

"石楼"一名，最早见于金大安三年（1211）《大金故奉议大夫签上京东京等路按察司事兼劝农安抚事上骑都尉弘农县开国子食邑伍佰户赐紫金鱼袋杨公神道碑铭并序》："夫人苏氏奉公之柩于涿州奉先县石楼聚之古原先茔之次。""房山旧址，石楼新阡。"以大安三年（1211）计，石楼村名的历史已有800余年。

本卷收录石楼村碑刻2件：金代1件、清代1件，其中收录碑文2篇。

一一二　大金故奉议大夫签上京东京等路按察司事兼劝农安抚事上骑都尉弘农县开国子食邑伍佰户赐紫金鱼袋杨公神道碑铭并序

　　中顺大夫吏部尚书上护军武威郡开国使食邑一千户实封一佰户赐紫金鱼袋贾益撰

　　文林郎益都府临朐令武骑尉赐绯鱼袋张光祖碑额篆书

　　堂弟承务郎绛州大平簿武骑尉赐绯鱼袋沆书丹

　　公名瀛，字彦深，其先出于姬姓，自宣王子尚父封为杨侯，又云晋太傅叔向食采于杨地，为氏以邑，典策可闻。□□盈之得罪也，避地于华阴弘农之望，由此乃著。汉唐以来，长源远派，代不乏人。及五代之初，始籍真定藁城。彦稠者，实公之九世祖也，后唐清泰中，以功授银青光禄大夫定州兵马指挥使。晋少帝入辽，迁而北之，遂赐田□□于兴城，仍世袭临海军节度副使。昆季三人，辽忌其枝叶浸大，分置临潢、平卢、辽东。公，临潢之胤也。高祖□福，曾祖永赐朝列大夫。朝列三子皆业进士，尝曰：吾家久衰，是三子者必能复大吾门，乃目以黄金三柱，时号□□台。伯讳丘文，乾文阁直学士中书舍人，世以紫微称之。仲讳丘行，通奉大夫太子左卫率府率。季讳丘忠，正义大夫秘书少监。通奉公生四子，并清真拔俗，卓荦不群，竟能该赡学艺以次擢魏科。时人语曰："□□旧闻三台，□□有四辅矣！"长曰伯元，少中大夫知定国军节度使事；次曰伯杰，中奉大夫北京路都转运使；次曰伯雄，正□□□知河中府，谥庄献；次曰伯仁，翰林侍讲学士中大夫制诰兼太常卿左谏议大夫尚书礼部侍郎，谥文昭。□□河中公生五子，公其长也。母李氏、继母张氏皆封弘农郡夫人。公秉志醇一，幼而笃学，年十有三善属文，及□□工翰墨，缙绅之流一见者皆以才冠许之，遂博及群书，驰声儒苑。弱冠以荫补官，稍迁修武校尉，然箕裘之□□夜不舍。后四赴廷试，命与时违。人悉叹其久淹，公专以读书自娱，晏如也，竟登明昌二年词赋进士第，换授承事郎，调河南府录事判官。筮仕之初，居官可纪。三年，召试制□□□等拜国子教授加文林郎。七年秩满，改国子助教，是岁同知西京词赋贡举。既归，复为夏国接送伴使。承安元年除中都路都转运户籍判官。未几，宪台辟举，授监察御史，强明自任，号为称职。四年出为河北东路都转运判官复同知山东东路经义贡举。凡两知贡举，名士不失，人皆以精鉴赏之。泰和改元，入为太府监丞，物□□□□如山积，自典司府者，莫之与比。四年同知南京路转运使事。赐服金紫，案牍堆冗，裁决如流，凡黠吏之□□□□□彰败，是以取予兼明，公私并足。七月假中奉大夫沁南军节度使兼怀州管内观察使，押宋国人使□□□□□□为外国所重。五年，有司议□以公前任监察御史称职，召赴阙□□□□其数事，仍议以时务利病，奏对称旨，改授上京东京等路按察司事。方其下车也，零雨苏旱，和风发春，有废必起，无害不除，远近懼然，吏民安之。六年十月□巳以疾卒于官，积阶奉议大夫，春秋六十有一。鸣呼！以杨氏之族，累世传芳，谓公当继踵前人漠漠□堂□显用未究而位遽止，此邦人所以流涕，君子为之失声，亦可痛矣。夫人马氏赠定远大将军仲柔之女，先于□□□年卒，追封弘农县君。后夫人苏氏，银青荣禄大夫尚书右丞保衡之女，亦封弘农县君。一女寿桂尚幼，四□□济、渥、瀚。济太常寺检讨官，早岁以文章动朝士，尤于诗律为工，及渥皆先公卒。瀚当河中公之薨也，方居□□□□，命之为嗣。公能孜孜训诱，作成材器，与俱内承奉班祗候，今守枢密院译史。公为人旷迈，不拘细节，□□□□，友于其弟，与人交能始终，胸次无城府，视财利犹类壤也。凡所莅职皆有称举，及公务之余以诗酒□□□□然挹古人风。求其实迹，则德行、言语、政事、文学四者兼而备之。非河岳钟灵，天性秀拔其孰能至哉。□□□正月丁酉，夫人苏氏奉公之柩于涿州奉先县石楼聚之古原先茔之次。夫人马氏祔焉，礼也。大名史公□□作文而刻幽础。惟其墓隧之碑欲昭无穷者，以益为属。益退思，自幼相从，通家讲好，逮其仕也，结邻狎□□□日深，义弗可拒，因系叙其事而为之铭，铭曰：

　　杨氏之族，系出姬周。历汉至唐，将相公侯。乃祖分派，藁城著籍。石晋失道，因迁而北。世袭临海，累叶其昌。辽忌族大，分置临潢。西楼即家，庆怡来裔。公继祖考，扬名三世。隐然相望，文撰巍科。搢绅蝉联，流泽斯多。

公自妙龄，词绝纨绮。时论称之，骐骥千里。壮年筮仕，廉平莅官。凡所践历，皆有可观。方其从政，道兼咸爱。及其政余，诗酒豪迈。气凌霄汉，有古人风。世务垂触，不芥众束。义缔于交，友及于弟。自家形国，得忠孝体。遽尔捐节，止签外台。朝野闻者，金曰惜哉。孔门四科，公独兼有。秀出士林，足垂不朽。房山旧址，石楼新阡。树碑纪实，荣名蔼然。

大安三年岁次辛未夏四月壬午朔十六日丁酉立石

碑刻说明

金刻。现存于房山区文物管理所。1991年春于石楼镇石楼村西发现，碑已断为两截，碑高233厘米，宽86厘米，厚17厘米。碑额篆书"大金故奉议签事杨公神道碑"。

碑文考释

房山区石楼村在房山城南7.5公里。一系列文物的出土表明，此地为金代贵族杨氏墓地。

1975年，石楼村平整土地，于村西出土了墓表和石人、石马、石羊、石虎等石像生，村民不知何物，将其填入坑中，只留下一对石虎存放在石楼小学校中。1987年村西增建民宅，出土龙首断碑一通，置于路边。1991年春，笔者做区志调查，在石楼镇石楼村西发现，当即抄录碑文。此碑为金代大安三年（1211）所立杨瀛神道碑。据神道碑载："夫人苏氏奉公（杨瀛）之柩，葬于涿州奉先县石楼聚之古原先茔之次。夫人马氏祔焉。"杨瀛葬于"先茔之次"，那么神道碑及石象生出土的地点，当为杨氏家族墓地所在。

神道碑详细记载了杨瀛的籍贯和谱系。杨瀛，字彦深，祖籍真定藁城（今河北藁城县）。九世祖彦稠，后唐清泰（934—936）中授银青光禄大夫定州兵马指挥使。后晋开运三年（946）十二月，契丹占开封，出帝石重贵国破被俘，送往契丹，杨彦稠随之北入契丹。辽帝赐田兴城县，世袭临海军节度副使，兄弟三人，辽主忌其枝叶浸大，分置临潢（今内蒙古巴林左旗境）、平卢（治今辽宁朝阳）、辽东（今辽河以东地区）。杨瀛乃临潢一支。其神道碑铭曰"西楼即家"，那么杨瀛原籍临潢西楼（今内蒙古巴林左旗西南）。

曾祖杨永，赐朝列大夫。杨永三子都中进士第。长子杨丘文，乾文阁直学士中书舍人。次子杨丘行，通奉大夫太子左卫率府率。三子杨丘忠，正义大夫秘书少监。

杨丘文、杨丘行、杨丘忠，均先仕辽，由辽入金。

辽乾统三年（1109）春，杨丘文出使北宋，归途顺路到柳溪玄心寺看望了洙，写下了《柳溪玄心寺洙公壁记》，可谓磅礴大气，文采飞扬，非俗文可企及。

辽天庆九年（1119）三月初一，天祚帝册封完颜阿骨打为东怀国皇帝。静江军节度使奚王府监军萧习泥烈为封册使，翰林学士杨勉任封册副使，归州观察使张孝伟任庆问使，太常少卿王甫任庆问副使，卫尉少卿刘湜任管押礼物官，杨丘忠以将作少监任读册官。

杨瀛神道碑铭云："公（杨瀛）继祖考，扬名三世。"可见金代杨氏家族之荣显自杨丘行始。

祖父杨丘行，生子四：长子杨伯元，少中大夫同知定国军节度使事；次子杨伯杰，中奉大夫北京路都转运使；三子杨伯雄，四子杨伯仁。杨伯雄与杨伯仁见重于海陵、世宗两朝，《金史》有传。

《金史》本传略：伯雄，字希云，皇统二年（1142）进士。丘行在海陵幕府，伯雄省亲，海陵召见，深加器重。久之，调韩州军事判官，再迁应奉翰林文字。海陵执政，自以旧知伯雄，属之使时时至其第。海陵篡立，数月，迁右补阙，改修起居注。后迁至右谏议大夫，兼著作郎，修起居注如故。

世宗在位，迁礼部尚书，世宗对近臣道："群臣有干局者众矣，如伯雄忠实，皆莫及也。"后徙河中尹。卒于官，年六十五。谥庄献。

《金史》本传略：伯仁，字安道，皇统九年（1149）进士。天德二年（1150），除应奉翰林文字。海陵夜召赋诗，未二鼓奏十咏，海陵喜，解衣赐之。丁父忧，起复。赐金带紫袭衣，及赐白金以奉母。改左拾遗。海陵嘉其慎密，转翰林修撰。

伯仁久在翰林，文词典丽，世宗盛赞之："韩昉、张钧后，则有崔永固，近日则张景仁、郑子聃，今则伯仁而已，其次未见能文者。"官至翰林侍讲学士、中大夫制诰兼太常卿、左谏议大夫尚书礼部侍郎。

大定二十四年（1184），从世宗幸上京，二十五年（1185）感疾还中都。二十六年（1186）世宗还都，遣使劳问，赐丹剂。是岁卒，谥文昭。

杨瀛，伯雄之长子。母李氏、继母张氏双双封弘农郡夫人。杨瀛，自幼笃学，13岁善著文，工书画。20岁以荫补官，迁修武校尉。四赴廷试未第，后登明昌二年（1191）词赋进士第，改授承事郎，调河南府录事判官。明昌三年（1192），拜国子教授加文林郎。明昌七年（1196）秩满，改国子助教，同知西京词赋贡举。为夏国接送伴使。承安元年（1196）除中都路都转运户籍判官，授监察御史。承安四年（1199）出为河北东路都转运判官复同知山东东路经义贡举。泰和元年（1201），入为太府监丞。泰和四年（1204）同知南京路转运使事，赐服金紫。七月假中奉大夫沁南军节度使兼怀州管内观察使，押宋国人使。泰和五年（1205），以前任监察御史称职，为章宗皇帝召赴中都，奏对称旨，改授上京东京等路按察司事。泰和六年（1206）十月，以疾卒于官，积阶奉议大夫，享年61岁。

瀛弟济，太常寺检讨官。弟瀚，枢密院译吏。

神道碑载道："后夫人苏氏，银青荣禄大夫尚书右丞保衡之女。"那么，杨瀛乃金重臣苏保衡之婿。

《金史·苏保衡传》：苏保衡，云中天成（今山西大同）人。海陵朝官至工部尚书。金营中都，受张浩举荐分督工役，营大房山陵，督诸陵工役。海陵治兵伐宋，与徐文等造舟于通州。兵兴，为山东道水军都统制，率舟泛海，役趋临安。宋兵来袭，败于海中。大定二年（1162）召赴中都。大定三年（1163）拜参知政事，进右丞。大定六年（1166）冬以疾卒，享年55岁。

石楼杨氏墓，距金大房山陵东南约十公里余，就堪舆而言，乃是占金陵余势。金帝允杨氏于此建墓，既对金陵形成拱卫之势，又显示了对世臣的恩宠。

据杨瀛神道碑，杨瀛与夫人马氏葬于石楼，且葬于"先茔之次"。那么，瀛父伯雄及瀛母势必葬于石楼。而石楼杨氏墓的首葬者或为瀛祖丘行。

其一，杨氏家族自丘行由辽仕金，丘行先人世官于辽，居于临潢西楼（今内蒙古巴林左旗西南），故石楼杨氏墓葬者不会早于丘行。

其二，丘行卒期与海陵迁祖陵于大房山相近。

《金史·杨伯仁传》："天德二年（1150），除应奉翰林文字……丁父忧，起复，赐金带紫袭衣。"

《金史·杨伯雄传》："丁父忧，起复翰林待制兼起居注……皇子慎思阿不蘷，伯雄坐与同直窃议被责。"考《金史·海陵纪》，事在正隆三年（1158）。可见丘行卒于天德正隆之间的一段时间。

又《金史·海陵纪》：贞元三年（1155）三月乙卯，命以大房山云峰寺为山陵，建行宫其麓。五月乙卯，命判大宗正事京等如上京，奉迁太祖、太宗梓宫。丙寅如大房山，营山陵。十一月戊申，山陵礼成。

正隆元年（1156）七月己酉，命太保昂如上京奉迁始祖以下梓宫。十月乙酉，葬始祖以下十帝于大房山。闰月己亥朔，山陵礼成。

其三，丘行父子两代见重于海陵。杨伯雄与海陵颇有私谊。海陵篡立，伯雄、伯仁成为左右重臣。伯元与伯杰亦居显位。

海陵迁葬之际，丘行辞世，于是命葬之于帝陵之乡，以示对杨氏两代的殊遇，如此颇合情理。

如果丘行首葬石楼，那么依古代葬制和杨氏的政治背景，丘行四子伯元、伯杰、伯雄、伯仁势必葬于丘行之次。众人之妻亦当祔葬之。

而杨氏墓的最后一位葬者是杨瀛。杨瀛卒于泰和六年（1206），大安三年（1211）四月立碑完墓。大安三年九月，蒙古大军即破居庸关，临于中都城下，此后，大金便坠入与元、宋旷日持久的战争，亡师失地终至灭国。值此国破家亡之秋，正可谓死无葬身之地，其间杨氏子孙或有亡者，亦难归骨家茔。大元一统，石楼杨氏墓成了前朝遗迹。

从出土的文物看，杨氏墓地有明显人为捣毁痕迹。其神道的墓表石像生被深埋地下，杨瀛神道碑亦被毁深埋，遗迹皆无，房山史料也从未载及。

石楼杨氏墓不似夷于战争，而是有某种特殊原因。

《康熙御制金太祖世宗陵碑》："当我师克取辽阳，故明惑于形家之说谓我朝发祥渤海，气脉相关。天启元年（1621），罢金陵祭祀。二年（1622）折毁山陵，劚断地脉。三年（1623），又建关庙于其地，为厌胜之术。"那么，石楼杨氏墓之毁夷或与金陵的命运相关。

一一三　施地租记

　　环京师旗地为多，旗地之租皆较民地为甚重。自高宗纯皇帝深悉小民疾若，圣谕煌煌，旗产民业，永不准增租夺佃。有敢言增租夺佃者，以违制论罪，垂为厉禁。嗣后仁宗睿皇帝、宣宗成皇帝迭降谕旨，申明祖训，旗、民乃得相安。

　　迩年来歉岁频仍，而旗租更屡生事端。有藉端增租者，有支钱减租者，有减而买卖而复增者。下民何所吁，诉讼狱繁兴，生计凋瘁，当局伤心，旁观短气，此乡自奕宅支租息讼，后民力已甚不支，乃复欲买其余租，疲困之下，情何以堪？有同乡庄头胡姓名殿臣者，好善而能事，耐心往返，商及乡人，相与劂金，借给紫竹院以为□租费。又虑税契纳粮费无从出，复劝本宅，将余租施与紫竹院，以为香火资，本庙出金以资茶敬，使其既有乐善之名兼有得金之实。本庙多一分香火，佃户少一番忧虑。此光绪辛巳年事也。

　　去冬又有英宅照办，复经胡君劝导，月余始成其事，仍归紫竹院以资香火。所谓茶敬，亦统出于所支之租。两宅布施，皆有红白契纸一卷，今恐其久而废也，愿勒诸石以垂久远。嘱予为记，余思天下事未有历久不变者，此或久而不变耶？抑或久而有变耶？或曰此固神明所感召，冥漠中自有保佑。吾则谓，尤愿赖列祖列宗之圣谕，以子惠我群黎也。果尔则交租者视此钱为神前香火，不可援他租以为例，受租者视此钱为地主布施，不可因租少以求增。农安耕凿，庙静焚修，千百年相安于无事，庶不负胡君乐善之心也。故记之。

贡生王棠荫撰文

举人王贻恺书丹

廪生刘青绶碑额篆书

光绪式十式年岁次丙申三月朔　建

碑刻说明

清刻。在石楼村。拓片碑身高77厘米，宽58厘米。碑额篆书"施地租记"。

碑文考释

这篇碑文，记载向紫竹院施舍地租的起因，是旗地常以各种原因向佃户增加地租。

清人进关之初，旗民大量圈占良田，故北京周边旗地很多。被旗人圈占的称为旗地，汉族百姓的土地称民地。当年旗地之租皆较民地要重许多，为此乾隆皇帝、嘉庆皇帝、道光皇帝都曾下圣旨，严禁增租夺佃，有违者，以违制论罪。

光绪年间，由于连年歉收，旗租更屡生事端，民不堪负，讼狱繁兴，生计凋瘁。庄头胡殿臣，想出个两全其美的办法。他和乡人商量，互相凑钱，借给紫竹院以为□租费。考虑到税契纳粮费没法出，又劝本家旗主，把余租施给紫竹院为香火资，紫竹院出资作茶敬钱，而茶敬钱从所施地租出，这样既有乐善之名，又有获钱之利。交租者视此钱为神前香火，不能借故少交，受租者视此钱为地主布施，不可因租少以求增。农安耕凿，庙静焚修。

除户头胡殿臣本主外，"英宅照办"，"归紫竹院以资香火"。两宅布施，有红白契纸一卷，恐日久生变，勒碑为记。

这件碑刻，反映了自清代中期到晚期，旗民借故增加地租，剥夺佃户租种权，闹得民不聊生。尽管乾、嘉、道三朝下旨严禁，仍然如故。户头胡殿臣施租于寺的办法，只不过是个权宜之计，不可能从根本上解决问题。

坨头村

在石楼村东北，双孝村东南，成村不晚于金代。2004年，房山区城关街道出土金代《大金承事郎汾州孝义县丞崔君墓志》残石，有"佗头赵仲元刻"字样，可见金代已有坨头村，古名佗头，其成村年代应更早。

坨头村古属良乡县地。金大定二十九年（1189），割良乡、范阳、宛平三县地建万宁县，划归万宁县。金明昌二年（1191）改万宁县为奉先县，属奉先县。元世祖至元二十七年（1290）改奉先县为房山县，属房山县，明清未变。清康熙三年（1664）《房山县志》石楼镇在册12个村，其中有坨头村。民国初。房山县改乡为区设五区，民国五年（1916）二月改设九区，坨头村均属第二区。今属房山区石楼镇。

本卷收录坨头村碑刻4件：明代4件，其中收录碑文4篇。

一一四　恩荣寿官张公墓志铭

赐进士出身前承德郎刑部贵州清吏司署员外郎事主事淮南郭璋撰

赐进士出身奉政大夫兵部职方清吏司郎中同邑赵锦书

赐进士出身承德郎兵部武选清吏司主事任丘李垣篆

张廷信公既终于正寝，其仲嗣国子生瀚，持庠生吴秉智状，涕泣请铭。璋素闻公行，与公侄廪膳生鲁又相雅爱，是不可辞。按状：公张姓，讳玺，字廷信，其先云州人。曾祖大川，累立军功，升授直隶兴州中屯卫百户，诰封昭信校尉，其居去卫西南三十余里名坨头，遂乔梓焉。祖兴，承曾祖职。父华，承祖职。兄玉，承父职。皆先逝。公世虽接武，而性则慕儒，少时即涉猎经史，疏通大义。然家之都掌在公，因专于农业，敦本尚实。虽艰辛之事，必亲经历，坐此起家，而财产甲第，遂雄于一邑。公虽出田舍，资干萧散，望之即知其不凡，每以未游学校为恨，故敦尚师儒，若有不及，闻有学行俱优者，不计远迩，延于家，以教子弟。自训耕读外，不杂以它，亦可谓之义方矣。公于诸昆弟，友爱甚笃，虽顺傲不同，亦相容之无较。至御诸子侄，规度俨肃，不少假借，而训戒谆复，门庭凛然。及至迨童仆也，乃酌劳逸，时饥寒，量材力，而小过必宥。尝遇族中有丧棺未具者，即以己棺助之。产业不继者，每赒给之不吝。入里闬城郭，必下马徒行。遇晚进少年，必勉以孝弟忠信。人有假贷者，岁久不偿，遂焚券而不索。盖其性资近道，而多所见闻，故乐行善事如此。乡人有争斗者，谕之以曲直，无不信从。正德戊寅岁，大饥，乡人冻馁者甚众。公推食解衣，多所全活。故化奸服暴，人拟之陈寔。而其济婚助丧也，又称为刘弘云。嘉靖甲申岁，推恩寿官，公齿德俱宜，有司承诏旨，诣公称贺。公冠带既即，举酒酹地，曰："吾本韦布，不由科第，而得冠带之荣，幸矣！吾晨起必祝，志吾敬也。吾何以报国恩哉！子孙其勉之！"衣冠林下者数年。丁亥季秋，忽凭几危

坐，召瀚辈，谓之曰："吾以勤俭兴，若属当以勤俭守。吾瞑目后，有乾没不已者，非吾子也，吾饮恨于地下矣。儿曹其志之。"瀚辈俯伏泣涕曰："敢不遵遗训！"既而病笃，具衣冠如假寐然，然已考终矣。亲疏之人，有抱簪欲代其死者。及敛，有伏棺以头触之者。感人之深，亦至此哉！公配贾氏，房山巨族女，生男二人：长仁，先公卒。次即瀚，将入仕途。女二人：一适涿鹿中卫指挥高钦，一适金吾左卫指挥庞仲庸。男孙二人，俱未成立。女孙四人，俱许名门。皆瀚出也。公生于天顺庚辰五月初七日，卒于嘉靖丁亥九月念六日，得寿六十八岁。先视祖茔地湿下，于茔西南一里许另开佳城。以是年十一月十六日，将安公柩于是焉。呜呼！考公为人，虽非儒起家，而平生历履，何者非儒之根因。虽非儒得官，而积德延生，何者非儒而充拓。至于处同气以恩，同乡以义，积而能发，散而能有，可谓儒之道者矣。故为之志而铭之。曰：

始援儒，终注儒。所与名儒，清素若寒儒。积发散有，匪坚儒？裕后业，鸿儒道。此醇儒，其通儒。

碑刻说明

明刻。现存于房山区文物管理所。1990年秋，在房山区石楼镇坨头村西南出土。志、盖长、宽均69厘米，边框略残。盖篆"恩荣寿官张公墓志铭"，志文正书，首题"恩荣寿官张公墓志铭"。

墓志考释

张玺，字廷信，生于天顺四年（1460）五月初七日，云州（今山西大同）人。曾祖张大川，累立军功，升授直隶兴州中屯卫百户，诰封昭信校尉，定居去卫西南30余里坨头村。兴州中屯卫，洪武中置。永乐元年（1403）二月徙治良乡县，直隶后军都督府。据此，卫所在坨头村西北30余里。应是今本区河北镇一带。知张大川于永乐二年（1403）二月，随军迁居坨头村。

祖张兴，承曾祖张大川职。父张华，承祖张兴职。兄张玉，承父张华职。自张大川到张玉，张氏4代为直隶兴州中屯卫百户昭信校尉。

张玺专于农业，敦本尚实，坐此起家，财产甲第，雄于一邑。正德十三年（1518），发生饥荒，许多乡亲挨冻受饿。张玺伸手救济。嘉靖三年（1524），"推恩寿官"。寿官是明代奖励"德行著闻，为乡里所敬服者"的一种荣誉，赐官帽官服，八品或九品不一。嘉靖六年（1527）九月二十六日寿终，得寿68岁。祖茔地湿下，于茔西南一里许另开佳城。故当年十一月十六日安公葬。

配贾氏，房山巨族女，生男二人：长张仁，先卒；次张瀚。女二人：一嫁涿鹿中卫指挥高钦，一适家金吾左卫指挥庞仲庸。

一一五　明故孺人贾氏合葬墓志铭

赐进士出身承德郎吏部验封司主事直文渊阁语溪张文宪撰
赐进士出身奉训大夫兵部武选司员外郎欧宁李默书
赐进士出身国子监五经博士沧州李钦昊篆

按来状云：孺人姓贾氏，房山贾公女也。为处子不凡于众，举动语默有节，贤名闻于远，族党悉知其为令女，父母甚钟爱之。里有以婚求者，父母知其非偶，皆不许。时兴州中屯卫户侯张公次男讳玺字廷信者求焉。父母闻其性格天成，且世家旧族也，遂许之。及长，适廷信为室，与公甚相得，而其相待也如宾，事舅姑唯谨，以孝闻里中，熏而化之。有少亏妇道者惟恐闻，其修祀事极其敬慎，凡仪物必身亲之。尝语夫曰："人家祭祀敬先祖，亦以训子孙，不用诚敬，于何其训其诚？"于格先示后有如此。

公素雅尚儒术，欲令二子皆就学。孺人曰："长子治家，以次子事诗书。"今果纯于涵养大抱负，已名于太学，其异日就科甲高荐，固其所优。皆孺人知于幼而养于壮以至是也。正德戊寅岁歉，里中多菜色。语夫曰："吾家积固夫妇勤俭所获，今岁歉，可推济之。"公曰："善。"于是给分所有，无吝容，其所全活者甚众。他如焚券不责贷偿，助葬不问亲疏，入廓不坐所乘，凡义举，固公制行之高，其所以内助而胁成之者，皆其力也。暨皇上改元三年，大礼既成，诏远近荣以冠带，公以德寿遇恩，亲友咸贺。既归，孺人亦举觥称贺。时子瀚在旁，语之曰："汝父一生忠厚，故今日有此遇，我既见之矣。汝可勉之，早登科第，亦吾望也。"因事寓诲，纳人入善类如此。若夫里人有疾，必亲问之。里人有失，必面谕之。加爱于女子，流矜于小人。其内治之美，未易数也。

予披其状而叹曰："孺人有如是之德，而孝敬，而仁爱，而勤俭，无一不备，匪生前但可以励风俗，而身后之名益彰而未泯也。"与公治家五十余年，今终于正寝，凡亲戚远近，举皆悼惜不已。孺人生男二、女二。长子仁，早卒，娶万氏，孀居守节。次子瀚，国子生。长女适涿鹿中卫指挥高钦，次女适金吾左卫指挥庞仲庸。二女俱早卒。次子瀚娶杨氏，生孙男二：长名栋，次名桐，俱冲年。孙女四，俱许聘。孺人生于天顺己卯十二月初九日，卒于嘉靖戊子三月二十一日，享年70岁。择四月二十日，合葬于夫君之侧。仅述平生梗概，纳诸圹，以垂诸不朽。非有谀者，因而系之以铭。铭曰：

厥生惟灵，厥德惟承。厥形不起，厥闻愈隆。有此厥嗣，厥逝如存。

碑刻说明

明刻。现存于房山区文物管理所。1990年秋，在房山区石楼镇坨头村西南出土。志、盖长、宽均62厘米，厚10厘米，盖篆"明故孺人贾氏合葬墓志铭"，志文正书，首题"明故孺人贾氏合葬墓志铭"。

墓志考释

此为张玺夫人贾氏墓志。贾氏出身房山巨族，生于天顺四年（1460）十二月初九日，卒于嘉靖七年（1528）三月二十一日，享年70岁。当年四月二十日，合葬于张玺墓侧。

贾氏生男二、女二。长子张仁，早卒，娶万氏。次张瀚，国子生。长女嫁涿鹿中卫指挥高钦，次女嫁金吾左卫指挥庞仲庸。

一一六　明故北川张公墓志铭

赐进士出身承职郎刑部陕西司主事清洛程绅撰文
赐进士出身中宪大夫广西等处提刑佥事前湖广道监察御史新昌俞则全书丹
锦衣卫昭勇将军都指挥同知淮阳杜承宗篆盖
张公讳瀚，字惟容，北川其号也。北川先高大父，云州人，以军功授直隶兴州中屯卫百户，诰封昭信校尉。曾、祖相继，生厥考，行二。考生伯、仲二人。伯氏名仁，父命理家。北川从学都下，与予有同门之雅甚厚。北川容貌魁伟，性禀刚毅，读书谈道，每有大志。厥考谦抑，乃输粟为国子生，其志益励焉。居无何，兄以疾先考而卒，遂束书箧归。历年规治家政，继送考、妣及嫂大事，大志竟不能伸。闻其居家也，勤农事，节财用，增田庄，开第宅，恤孤独，厚宾客，育佣仆。凡乡邑远近，咸来称贷，以听其解息，兹家声益振。于前，昔父兄曾受乡人之辱，闻之泣，不下食终日，奋然往诉，竟请法如律而后已。堂兄受祖职，因愆而废，经十数载不叙，乡人多忤之，又奋然率侄恳乞奏，言哀陈当要职，竟如初。乃祖屯营在房山东南八里许，村名坨头。邑有二尹新任，禄不能赡，出数十金以济之。及谪归，悯其囊空，分文不齿，且饯之，士大夫皆重焉。家置书屋，中藏典籍琴画，外植花卉竹石，超然有古人自得之趣。生平不嗜佛老之言，及卧病，有劝以祈禳者，乃曰："命自有数，祷之何为？"其刚毅类如此。北川娶杨氏，名宦贤女也。生子五：长名栋，输粟国子生，学麟经将成，以疾先北川卒。次名桐，倜傥不群，有乃父风，承家伟器也。三名㮈，四名梅，五名朴，俱幼，皆性明敏，则读书事业后自有人。生女五：长适良乡宦族国子生侯公赞，次适同卫后所百户王公长子王钝，三适同卫指挥同知李浊，四许聘涿鹿左卫指挥同知李国柱，五适监察御史升陕西等处提刑佥事王公第四子王一鹗。孙男一，从谦其名也。孙女二，未笄。北川生弘治丁巳正月初四日，卒嘉靖乙巳七月初二日，享四十有九年。桐卜是年九月初十日，迁葬祖圹之侧。前期持乃伯省吾张君状请铭，噫嘻！予与北川素敦友谊也，见状痛不忍辞。北川虽未登第而充财产，未受爵而多子孙，是亦荫福人也，夫何憾！特惜其年不少加焉！耳阅既与闻皆符，是铭有足征矣。铭曰：

　　古人云义，公其近之。古人云福，公其获之。翼子克肖，孙谋用昌。存顺殁宁，刻以永光。

碑刻说明

　　明刻。现存于房山区文物管理所。1990 年秋，在房山区石楼镇坨头村西南出土。志、盖长、宽均 56 厘米，厚 10 厘米。盖篆"明故北川张公墓志铭"，志文正书，首题"明故北川张公墓志铭"。边角略残。

墓志考释

张瀚，字惟容，号北川。弘治十年（1497）正月初四日生。高祖，云州（今山西大同）人，以军功授直隶兴州中屯卫百户，诰封昭信校尉。曾、祖相继，父，行二。兄弟二人，兄张仁理家，张瀚捐纳国子生，就读在国子监。兄张仁卒，肄业归里，掌理家务。嘉靖二十四年（1545）七月初二日卒，享年49岁。同年九月初十日，迁葬祖圹之侧。

张瀚娶杨氏，名宦之女。生子五：长子张栋，捐纳国子生，先卒。次子张桐，三子张槭，四子张梅，五子张朴。生女五：长女嫁良乡宦族国子生侯赞，次女嫁同卫后所百户王公长子王钝，三女嫁同卫指挥同知李浊，四女许聘涿鹿左卫指挥同知李国柱，五嫁监察御史升陕西等处提刑佥事王某第四子王一鹗。

一一七　明故张母杨孺人墓志铭

赐进士出身中宪大夫前通政使司右通政翰林院庶吉士上党郭秉聪撰
赐进士第承德郎刑部四川清吏司署员外郎主事丹阳朱应奎书丹
赐进士第承德郎户部山西清吏司主事新城崔我篆盖

嘉靖丁未秋八月二十二日，张母杨孺人以疾终。厥仲胤桐，持庠生杨子汝静所为状，泣请余铭。余素识桐，且重杨子之言足征也，故弗辞而为之铭。按状：孺人杨姓，父瑛，寿官。母李氏，生孺人。家世衣冠，为良乡望族，幼有淑质，克闲姆训，尤精女红，习闻父兄诲言，颇通经史大义。既笄，归太学生北川张公，敦执妇道。虔奉舅姑，务得欢心。礼事兄嫂，无间存殁。督僮仆，治生产，奉先祠，礼宾客，遇姻戚，品式酬应，悉有规绪。虽天性俭素，至以其余力济宗族，周寒馁，则不吝也。北川赖以游学京师，无内顾忧。晚承夫君遗命，辟塾延师，训育诸子，渐底成立。自舅姑殁，张氏门户益振以闳，孺人内助之力居多。噫嘻！孺人内政斩斩，宗姻仰则，且丰产蕃胤，宜享遐龄，乃甫逾下寿，遽迹长终，惜哉！距其生弘治丙辰七月十八日，得寿五十有二。子男五：长栋，太学生，先殁。次桐，京卫武庠生，肖父承家，允称伟器。次槭，次梅，次朴，俱幼。女五：长适太学生侯公赞，次适兴州卫后所王户侯长子钝，三适兴州卫李挥使浊，四适涿鹿左卫指挥同知李国柱，五适前监察御史升佥事王公季子一鹗。孙男一，从谦。孙女二，未笄。卜以今年闰九月四日，启北川公之窆合葬焉。北川事行，备载程秋官志中，兹不赘。铭曰：

烨烨名宗，世德允修。秀钟贤淑，寔惟好逑。来嫔伟人，令闻载流。兰玉森森，多福是遒。昌后光前，族罕其俦。溘然以终，有闵斯丘。勒文贞珉，永昭千秋。

碑刻说明

明刻。现存于房山区文物管理所。1990年秋，在房山区石楼镇坨头村西南出土。志、盖长、宽均54厘米，厚11厘米。盖篆"明故张母杨孺人墓志铭"。边框略残。

墓志考释

此为张瀚妻杨氏墓志。

杨氏，生于弘治九年（1496）七月十八日，嘉靖二十五年（1546）八月二十二日终，享年52岁。闰九月四日，启北川公之墓合葬。

子男五：长子张栋，太学生，先殁。次子张桐，武庠生。次子张橄，次子张梅，次子张朴。女五：长女嫁太学生侯公赞，次女嫁兴州卫后所王户侯长子钝，三女嫁兴州卫李挥使浊，四女嫁涿鹿左卫指挥同知李国柱，五女嫁王一鹗。孙男一，张从谦。

双孝村

在支楼村北、坨头村西北。古为良乡县地。金大定二十九年（1189），割良乡、范阳、宛平三县地建万宁县，划归万宁县。金明昌二年（1191），改万宁县为奉先县，属奉先县。元世祖至元二十七年（1290），改奉先县为房山县，属房山县。明清未变。双孝村原名小营村，清康熙三年（1664）《房山县志·第二卷·乡村》："小营村，县南五里。"

民国十七年（1928）《房山县志》："双孝村，原名小营。村人有高国栋者以母老而奉养乏人，顾册宋启元妻王氏因家贫卖身，国栋出资购之。王氏临行泣曰：'去则去耳，独孤老染病在床。我去谁为侍者？'因割腕肉以进曰：'媳无以报，只此一片肉耳。'遂昏倒于地。国栋见而怜之，不忍夺其志，舍而去之。并将其所出之资使人语之曰：'助尔奉姑，毋远也。'王感高之义，姑旋卒，王遂归高以养高母。后高母病，医药无效，王与高共割肉以进，母病立愈。知县罗在公闻其孝，详请匾额，并捐俸立坊以旌之。因改小营为双孝村。"罗在公康熙三十年（1691）到任，故小营村改名双孝村应在康熙三十年以后。小营改双孝后的清康熙时期，碑刻上仍习惯称小营。

民国初房山县改乡为区，设五区，民国五年（1916）二月改设九区，双孝村均属第二区。今属房山区石楼镇。

本卷收录双孝村碑刻2件：清代2件，其中收录碑文2篇、碑阴题1则。

一一八　重修观音庵碑

伏闻观音大士神号圆通，寻声救苦度迷蒙，有求皆应，无愿不从，但尝正念至应至灵。京都西南九十里房邑小营村，古有庵殿观音堂一所，自万历年间重修，至康熙三十六年，又经年久，风雨摧残，栋梁倾颓，有本庵住持性满欲发心重修，奈独力难成，即阖村檀越募捐化材，以重修菩萨大殿三间，妆塑圣像。至四十九年，住持海宽复募本村，施主喜助赀帛，建立韦陀殿三间，禅房数间，一样俱备，焕然一新。功德既就，福利无穷。此一方之善士乃万年之不朽也。

峕大清康熙五十六年岁次丁酉三月十五日立

碑刻说明

清刻。在双孝村观音庵。

碑文考释

小营村观音堂，万历年间重修，至康熙三十六年（1697），风雨摧残，栋梁倾颓，住持性满发心重修，募化阖村檀越，重修菩萨大殿3间，妆塑神像。至四十九年（1710），住持海宽又募化本村，建韦陀殿3间，禅房数间。

此庵万历年间重修，故明代此庵已经存在。以"小营"为村名，该村似成村于明初，或因在此驻军遂成聚落。碑立于康熙五十六年（1717），碑文仍称"小营村"，故知房山知县罗在公改名双孝村后，很长一段时间仍习惯称"小营村"。

碑阴

本村众善人开列于后：

信士徐万良、陈福。

山西汾州府汾阳信士原秉彝。

山主系京都正黄旗□七立牛录信士舒安泰同妻李氏施窠地壹段，计地壹亩五分，永作本庵香火。

高仰性、高仰德，功德主本村信士刘佳兆同弟刘佳兴、男刘士芳施园地壹段，计地壹亩五分，以为焚修。本庵旧有香火地壹段，计地三十余亩。

功德主正黄旗会眼牛录下苏拉同妻郑氏，男龚世隆、龚世杰施地六段，计地二顷三十五亩，永为本庵供奉焚修香火。

过契为昭信士陈福、妻周氏、男邦秀、孙章宪施地四十亩，本庵永远焚修。本庵住持僧人照现，徒普霖、孙通本、通元。

功德主定府新庄信士于隆德，弟隆春、隆瑞，侄兴泰施地三顷四十七亩，供奉本庵以为焚修。

大清康熙五十六年岁次丁酉三月十五日立

碑文考释

重修观音庵及施舍香火地众善如下：

本村徐万良、陈福。

山西汾州府汾阳（今属山西省吕梁市汾阳市）原秉彝。

京都正黄旗牛录舒安泰同妻李氏施窠地一段，计地1亩5分。

高仰性、高仰德，本村信士刘佳兆同弟刘佳兴、男刘士芳施园地一段，计地1亩5分。

本庵旧有香火地一段，计地30余亩。

正黄旗会眼牛录下苏拉同妻郑氏，男龚世隆、龚世杰施地6段，计地2顷35亩。

陈福、妻周氏、男陈邦秀、孙陈章宪施地40亩。

定府新庄于隆德，弟于隆春、于隆瑞，侄于兴泰施地3顷47亩。

当年观音庵住持僧人照现，庵内还有他的三位门徒普霖、孙通本、通元。观音庵总计香火地6顷余，可见康熙五十六年（1717），双孝观音庵生活比较富裕。

此碑记载了康熙时观音庵不同年份的三位住持：

康熙三十六年（1697），住持性满。

康熙四十九年（1710），住持海宽。

康熙五十六年（1717），住持照现。

一一九　重修观音庙碑记

少保保和殿大学士兼理兵部尚书事世袭一等伯加十二级纪录六次西林鄂尔泰撰书

盖闻妙音如来圆通自在，开觉路于昏衢，大地证菩提之慧。驾慈航于刹海，恒沙颂普度之声。绀殿维新，福城之峙。去都城之西南，属邑曰房山县，小营村观音庵不知创自何时，沿及昭代，重修于隆、万年间，盖百余年于兹矣。陵谷迁变，梵宇残微，洞若师之曾祖更新焉，灯火相传已四世矣。洞师奋志恢复，光辉前谟，募诸善信，共植胜园，于康熙丁丑年建观音殿、韦驮殿等，凡所妆塑观音大士、护从诸神，庄严毕具，威仪孔彰。修净土之良，因挹普门之禅悦。今岁春工复，谋之闾里善信，庀材鸠工，重新殿宇，堂房寮舍，靡不轮奂。爰是晨钟夕梵，规模齐整。道感和硕庄亲王，赐以匾对，辉映人天，光昭泉石。非师之培蓄渊深，善继善承，精勤不息，何以臻此？惟愿藉大士之力庶几慈云慧日，甘霖祥风，上祝圣寿无疆，下佑檀那多福，旃檀香内尽成仁寿之区，水月光中悉是涵濡之泽，以垂不朽。是为之记。

大清乾隆四年岁次己未嘉平月

碑刻说明

清刻。在双孝村。拓片碑身高108厘米，宽57厘米。

碑文考释

嘉平月，农历对十二月的别称。

小营村观音庵，"重修于隆、万年间"，可知小营村观音庵，经明隆庆、万历两次重修。

康熙三十六年（1697）住持性满重修菩萨大殿3间，康熙四十九年（1710），住持海宽建韦陀殿3间，禅房数间。乾隆四年（1739）春，再次重修殿宇、堂房、寮舍。适逢和硕庄亲王路过，特赐以匾额、对联。此事在乾隆四年（1739），故和硕庄亲王为允禄。

允禄，康熙帝第十六子。康熙三十四年（1695）六月十八日生，顺懿密太妃王氏妃所出，为皇十五子允禑同母弟。康熙末年，命掌内务府。雍正元年（1723）三月，庄亲王博果铎（皇太极孙）卒而无子，奉命继嗣为后，承袭庄亲王爵位。历任正蓝旗汉军都统、镶白旗满洲都统、正黄旗满洲都统。乾隆元年（1736），任总理事务大臣，兼管工部事务，食亲王双俸。二年（1737），奖其总理事务的业绩，加封奉恩镇国公。三年（1738）二月，摄理藩院尚书。乾隆四年（1739）十月，坐与胤礽子理亲王弘晳往来"诡秘"，停双俸，罢都统。七年（1742），命总理乐部事。十八年（1753）正月，复授议政大臣。乾隆三十二年（1767）二月二十一日卒，享年73岁，谥恪。有诗见《熙朝雅颂集》。子10人，女9人。薨逝后葬于磁家务。允禄墓在今房山区河北镇磁家务村。

鄂尔泰，西林觉罗氏，字毅庵，康熙十六年（1677）生，满洲镶蓝旗人。康熙朝举人，任内务府员外郎，与田文镜、李卫并为雍正帝心腹。鄂尔泰先人投归清太祖，为世管佐领。祖父图彦突官户部郎中，父亲鄂拜为国子祭酒。康熙三十六年（1697），鄂尔泰20岁中举，即进入仕途。21岁袭佐领世职，充任侍卫。鄂尔泰官运的转机是在雍正继位之时。雍正三年（1725），被迁任为广西巡抚，雍正四年（1726）调任云贵总督，兼辖广西。他在云南实行设置州县、改土归流，加强中央对西南地区的统治。雍正十三年（1735），雍正帝驾崩，与张廷玉等同受遗命辅政，担任总理事务大臣，历任军机大臣、领侍卫内大臣、议政大臣、经筵讲官，管翰林院掌院事，加衔太傅，国史馆、三礼馆、玉牒馆总裁，赐号襄勤伯。乾隆十年（1745）病逝，享年66岁。谥文端。

鄂尔泰，是清著名女词人西林太清曾叔祖。西林太清曾祖鄂善，为鄂尔泰兄，祖甘肃巡抚鄂昌为鄂尔泰之侄。鄂昌子鄂实峰娶香山富察氏女后，生1子2女，长女即太清，本名春，字梅仙，号太清。

西林太清为乾隆第五子永琪孙奕绘贝勒侧室，墓在今房山区青龙湖镇上万村奕绘贝勒园寝内。

梨园店

在夏村南,坨头村东。早年此地有梨园 30 亩,园旁有店供过往行人歇脚,后依店成村,便叫梨园店。具体成村年代无考。梨园店为古良乡地。金大定二十九年(1189),割良乡、范阳、宛平三县地建万宁县,划归万宁县。金明昌二年(1191),改万宁县为奉先县,属奉先县。元世祖至元二十七年(1290),改奉先县为房山县,属房山县。明、清未变。清康熙三年(1664)《房山县志·第二卷·乡村》:"梨园店,县东南十二里。"民国初房山县改乡为区,设五区,民国五年(1916)二月改设九区,梨园店村均属第一区。今属房山区石楼镇。

本卷收录梨园店碑刻 1 件:民国 1 件,其中收录碑文 1 篇。

一二〇　重修庙碑志

　　是庙也在我村，村北隅旧有之庙址也。其初系观音殿一楹，年久为风雨摧折，当时乡老复增其规模，壮丽庙貌，大为本村之光，适有本村信士贾应□者出资补助，此观音殿重修之所由来也。然我村地近卑窣，屡遭水患，故观音殿亦被坍塌，庙貌全无。后经村人改□□殿二座，之用一为祀关圣帝君殿，一为祀天仙圣母殿。此我乡父老之至诚，非迷信也，务民之义而已。迨至近年来，是庙之殿及东西禅堂均为风雨摧折，丑陋不堪。思之，于神则是不敬，于人则不安，于村则大为鄙陋。因之，合村父老相聚首而商曰："庙址尚在，财政何难？"或由地亩捐资，或有善士助款鼓舞，是役易事耳。遂由民国五年重修天仙圣母殿，十五年重修五道庙，十八年重修东禅堂，十九年重修西禅堂，二十年重修正殿。历十六载之久始告竣矣，敢云美哉！轮焕乎！聊以致敬，以答神庥。俎豆馨香，来继春秋之荐也。是举凡所入之款，及诸善士之芳名详载于后，爰所斯记勒之于石，以期不朽于斯万年云尔。

　　重修天仙圣母殿。本村信士经理人马兴恺、□□□、张九和、张九□、张绮。

　　重修东禅、西禅堂、正殿，本村信士经理人张士魁、张玉珩、张文玺、□□、张九江、张禄。

　　重修天仙圣母殿共用银洋贰百肆拾玖元壹角陆分捌厘。

　　重修五道庙共用银洋捌拾叁元捌角伍分。

　　重修西禅堂共用银洋贰百陆拾元零捌角肆分。

　　重修东禅堂共用银洋贰百玖拾壹元叁角柒分捌厘。

　　重修正殿共用银洋壹仟零叁拾元零柒角。

　　五道庙所占弓尺数：东长贰拾叁弓捌尺，南宽捌弓拐尺，西长贰拾叁弓捌尺，北宽捌弓肆尺叁寸。

本庙北段所占弓尺数：东长叁拾肆弓，南宽贰拾伍弓叁尺，西长叁拾贰弓，北宽贰拾陆弓肆尺；南段所占弓尺数：东长拾玖弓柒尺，南宽拾陆弓玖尺，西长拾玖弓玖尺，北宽拾捌弓陆尺。

本庙西地拾贰亩，村北地拾亩又肆亩伍分。

夏村李毓嘉撰文

本村马葆善书丹

房邑石窝镇王凤林刻石

中华民国二十一年阴历一月孟春谷旦

碑刻说明

民国刻。在梨园店村。拓片碑身高113厘米，宽67厘米。碑额正书，双勾题"万古流芳"。

碑文考释

梨园店村北有庙一座，原是1间观音殿，屡遭水患，观音殿坍塌。后经村人重修，改殿2座，前为关圣帝君殿，后为天仙圣母殿。时至民国，正殿及东西禅堂为风雨摧折，残破不堪。村民按地亩捐资，又有善士助款，民国五年（1916）重修天仙圣母殿，民国十五（1926）年重修五道庙，民国十八年（1929）重修东禅堂，民国十九年（1930）重修西禅堂，民国二十年（1931）重修正殿。前后历16年告竣。

重修天仙圣母殿，经理人马兴恺、张九和、张绮等；重修东禅、西禅堂、正殿，经理人张士魁、张玉珩、张文玺、张九江、张禄等。

夏村

在梨园店村北,具体成村年代无考。梨园店为古良乡地。北魏时为良乡县治所,有北魏良乡县古城遗址。金大定二十九年(1189),割良乡、范阳、宛平三县地建万宁县,划归万宁县。金明昌二年(1191),改万宁县为奉先县,属奉先县。元世祖至元二十七年(1290),改奉先县为房山县,属房山县。明清未变。清康熙三年(1664)《房山县志·第二卷·乡村》:"夏村,县东南十二里。"民国初房山县改乡为区,设五区,民国五年(1916)二月改设九区,夏村均属一区。今属房山区石楼镇。

本卷收录夏村碑刻2件:清代1件、民国1件,其中收录碑文2篇。

一二一　衍庆庵记

房邑庠士张振奇撰书

闻尝稽释教源流，自汉明帝。金身入梦，其诸佛菩萨之法遂流于东土。盖与周孔、老聃之教如日月五星并著于世者也。虽历代祠□或隆或替之不同，然岂无益于治化哉？盖人本善，有所依归，则必有所瞻礼。使洁其栋宇，崇其□□，以为栖神妥灵之域，何以觇依归瞻礼之试哉？房邑夏村北，于顺治年间塑有佛像一处，阙略鄙陋，□□□□形势，询诸父老，金相谓曰："此乃俗家住居之舍所建立而成也。"嗟夫！以佛圣之清净，而栖灵凡舍，是欲尊之实以亵之也，岂其所宜？且左右又与凡庵逼连，求凶秽触神，岂居歆其不为众之福利也？可□□不可无以处，此□□□□，遂慨然发心思，欲以改建之。乃问诸堪舆者之家曰："村东之北有□□地，空□宽阔。此形胜之地、招提之区也。何不建之于此？"公欣然诺允之，计地基二十亩，较旧址增五亩，公乐捐施之。复倡先鸠工庀材，欲了宏愿。然肇基创造，财用浩繁，非独力之可成。且好善之心，一人为之不若与众共为之为大。于是复感众善之乐施捐资，各辐辏助成之，经营缔造，逾□□月，于十八年秋始告竣焉。其外山门以总出入，内韦驮独宇以为护法，中殿三楹以奉大士，后殿三楹以安如来，傍列罗汉。廊构僧室，东建钟楼，南治井圃。周围墙垣奕奕，一时轮奂称美，攘题焕然，神光溢彩，色色庄严。皆□□之力也。因征文于余，俾勒之贞石，以垂永久。余嘉□□□意，义不可辞，故为论志之。噫！诸佛菩萨之心之法虚无真空，道大用博，触处圆通，随感随应，企慕者思议莫及，仿佛形容，欲朝夕瞻礼为大依归，则舍是像其奚从？是之谓像教见像而作福乎。爰标其额曰：衍庆庵。上祝皇上衍庆，洪祚无疆；佛教衍庆，法轮常转。下祈生民衍庆，永介繁禧。此乃公之心也，公之意也。余谓太上立德，其次立功。斯举也，公之功德殆无量乎！则今日之鼎建创新也，尤望后之好善而乐施者增修饰美而勿坏云。

大清康熙十九年岁次庚申四月初八吉旦立石

碑刻说明

清刻。在夏村。石片碑身高136厘米，宽19厘米。碑额正书"衍庆庵记"。

碑文考释

夏村北，清顺治年间，塑有佛像一处，占一家民宅为庙，"阙略鄙陋"。村民某氏，发心改建。堪舆者相中村东北一处空旷宽阔之地，地基二十亩，较旧址增五亩，本主施舍为建庙之用。鸠工庀材，创建山门，进山门为韦驮殿，前殿3间奉观世音，后殿3间奉释迦佛，旁列罗汉。廊构僧室，东建钟楼，南治井圈，周围墙垣。题额曰"衍庆庵"。康熙十八年（1679）秋始告竣。

一二二　前清奉直大夫祖考馨公神道碑

公讳桂庭，号馨堂，振清之先祖考也。生有大志，胆识过人，兄弟四人而吾祖考雁序在三。少时以孝弟闻于乡，及其长家道尚窘，食指日繁，因自治生产，为事畜资。而慷慨好施，戚里咸沾河润。其荦荦大者，前光绪十六年，本邑山水暴发，人民濒于阽危。而吾祖考出粟赈灾，全活甚夥。事后闻于上，奖以五品顶带，非幸也？自是益勉于慈善事，昕夕不倦，小大不遗，乡里感之，遂公送"急公赴义"匾额以旌其门，至今犹称道不衰焉。有子二皆夭殇，以吾三伯鉴为之主，后不幸亦因故而逝。女二，次适本邑城内陈，先没。长适本邑城内车，今存焉，无后，命振清承重以继宗祧。小子何知？深怯有忝先烈，伏维吾祖考生平治家有道，见义勇为，名高一时，德垂后禩。以民国十年旧历六月卒于家，享寿六十有四。呜呼！勤宣旧德，颂扬清芬，岂振清愚，末所能道其万一。今谨遵祖母宋宜人命，立碣于阡之阳，以垂永久。盖以祖之遗美，固不可使无闻于后也。

承重孙张振清谨志

中华民国十二年　月吉日敬立

碑刻说明

民国刻。在夏村。拓片碑身高136厘米，宽69厘米。

碑文考释

张桂庭，号馨堂。兄弟四人，序在第三。少时以孝悌闻于乡。光绪十六年（1890），房山县山水暴发，张桂庭出粮赈灾，奖五品顶戴。民国十年（1921）六月卒于家，享年64岁。

图书在版编目（CIP）数据

房山碑刻通志．卷六，韩村河镇、石楼镇 / 杨亦武著．-- 北京：学苑出版社，2021.12
ISBN 978-7-5077-6324-9

Ⅰ．①房… Ⅱ．①杨… Ⅲ．①碑刻－汇编－房山区 Ⅳ．① K877.42

中国版本图书馆 CIP 数据核字（2021）第 258424 号

责任编辑	潘占伟
出版发行	学苑出版社
社　　址	北京市丰台区南方庄 2 号院 1 号楼
邮政编码	100079
网　　址	www.book001.com
电子信箱	xueyuanpress@163.com
联系电话	010-67601101（销售部）　67603091（总编室）
印　刷　厂	北京华强印刷有限公司
开本尺寸	710×1000　1/8
印　　张	34.5
字　　数	272 千字
版　　次	2022 年 1 月第 1 版
印　　次	2022 年 1 月第 1 次印刷
定　　价	498.00 元